Évelyne Bérard
Yves Canier
Christian Lavenne

Tempo 1

Cahier d'exercices

Didier / HATIER

Crédits photographiques : Dr - Diaf / C. Braud - Marco Polo / F. Bouillot - Fotogram Stone / J.-M. Truchet

Couverture : Studio Favre & Lhaïk

© Les Éditions Didier, Paris, 1997   ISBN 2-278-05068-0   Imprimé en France

Unité 1

Premiers contacts

🔊 1. ORAL / ÉCRIT : LE MASCULIN / LE FÉMININ

Écoutez et dites quelle est la phrase écrite que vous avez entendue :

1. Elle s'appelle Jeanne. Elle est française. ☐
   Il s'appelle Jean. Il est français. ☐

2. C'est Françoise. Elle parle français. ☐
   C'est François. Il parle français. ☐

3. Jean parle français. ☐
   Jeanne parle français. ☐

4. Vous êtes française ? ☐
   Vous êtes français ? ☐

5. Il parle anglais, mais il est australien. ☐
   Elle parle anglais, mais elle est australienne. ☐

6. C'est une Danoise. ☐
   C'est un Danois. ☐

7. Il est espagnol. ☐
   Elle est espagnole. ☐

8. C'est une Italienne. Elle parle français. ☐
   C'est un Italien. Il parle français. ☐

9. Il travaille ? ☐
   Elle travaille. ☐

10. Antoinette est canadienne. ☐
    Antoine est canadien. ☐

🔊 2. ORAL / ÉCRIT : LE MASCULIN / LE FÉMININ

Écoutez et dites quel est le texte écrit que vous avez entendu :

1. Elle s'appelle Lucienne. Elle est professeur. Elle travaille à Bordeaux. ☐
   Il s'appelle Lucien. Il est professeur. Il travaille à Porto. ☐
   Elle s'appelle Lucie. Elle est professeur. Elle travaille à Bornéo. ☐

2. Elle est très gentille. Elle habite rue Debord. Elle a une fille. ☐
   Elle est très gentille. Elle habite rue du Port. Elle a un fils. ☐
   Il est très gentil. Il habite rue du Port et a un fils. ☐

3. Christiane ? C'est la secrétaire de Monsieur Morin. Elle parle très bien allemand. ☐
   Christian ? C'est le secrétaire de Monsieur Morin. Il parle très bien allemand. ☐
   Christiane ? C'est la secrétaire de Monsieur Morand. Elle parle très bien allemand. ☐

4. Léo ? C'est un étudiant. C'est l'ami de Joëlle, la dentiste. ☐
   Léon ? C'est un étudiant. C'est l'ami de Joël, le dentiste. ☐
   Léa ? C'est une étudiante. C'est l'amie de Joël, le dentiste. ☐

🔊 3. SCHÉMAS INTONATIFS (QUESTION / AFFIRMATION)

Écoutez et dites s'il s'agit d'une question ou d'une affirmation :

Enr.	question	affirmation
1.		
2.		
3.		
4.		
5.		

Enr.	question	affirmation
6.		
7.		
8.		
9.		
10.		

4. POSER UNE QUESTION

Trouvez les questions qui correspondent aux réponses suivantes :

1. – .... ?

    – Alfonso Gonzales.

2. – .... ?

    – Non, mexicain.

3. – .... ?

    – Je suis journaliste.

4. – .... ?

    – 27 ans.

5. – .... ?

    – Oui, j'ai un garçon et une fille.

6. – .... ?

    – À Paris.

5. CONJUGAISONS : IDENTIFICATION DE L'INFINITIF

Écoutez et identifiez l'infinitif des verbes entendus :

Enr.	être	s'appeler	avoir	aller	faire	travailler	connaître
1.							
2.							
3.							
4.							
5.							
6.							
7.							
8.							
9.							
10.							

6. CONJUGAISONS

Complétez en utilisant les verbes entre parenthèses :

1. Je .... à Paris. (aller)

2. Je .... aux Nations Unies. (travailler)

3. Vous .... anglais ? (parler)

4. Nous .... en voyage. (être)

5. Je .... bien la France. (connaître)

6. Tu .... combien d'enfants ? (avoir)

7. Vous vous .... comment ? (s'appeler)

8. Vous .... bien ? (aller)

9. Tu .... où ? (aller)

10. Tu .... beaucoup ! (manger)

11. Nous .... en province. (habiter)

12. Tu .... dans quelle rue ? (habiter)

7. PRÉSENTER QUELQU'UN

Écrivez un petit texte à partir des informations suivantes :

Marie Rossini   pianiste
10, rue du Faubourg   mariée
Vichy   3 enfants
Née le 13 / 9 / 48

Elle s'appelle ....

....

....

....

8. PRÉSENTER QUELQU'UN

Écrivez un petit texte à partir des informations suivantes :

Paul Martin   inspecteur de police
30, avenue de la Paix   divorcé
Lyon   1 enfant
Né le 24 / 3 / 65

Il s'appelle...

....

....

....

....

9. PRÉSENTER QUELQU'UN

Écoutez l'enregistrement et remplissez la fiche suivante :

Nom : .... Prénom : ....

Nationalité : .... Date de naissance : ....

Situation familiale :   célibataire   ☐
                      marié (e)   ☐

Nombre d'enfants : .... Profession : ....

Adresse en France : ....

....

▦ 10. SE PRÉSENTER

Écoutez l'enregistrement et, en choisissant parmi les propositions suivantes, reconstituez un texte de présentation de la jeune fille qui parle :

Je m'appelle Marianne.
Je m'appelle Maria.
Je m'appelle Marion.

J'ai 16 ans.
J'ai 6 ans.
J'ai 13 ans.

J'habite à Tours.
J'habite à Toul.
J'habite à Toulon.

J'ai un frère mais pas de sœur.
J'ai un frère et deux sœurs.
J'ai un frère et une sœur.

Je suis très grande.
Je suis petite.
Je ne suis pas très grande.

Je suis blonde.
Je suis brune.
Je suis rousse.

Je fais du patin à roulettes.
Je fais du patinage.
Je ne fais pas de sport.
Je fais beaucoup de tennis.
Je fais un peu de tennis.
Je ne fais pas de tennis.

Ma chanteuse préférée, c'est Cécile Lion.
J'aime beaucoup les chansons de Line Diot.
J'aime les chansons de Céline Dion.

11. MASCULIN / FÉMININ

Dites si c'est un homme (H), une femme (F) ou si on ne peut pas savoir (?) qui a écrit ces petits textes :

	H	F	?

1. Je m'appelle Claude. Je suis suisse.
2. Je suis bibliothécaire. Je suis mariée et j'ai deux enfants.
3. J'adore le football.
4. Je suis coiffeuse pour hommes.
5. Je suis née en Pologne.
6. J'ai 57 ans, je suis veuve.
7. Je suis élève au lycée de jeunes filles Sainte-Marie.
8. Je suis championne du monde de boxe thaïlandaise.

▦ 12. MASCULIN / FÉMININ

Écoutez et dites si la personne dont on parle est un homme, une femme, ou si on ne sait pas :

Enr.	Homme	Femme	On ne sait pas
1.			
2.			
3.			
4.			
5.			

Enr.	Homme	Femme	On ne sait pas
6			
7.			
8.			
9.			
10.			

📼 13. MASCULIN / FÉMININ

Écoutez et dites si la personne dont on parle est un homme, une femme, ou si on ne sait pas :

Enr.	Homme	Femme	On ne sait pas
1.			
2.			
3.			
4.			
5.			

Enr.	Homme	Femme	On ne sait pas
6.			
7.			
8.			
9.			
10.			

📼 14. LA PONCTUATION

Écoutez l'enregistrement et récrivez le texte ci-dessous en respectant la ponctuation (n'oubliez pas de rétablir les majuscules) :

je m'appelle christine morel j'ai 26 ans j'habite à grenoble 12 rue dubedout j'aime la musique latino américaine et la danse je suis infirmière et j'aime mon métier et toi qui es tu que fais tu réponds moi vite je te donne mon téléphone 04 76 50 50 72

....

....

....

....

....

....

📼 15. LES LIAISONS

Écoutez l'enregistrement et dites si la liaison [z] entre le « s » ou le « x » final et la voyelle qui suit a été prononcée ou non :

	oui	non
1. Me**s a**mies Christine et Patricia arrivent demain.		
2. Où sont le**s en**fants ?		
3. Tu va**s où** ?		
4. J'ai di**x an**s.		
5. Tu e**s i**ci depuis longtemps ?		
6. Je fai**s u**ne fête samedi.		
7. J'aime beaucoup le**s a**nimaux.		
8. Il vit au**x É**tats-Unis.		
9. Tu veu**x un** café ?		
10. Tu parle**s à** qui ?		
11. Il**s ha**bitent à Montpellier.		
12. Est-ce qu'il**s ai**ment la cuisine française ?		

▭ 16. LES LIAISONS

Écoutez l'enregistrement et dites si la liaison [n] entre le « n » final et la voyelle qui suit a été prononcée ou non :

	oui	non
1. Il habite e**n A**llemagne.		
2. J'ai u**n en**fant.		
3. Je pars demai**n ou** après-demain ?		
4. Tu veux mo**n a**dresse ?		
5. Il s'appelle Gasto**n O**gier.		
6. C'est un bo**n h**ôtel.		
7. C'est un vi**n a**gréable.		
8. C'est bie**n o**rganisé.		
9. Je n'ai rie**n a**ppris.		
10. Je ne comprends rie**n au**x mathématiques.		

▭ 17. LES LIAISONS

Écoutez l'enregistrement et dites si la liaison [t] entre le « t » final et la voyelle qui suit a été prononcée ou non :

	oui	non
1. Il es**t i**ci ?		
2. Ils son**t i**taliens.		
3. Ils von**t a**u musée.		
4. C'es**t u**n ami d'enfance.		
5. Elle es**t e**n voyage.		
6. Elle vi**t e**n France.		
7. C'es**t u**ne voisine.		
8. Elles habiten**t a**u centre ville.		
9. Il fai**t u**n travail intéressant.		
10. Où est-ce qu'il es**t, A**ndré ?		

▭ 18. LES NOMBRES

Écoutez et écrivez les nombres (en chiffres) que vous avez entendus :

1. Mon grand-père a .... ans.

2. Cela fait .... francs.

3. J'habite .... avenue du Parc.

4. Je vous donne mon téléphone : c'est le ....

5. Il est exactement .... heures .... minutes.

6. Mon fils a .... ans.

7. Dans ma classe, il y a .... élèves.

8. .... fois .... , cela fait ....

19. PHONÉTIQUE : [y] / [u]

Dites quelle phrase vous avez entendue :

1. Il habite à Turin ? ☐
   Il habite à Tours, hein ? ☐

2. Il a déçu. ☐
   Il a des sous. ☐

3. Il l'a vue ? ☐
   Il avoue. ☐

4. Il y a de la boue. ☐
   Il y a de l'abus. ☐

5. Il est en cours. ☐
   Il est en cure. ☐

6. C'est ta rue ? ☐
   C'est ta roue ? ☐

7. Elle est pour. ☐
   Elle est pure. ☐

8. Il est sourd. ☐
   Il est sûr. ☐

9. Je l'ai lu. ☐
   Je les loue. ☐

10. Il sait tout. ☐
    Il s'est tu. ☐

20. PHONÉTIQUE : [i] / [y]

Dites quelle phrase vous avez entendue :

1. Quelle belle vie ! ☐
   Quelle belle vue ! ☐

2. Je les lis. ☐
   Je l'ai lu. ☐

3. C'est pur. ☐
   C'est pire. ☐

4. C'est Marie. ☐
   C'est ma rue. ☐

5. Tu l'as mise ? ☐
   Tu l'amuses ? ☐

6. C'était Guy. ☐
   C'est aigu. ☐

7. Je te présente Lili. ☐
   Je te présente Lulu. ☐

8. Il a dû travailler. ☐
   Il a dit : « Travaillez ! » ☐

9. Que fais-tu, Léon ? ☐
   Que fait-il, Léon ? ☐

10. C'est Alice. ☐
    C'est à Luce. ☐

11. Il est timide. ☐
    Il est humide. ☐

12. Il vient d'Iran ? ☐
    Il vient, Durand ? ☐

21. PHONÉTIQUE : [s] / [z]

Dites quelle phrase vous avez entendue :

1. J'ai décidé. ☐
   J'ai des idées. ☐

2. Qu'est ce que vous savez ? ☐
   Qu'est-ce que vous avez ? ☐

3. C'est Lise. ☐
   C'est lisse. ☐

4. C'est six heures. Qu'est-ce qu'elles font ? ☐
   Ses six sœurs, qu'est-ce qu'elles font ? ☐

5. J'attends ses sœurs. ☐
   J'attends seize heures. ☐

6. Tu connais Cécile ? ☐
   Tu connais ces îles ? ☐

7. Elles sont douces. ☐
   Elles sont douze. ☐

8. Trois ans, c'est beaucoup ! ☐
   Trois cents, c'est beaucoup ! ☐

22. PHONÉTIQUE : [p] / [b]

Dites quelle phrase vous avez entendue :

1. C'est à Pierre ? ☐
   C'est ta bière ? ☐

2. Quel bon bain ! ☐
   Quel bon pain ! ☐

3. Passe-moi la planche ! ☐
   Passe-moi la blanche ! ☐

4. Je veux la poire. ☐
   Je veux la boire. ☐

5. Il n'y a plus de poisson. ☐
   Il n'y a plus de boisson. ☐

6. Il a pris du bois. ☐
   Il a pris du poids. ☐

7. Je n'ai pas pu. ☐
   Je n'ai pas bu. ☐

8. Il parle pas ! ☐
   Il parle bas. ☐

9. Il a fait un bond. ☐
   Il a fait un pont. ☐

10. Je suis tout près du port. ☐
    Je suis tout près du bord. ☐

23. ORTHOGRAPHE : [s] ou [z] ?

Dites si « s » se prononce [s] ou [z] :

	[s]	[z]
1. Je vais à la **poste**.		
2. Elle est **secrétaire**.		
3. Elle est **française**.		
4. J'habite à **Toulouse**.		
5. **Salut** !		

	[s]	[z]
6. Tu connais **Roseline** ?		
7. Bonjour **Monsieur**…		
8. C'est ma **sœur**.		
9. Elle est **anglaise**.		
10. Mon **cousin** est médecin.		

24. ORTHOGRAPHE : [s] ou [z] ?

Écoutez et choisissez la phrase entendue :

1. C'est mon coussin. ☐
   C'est mon cousin. ☐

2. Elles sont douces. ☐
   Elles sont douze. ☐

3. J'aime le poisson. ☐
   J'aime le poison. ☐

4. C'est une ruse. ☐
   C'est une Russe. ☐

5. Elle vient, Denise ? ☐
   Elle vient de Nice ? ☐

25. ORTHOGRAPHE : [u] FINAL SUIVI D'UNE CONSONNE

Dites si la consonne qui suit « ou » est prononcée ou pas :

	oui	non
1. Il sait **tout**.		
2. Il travaille **beaucoup**.		
3. **Bonjour**.		
4. Je travaille à **Chateauroux**.		
5. J'habite dans le **Doubs**.		

6. Je suis **pour**.

7. Nous habitons à **Vesoul**.

8. Je les connais **tous**.

9. Je veux parler à Monsieur **Dufour**.

10. Elle est dans la **cour**.

26. ORTHOGRAPHE : LES SONS [ø] et [œ]

Écoutez et dites si c'est le son [ø] ou [œ] que vous avez entendu :

	[ø]	[œ]
1. Elle **pleure**.		
2. Il **pleut**.		
3. Un **peu**.		
4. Il est **vieux**.		
5. Elle est **jeune**.		
6. C'est ma **sœur**.		
7. Bonjour **Monsieur**.		
8. C'est le **facteur**.		

	[ø]	[œ]
9. Ça fait dix-**neuf** francs.		
10. J'ai vingt-**deux** ans.		
11. Il est très **sérieux**.		
12. Je pars **jeudi**.		
13. J'ai mal au **cœur**.		
14. J'ai **peur** !		
15. C'est un **jeu**.		
16. J'aime les **œufs**.		
17. C'est un **œuf** dur.		

27. ORTHOGRAPHE : « À / A »

Complétez en utilisant « a » ou « à » :

1. C'est .... qui ?

2. C'est .... Pierre.

3. On .... fini.

4. Il va .... Marseille.

5. C'est facile .... dire.

6. Qu'est-ce qu'il .... dit ?

7. Où est ma brosse .... dents ?

8. Il .... de la chance.

9. Je t'invite .... manger.

10. Il .... faim.

Unité 2

Premiers échanges

28. UN / UNE

Dites si vous avez entendu « un » ou « une » :

Enr.	un	une
1		
2		
3		
4		
5		

Enr.	un	une
6		
7		
8		
9		
10		

29. UN / UNE

Complétez en utilisant « un » ou « une » :

1. J'ai .... frère et .... sœur.

2. J'habite .... petite ville en Bretagne.

3. C'est .... fille ou .... garçon ?

4. La Bretagne, c'est .... région touristique.

5. Je connais .... restaurant pas cher.

6. Il y a .... lettre pour Monsieur Morand.

7. C'est .... rue très animée.

8. Mon père travaille dans .... garage.

9. C'est .... bonne école.

10. J'ai regardé .... bon film à la télévision.

30. UN / UNE

Complétez en choisissant :

1. Tu as une .... ? (voiture / vélo)

2. Je cherche un .... (chambre / appartement)

3. C'est un .... très touristique. (région / pays)

4. C'est une .... (médecin / infirmière)

5. C'est une .... intéressante. (histoire / travail)

6. Laura, c'est un joli .... (prénom / fille)

7. Je connais un .... pas cher. (hôtel / chambre)

8. J'habite un .... très animé. (quartier / rue)

9. Il est marié avec une .... (infirmier / institutrice)

10. Tu as une jolie .... (maison / appartement)

📼 31. COMPRÉHENSION (PRÉSENTER QUELQU'UN)

Écoutez, et choisissez les bonnes réponses :

Prénom :
  Yves ☐
  Ivan ☐
  Yvon ☐

Nom :
  Morin ☐
  Morand ☐
  Monin ☐

Région :
  Dans l'Est ☐
  Dans l'Ouest ☐
  Dans l'Oise ☐

Ville :
  Royan ☐
  Rouen ☐
  Rohan ☐

Profession :
  facteur ☐
  acteur ☐
  docteur ☐

Goûts :
  le cinéma ☐
  dessiner ☐
  décider ☐

📼 32. COMPRÉHENSION (PRÉSENTER QUELQU'UN)

Écoutez et identifiez le prénom, la profession, la ville et l'âge de chaque personne :

Noms	Prénom	Profession	Ville	Âge
Longcourt				
Danton				
Vergnes				
Rondot				
Locle				
Morand				
Lemercier				
Legrand				

33. LA NÉGATION

Mettez les phrases suivantes à la forme négative :

1. J'aime le sport.
....

2. Il est sympathique.
....

3. Il mange beaucoup.
....

4. Je suis parisien.
....

5. Je parle anglais.
....

6. Je connais Berlin.
....

7. Ils sont mariés.
....

8. Je voyage beaucoup.
....

9. Il veut travailler.
....

10. Il comprend tout.
....

📼 34. LA NÉGATION

Écoutez et dites si la phrase entendue est positive ou négative :

Enr.	positif	négatif
1.		
2.		
3.		
4.		
5.		

Enr.	positif	négatif
6.		
7.		
8.		
9.		
10.		

📼 35. LE « NE » DE LA NÉGATION

Écoutez et dites si le « ne » de la négation a été prononcé ou n'a pas été prononcé :

Enr.	ne / n'	ø
1.		
2.		
3.		
4.		
5.		

Enr.	ne / n'	ø
6.		
7.		
8.		
9.		
10.		

36. IL / ELLE

Complétez en choisissant « il » ou « elle », « ils » ou « elles » :

1. Qu'est-ce qu' .... fait, Andrée ?

2. Je le connais : .... est secrétaire.

3. .... est né en Italie.

4. .... sont très sympathiques, tes amis.

5. .... est où, ton frère ?

6. Où est-ce qu' .... travaille, Hélène ?

7. Claude est dessinatrice. .... travaille pour un journal.

8. .... parle anglais, Monique ?

9. .... sont étudiants.

10. .... sont très gentilles.

37. MOI, TOI, LUI / ELLE, NOUS, VOUS, EUX / ELLES

Complétez en utilisant « moi, toi, lui / elle, nous, vous, eux / elles » :

1. ...., j'aime beaucoup l'Italie.

2. ...., je la trouve très sympa.

3. .... ? Il ne parle pas français.

4. Je te présente Pierre et Julie. ...., il est étudiant, ..., elle est institutrice.

5. Tu connais Paul et Julien ? Je travaille avec ....

6. ...., on ne va jamais au cinéma.

7. – Tu connais Annie Morand et Denise Marchand ?
   – Oui, j'ai une réunion avec .... demain.

8. ...., tu ne parles pas beaucoup.

9. Bonjour Monsieur, j'ai une lettre pour ....

10. Je voudrais voir Mademoiselle Laporte, j'ai rendez-vous avec ....

38. SINGULIER / PLURIEL

Complétez en utilisant « le, la, les » :

1. Tu as lu .... journal aujourd'hui ?

2. Ce soir, je suis invité chez .... voisins du dessus.

3. Elle est de quelle nationalité, ... nouvelle amie de Jean-Marie ?

4. .... fils de Pierre arrivent demain.

5. J'aime .... beaux paysages.

6. Tu connais .... nouvelle prof de français ?

7. J'habite .... gros immeuble derrière la gare.

8. J'aime beaucoup .... fromages hollandais.

9. J'attends .... vacances.

10. .... fils de Bernard vit en Grèce.

39. SINGULIER / PLURIEL

Lisez les quatre textes suivants et dites si les informations données sont vraies ou fausses :

Henri
Il a 22 ans. Il est étudiant en architecture à Strasbourg. Il pratique le tennis et le judo. Ses parents sont agriculteurs. Il a une moto. Il aime le théâtre et la lecture.
Il connaît l'Italie, l'Espagne et l'Inde.

Maurice
Il a 32 ans et il est architecte. Il a une passion : la moto. Son sport préféré : le tennis. Fils d'agriculteur, il a fait ses études à Strasbourg. Il aime la nature et les voyages. Il va souvent en Italie.

Claudine
Fille d'architecte, elle a passé son enfance en Inde.
Elle vit maintenant à Strasbourg où elle étudie l'écologie. Elle a 22 ans et aime les longues promenades à vélo. Elle passe ses vacances en Espagne où ses parents ont une petite maison.

Lucie
Elle aime la nature et s'intéresse à l'écologie. Elle a travaillé plusieurs années en Inde. Ses parents sont italiens et elle va souvent chez eux, près de Sienne.
Elle fait un peu de théâtre. Elle a joué un peu partout, à Strasbourg, à Bordeaux et à Lyon.

	vrai	faux
1. Les deux garçons ont 22 ans.		
2. Claudine et Lucie ont vécu en Inde.		
3. Henri et Claudine sont architectes.		
4. Ils connaissent tous l'Espagne.		
5. Claudine et Henri sont étudiants.		
6. Les deux garçons font de la moto.		
7. Claudine et Henri ont le même âge.		
8. Lucie et Henri font du théâtre.		
9. Les parents de Claudine et Lucie ne sont pas français.		
10. Ils connaissent tous Strasbourg.		

▭ 40. SINGULIER / PLURIEL

Écoutez et dites si l'on parle d'une personne, de plusieurs personnes ou si on ne peut pas savoir :

Enr.	une personne	plusieurs personnes	on ne peut pas savoir
1			
2			
3			
4			
5			
6			
7			
8			
9			
10			

41. SINGULIER / PLURIEL

Complétez en utilisant les mots proposés :

1. Elles sont .... (italien)

2. Elles .... très bien, tes .... (danser, ami)

3. Les voisins de Pierre sont très .... (gentil)

4. Où sont les .... ? (enfant)

5. Pierre et Martine .... l'école. (ne pas aimer)

6. Elle a deux .... filles de 6 et 8 ans. (petit)

7. Elles ne sont pas .... (content)

8. Mes deux sœurs sont .... (marié)

9. Mes parents sont .... (divorcé)

10. Elles sont .... (parti)

42. « IL, ELLE, ILS » OU « ELLES »

Dites à quoi correspondent « il / elle », « ils » ou « elles » :

1. Elles sont en cuir.
    mes chaussures ☐
    ma cravate ☐
    mes pantalons ☐

2. Il me téléphone tous les jours.
    mon chien ☐
    mon père ☐
    ma voisine ☐

3. Il n'a pas d'enfant.
    mon père ☐
    ma mère ☐
    mon frère ☐

4. Il a 21 ans.

mon grand-père ☐
ma mère ☐
mon cousin ☐

5. Il s'appelle Milou. C'est un teckel.

mon chat ☐
mon chien ☐
mon voisin ☐

6. Il est trop sucré.

mon steack ☐
mon café ☐
mon ami ☐

7. Elle a 10 ans.

ma mère ☐
ma voiture ☐
mon fils ☐

8. Elles sont étudiantes.

mes filles ☐
mes parents ☐
mes cousins ☐

43. LES POSSESSIFS

Complétez les phrases suivantes :

1. Elle vit seule avec .... enfants. (sa / ses / son)

2. Tu connais .... numéro de téléphone ? (son / sa / leurs)

3. Elle s'appelle comment, ... sœur ? (mon / ta / mes)

4. .... appartement est trop petit. (mon / ma / sa)

5. Je te présente .... parents. (mon / ma / mes)

6. Dans .... université, il y a beaucoup d'étudiants étrangers ? (ta / tes / ton)

7. .... amies sont très sympathiques. (votre / vos / ta)

8. Tu connais .... date de naissance ? (sa / son / ton)

44. LES POSSESSIFS

Complétez les phrases suivantes en choisissant parmi les solutions proposées :

1. Tu ne connais pas mon .... Claude ? Je vais te la présenter.
   (ami / amie / sœur)

2. Mon .... a 5 ans. Il ne sait pas lire. (grand-père / fille / fils)

3. Ma .... est en panne. Tu peux m'emmener à la gare ?
   (vélo / voiture / train)

4. Ma .... est en retard. Je dois l'attendre. (avion / femme / train)

5. Vos .... sont charmants. (filles / enfants / sœurs)

6. Ils viennent avec leur .... (amis / famille / parents)

7. Je le connais, il habite dans mon .... (ville / village / maison)

8. Ton .... est très sympathique. (boulangère / garagiste / directrice)

9. Je ne connais pas leurs .... (enfants / amie / adresse)

10. Ce n'est pas ma .... (faute / problème / avis)

PHONÉTIQUE : [f] / [v]

...e phrase vous avez entendue :

1. Je vais cuire le rôti. ☐
   Je fais cuire le rôti. ☐

2. Je l'ai vu vers Dinand. ☐
   Je l'ai vu Ferdinand. ☐

3. Il faut combien ? ☐
   Il vaut combien ? ☐

4. Ce n'est pas vrai. ☐
   Ce n'est pas frais. ☐

5. Change de file ! ☐
   Change de ville ! ☐

6. Tu connais Séville ? ☐
   Tu connais ses filles ? ☐

7. Elle est jolie, ta table en fer. ☐
   Elle est jolie, ta table en verre. ☐

8. Vous, vous êtes fou ! ☐
   Vous, vous êtes vous ! ☐

9. Il a perdu la foi. ☐
   Il a perdu la voix. ☐

10. J'ai voté. ☐
    J'ai fauté. ☐

46. PHONÉTIQUE : [ã] / [ɛ̃]

Dites quelle phrase vous avez entendue :

1. Il est nigérian. ☐
   Il est nigérien. ☐

2. C'est maman. ☐
   C'est ma main. ☐

3. J'ai fait le plan. ☐
   J'ai fait le plein. ☐

4. Il est marrant, ton copain ? ☐
   Il est marin, ton copain ? ☐

5. Je vais l'attendre. ☐
   Je vais la teindre. ☐

6. Je n'aime pas le vent. ☐
   Je n'aime pas le vin. ☐

7. Je vais l'étendre. ☐
   Je vais l'éteindre. ☐

8. C'est triste, Saint-Laurent ! ☐
   C'est triste sans Laurent ! ☐

9. Allons-nous en vite. ☐
   Alain nous invite. ☐

10. Il a vendu cinq cent programmes. ☐
    Il l'a vendu sans son programme. ☐

47. PHONÉTIQUE : [t] / [d]

Dites quelle phrase vous avez entendue :

1. Tu adores ! ☐
   Tu as tort ! ☐

2. Martine ne vient pas à la maison. ☐
   Mardi, ne viens pas à la maison. ☐

3. Il fait doux. ☐
   Il fait tout. ☐

4. Elle était droite. ☐
   Elle est étroite. ☐

5. Je vais te voir travailler. ☐
   Je vais devoir travailler. ☐

6. C'est une beauté ! ☐
   C'est d'une beauté ! ☐

7. Mettons cela au clair ! ☐
   Mets donc cela au clair ! ☐

8. J'ai des places pour le concert. ☐
   J'ai tes places pour le concert. ☐

48. ORTHOGRAPHE : LES LETTRES ACCENTUÉES

Mettez les accents qui conviennent :

1. Il est alle au cinema.

2. Ma mere est secretaire.

3. Elle a quel age, Helene ?

4. Mon frere est medecin. Il est marie avec une infirmiere.

5. J'etudie le français a la faculte des lettres.

6. Mon prenom, c'est Renee. Je suis mariee.

7. Vous etes celibataire ?

8. Je n'aime pas le theatre. Je prefere le cinema.

9. Un cafe ? Un the ? Ou alors une biere ?

10. L'universite ? C'est tres pres d'ici.

49. ORTHOGRAPHE : « où » / « ou »

Complétez en utilisant « ou » ou « où » :

1. Tu viens .... tu restes ?

2. Tu vas .... ?

3. Je serai .... au bureau, ... à la maison.

4. .... tu veux, quand tu veux !

5. Oui .... non ?

6. .... tu manges, ... tu vas te coucher !

7. Tu manges .... ?

8. Je ne sais pas .... c'est.

50. ORTHOGRAPHE : « ai » / « ei » / « è »

Complétez en utilisant les mots suivants : « mer, mère, maire, paire, pair, père, plaine, pleine, sel, selle » :

1. C'est le .... du village.

2. Ma .... est malade.

3. Aujourd'hui, la .... est belle.

4. Je voudrais une .... de gants.

5. Où sont les gants de ton .... ?

6. Je cherche une jeune fille au ....

7. J'habite dans la ....

8. Prends la .... Celle-ci est vide.

9. Je ne sais pas faire de cheval sans ....

10. Je dois manger sans ....

51. ORTHOGRAPHE : « ou » FINAL SUIVI D'UNE CONSONNE

Trouvez la lettre qui suit « ou », mais qui n'est pas prononcée :

1. Il est saou................. .

2. Il jou................. .

3. C'est tou................. .

4. Il est rou................. .

5. C'est à vou................. ?

6. Il a des sou................. .

7. Merci beaucou................. .

8. C'est à nou................. .

9. C'est du caoutchou................. .

10. C'est dou................. .

52. ORTHOGRAPHE : CONSONNE FINALE PRONONCÉE OU NON

Dites si la consonne finale des mots en caractères gras se prononce ou non :

	oui	non
1. C'est mon **sac**.		
2. Ce garçon n'est pas très **franc**.		
3. Je vais au bureau de **tabac**.		
4. Je dors dans mon **hamac**.		
5. C'est tout **blanc**.		
6. Ce n'est pas **sec**.		
7. Froid très **vif** sur toute la France.		
8. Il a un **fusil**.		
9. Ça sent le **gaz**.		
10. J'habite au **rez**-de-chaussée.		

	oui	non
11. Je suis **fier** de toi.		
12. Je suis le **dernier**.		
13. Tu es **gentil**.		
14. Il est **saoul**.		
15. Ce n'est pas **net**.		
16. Il est **inquiet**.		
17. Allons, du **nerf** !		
18. Il est tout **neuf**.		
19. Je ne mange pas de **porc**.		
20. J'habite près d'un **parc**.		
21. C'est **long** !		

53. ORTHOGRAPHE : LES MOTS EN [i]

Classez les mots qui se terminent en [i] dans le tableau suivant :

1. Il est bon, ce riz.

2. C'est combien, le prix de ce fusil ?

3. Je vais à la boulangerie.

4. Je n'ai pas tout compris.

5. J'habite ici depuis un an.

6. Je reviens dans huit jours.

7. Petit à petit, l'oiseau fait son nid.

8. La nuit, il y a du bruit.

9. C'est une excellente pâtisserie.

10. C'est fini.

11. Je vais chez le toubib. Oh ! pardon, chez le médecin.

12. C'est dix francs.

il	is	it	id	ie	i	ix	iz	ib

Unité 3

Premiers amis

54. OUI, NON, SI

Complétez en utilisant « oui », « non » ou « si » :

1. – Tu ne manges pas ?
   – ...., j'ai très faim.

2. – Tu ne vas jamais au cinéma ?
   – ...., mais pas très souvent.

3. – Vous êtes malade ?
   – ...., j'ai la grippe.

4. – Tu ne dors pas ?
   – ...., je n'ai pas sommeil.

5. – Tu ne m'écoutes pas !
   – ...., et je suis d'accord avec toi.

6. – Vous ne parlez pas beaucoup !
   – ...., je ne suis pas très bavard.

7. – Vous ne pouvez pas me recevoir ?
   – ...., mais dans 5 minutes.

8. – Vous ne parlez pas espagnol ?
   – ...., un peu.

9. – Je vous invite à déjeuner ?
   – ...., avec plaisir.

10. – Vous n'êtes pas satisfait ?
    – Mais................, au contraire ! Je suis très content.

55. EST-CE QUE / QU'EST-CE QUE

Complétez en choisissant « est-ce que » ou « qu'est-ce que » :

1. – .... tu fais ?
   – Rien.

2. – .... il travaille ?
   – Non, il est au chômage.

3. – .... vous êtes d'accord ?
   – Oui, tout à fait.

4. – .... vous voulez ?
   – Un petit renseignement.

5. – .... vous voulez manger ?
   – Non, je veux juste un café.

6. – .... vous regardez la télévision ?
   – Non, pas très souvent.

7. – .... vous regardez à la télévision ?
   – Les films, les reportages.

8. – .... vous mangez ?
   – Une salade et du poulet.

9. – .... vous faites ça souvent ?
   – Tous les jours.

10. – .... vous faites comme travail ?
    – Je suis comédien.

56. LE PLURIEL DES VERBES

Complétez en utilisant le verbe indiqué entre parenthèses :

1. Ils .... vous parler. (vouloir)

2. Ils .... du bon travail. (faire)

3. Elles ne .... pas le français. (comprendre)

4. Ils .... rentrer à Paris d'urgence. (devoir)

5. Chut ! Elles .... (dormir)

6. À quelle heure est-ce qu'ils .... le train ? (prendre)

7. Quand est-ce qu'elles .... le directeur ? (voir)

8. Est-ce qu'ils .... entrer ? (pouvoir)

9. Elles .... quelqu'un à New York ? (connaître)

10. Qu'est-ce qu'ils .... ? (dire)

57. TOI / VOUS

Complétez en utilisant « toi » ou « vous » :

1. Salut Pierre, j'ai un cadeau pour ....

2. Madame ! Attendez ! Je viens avec .... !

3. Tu es chez .... demain ?

4. Bonne chance, les copains ! Je pense à ....

5. Papa ! Il y a une lettre pour .... !

6. René ! Viens vite ! Il y a un message pour .... !

7. Entrez, c'est le bureau en face de ....

8. Dépêchez-vous, ou le train va partir sans .... !

9. Chers amis, je suis content d'être avec .... ce soir.

10. – Je peux aller au cinéma avec ...., maman ?

 – Non, ce n'est pas un film pour les enfants.

58. TU / VOUS

Écoutez et dites si les personnes qui parlent se vouvoient ou se tutoient :

Enr.	tu	vous		Enr.	tu	vous
1				6.		
2.				7.		
3.				8.		
4.				9.		
5.				10.		

📼 59. TU / VOUS

Écoutez et dites si la personne qui parle vouvoie ou tutoie son interlocuteur :

Enr.	tu	vous
1.		
2.		
3.		
4.		
5.		

Enr.	tu	vous
6.		
7.		
8.		
9.		
10.		

60. OUI OU NON ?

Trouvez la seconde partie de l'expression :

1. Oui ou .... ?

2. Noir ou .... ?

3. Ça va ou .... ?

4. Aujourd'hui ou .... ?

5. Vous arrivez ou .... ?

6. Vous entrez ou .... ?

7. Avant ou .... ?

8. Pour ou .... ?

9. C'est vrai ou .... ?

61. VOCABULAIRE : LES PROFESSIONS

Complétez en choisissant :

1. Je travaille dans un supermarché. Je suis ....
   caissière / journaliste / professeur)

2. Mon mari est .... au lycée Louis le Grand.
   (vendeur / proviseur / mécanicien)

3. Il est .... à l'hôpital Laennec. (boucher / chirurgien / pilote)

4. Le .... est passé. Il y a une lettre pour toi !
   (mécanicien / pharmacien / facteur)

5. C'est un .... français qui vient d'obtenir le prix Nobel de physique.
   (scientifique / charcutier / musicien)

6. Mon .... fait le meilleur pain de la ville.
   (médecin / boulanger / plombier)

7. J'ai mal aux dents. Je vais chez le ....
   (plombier / pâtissier / dentiste)

8. Je suis .... dans un bar. (médecin / serveur / professeur)

9. C'est le .... de l'usine. Il est très riche.
   (concierge / patron / gardien)

10. Il est .... au Figaro. (journaliste / coiffeur / militaire)

62. SINGULIER / PLURIEL

Lisez les quatre textes suivants et écrivez quels sont les points communs de Jean-Paul et Sylvie, Jean-Paul et Gaston, Sylvie et Marie Claude :

Jean-Paul

Je suis étudiant à Lyon.
J'ai 26 ans. Je suis né dans le Sud, près de Toulon.
Je prends mes vacances en juillet. Je vais en Bretagne où j'ai de la famille. J'adore la pêche, la natation et je fais un peu de bateau.
J'aime la danse, les soirées avec des amis.

Gaston

J'ai 28 ans. J'habite à Lyon, où je suis médecin. J'ai passé toute mon enfance à Toulon. J'ai acheté un petit bateau et, tous les étés, je vais chez mes parents qui vivent toujours à Toulon. Je suis très sportif et je fais beaucoup de vélo et un peu d'escalade.

Sylvie

Je suis née à Lyon, il y a 26 ans, mais je vis à Toulon. En été, je reste à Toulon. Je vais à la plage. Je suis bonne nageuse. Je fais du vélo. Je n'aime pas la pêche. Mes parents habitent à Toulon. Je ne connais pas la Bretagne.

Marie-Claude

J'ai 26 ans. Je suis toulonnaise, mais je suis née à Lyon. L'été, je vais en Bretagne chez mes parents. Mon père est pêcheur et je vais souvent à la pêche avec lui. C'est moi qui conduis le bateau. J'aime la danse, faire du sport (escalade, natation, basket).

....
....
....
....
....

63. INDIQUER SES COORDONNÉES SUR DIVERS TYPES DE DOCUMENTS

Complétez les documents suivants en vous servant des informations données par les dialogues :

①

....
....
....
....

Cher ami,

②

ÉLECTROTECH

③

🔊 64. REMPLIR UN QUESTIONNAIRE

Écoutez le dialogue et complétez le questionnaire suivant en fonction des réponses données :

Sexe : homme ☐
       femme ☐

Âge : ....

Situation familiale : Marié (e) ☐
                      Célibataire ☐
                      Divorcé (e) ☐

Nombre d'enfants : ....

Mangez vous des yogourts ? oui ☐
                                non ☐

Si oui :
    moins d'un par jour ☐
    un par jour ☐
    plus d'un par jour ☐

Utilisez-vous du beurre pour :
    la cuisine ? ☐
    le petit-déjeuner ? ☐

Utilisez-vous de la crème fraîche ?
    oui ☐
    non ☐

Consommez-vous du fromage ?
    oui ☐
    non ☐

Connaissez-vous la marque « Lacto » ?
    oui ☐
    non ☐

Si oui, êtes-vous satisfait de ses produits ?
    oui ☐
    non ☐

🔊 65. CRÉER UN QUESTIONNAIRE.

Écoutez le dialogue et créez le questionnaire en fonction des questions posées :

....

....

....

....

....

🔊 66. PRÉSENTER QUELQU'UN

Écoutez et identifiez le dialogue qui correspond à ce texte :

Paris, le 12/1/97.

Bonjour de Paris. Je visite la capitale. Je connais déjà la tour Eiffel, l'Arc de triomphe et les Champs-Élysées. Demain, je vais au musée Georges Pompidou. Je vais bien. Je suis contente de mon voyage. Paris est une ville magnifique.

Je vous embrasse tous. À bientôt.

Cathy

Dialogue 1 ☐   Dialogue 2 ☐   Dialogue 3 ☐

67. MASCULIN / FÉMININ

Dites si c'est un homme, une femme ou si on ne sait pas qui a écrit chaque texte :

1. Je suis garagiste. J'adore la mécanique. Ce matin, j'ai changé un moteur. C'est comme ça que j'ai rencontré mon mari Dominique. Il était en panne sur l'autoroute.

    homme   ☐
    femme   ☐
    on ne sait pas   ☐

2. Je m'occupe seul de mes 3 enfants. Je lave, je repasse, je fais la cuisine, mais j'aime ça.
    homme   ☐
    femme   ☐
    on ne sait pas   ☐

3. Cet été, je suis allée en Espagne avec une amie. Nous avons visité l'Andalousie. Je suis amoureuse de l'Espagne.

    homme   ☐
    femme   ☐
    on ne sait pas   ☐

4. Je suis malade. J'ai la grippe depuis 3 jours et je dois rester au lit. Heureusement, ma femme est médecin.

    homme   ☐
    femme   ☐
    on ne sait pas   ☐

5. Je suis née en Italie, mais j'ai vécu 20 ans en France. Mes parents sont de Rome. Je vais les voir pour les vacances.

    homme   ☐
    femme   ☐
    on ne sait pas   ☐

6. Je suis calme, plutôt solitaire. Je fais du vélo et de l'équitation. Je voudrais rencontrer quelqu'un qui a les mêmes goûts.

homme ☐
femme ☐
on ne sait pas ☐

68. ORTHOGRAPHE : « an », « em » OU « en » [ɑ̃]

Écoutez et complétez les pointillés par « em », « an » ou « en », selon le cas :

H........s est un étudi........t allem........d. Il habite d........s la b........lieue de N........tes, ... Fr........ce.
Il a vingt-quatre ....s. Qu........d il est arrivé, ... sept........bre, il ne connaissait personne : ses
amis, ses par........ts, son gr........d-père et sa gr........d-mère étaient restés .... Allemagne. Mais
H........s a fait des r........contres : il sortait souv........t et il a bien vite r........contré d'autres étudi........ts comme lui : des ....glais, des Holl........dais et, bi........ sûr, beaucoup de Fr........çais.
Comm........t a-t-il r........contré H........ri Dur........d, Fern........d, Bertr........d et leurs .... f........ts ?
Tout simplem........t p........d........t les vac........ces. Et puis, H........s a fait un stage pour appr........dre
des l........gues régionales, le catal........ et l'occit........ C'était à Aix-........-Prov........ce, au
print........ps. Le départem........t des l........gues étr........gères et régionales a organisé un concours
de d........se. H........s d........se rarem........t, mais, ce soir-là, il a r........contré la belle Flor........ce,
une femme gr........de et élég........te. Il s'est prés........té, a invité Flor........ce à d........ser et ils ont
été les gagn........ts du concours !

69. ORTHOGRAPHE : LES DIFFÉRENTES GRAPHIES DU SON [o]

Lisez les phrases et complétez le tableau suivant à l'aide des mots rencontrés dans les phrases :

1. Je vais au boulot en moto.
2. Il a un bureau à Bordeaux.
3. J'ai mal au dos.
4. C'est idiot, mais c'est trop gros.
5. En haut, il fait chaud.
6. Un vélo, c'est un beau cadeau.
7. Donnez-moi votre manteau et votre chapeau.
8. Il a sa photo dans les journaux.
9. Allô ! Ah c'est un faux numéro.
10. C'est un mot nouveau.
11. Il a avalé un noyau d'abricot.
12. Je vais prendre un pot au bistrot.
13. Je ne veux pas d'escargot.
14. Il y a un défaut.
15. J'ai besoin de repos.
16. Je reviens bientôt.

o	ot	op	os	au	eau	aut	aux	eaux	aud
métro	maillot	sirop	héros	tuyau	gâteau	il faut	normaux	ciseaux	costaud

📼 70. ORTHOGRAPHE : LES MOTS EN « eu »

Écoutez et complétez les phrases :

1. Il .... un .... de ....

2. J'ai ....

3. C'est .... Il ....

4. J'habite dans la ....

5. C'est un ....

6. Il a les ....

7. Tu .... demander ce que tu ....

8. J'ai le ....

71. ORTHOGRAPHE : LE FÉMININ DES ADJECTIFS EN « -x »

Complétez en utilisant (au féminin) l'adjectif proposé :

1. Elle est très .... (doux)

2. L'automne est une saison très .... (pluvieux)

3. C'est une .... pièce de 10 francs. (faux)

4. Tu connais la fille .... ? (roux)

5. J'habite une .... maison. (vieux)

6. Ma femme est très .... (jaloux)

7. Elle est très .... , ta copine ! (curieux)

8. Elle est trop .... , ton amie. (sérieux)

📼 72. ORTHOGRAPHE : LES MOTS EN « h- »

Écoutez et dites si la liaison a été faite ou non :

	oui	non
1. Ils **h**abitent ici.		
2. C'est u**n h**iver très froid.		
3. C'es**t h**aut.		
4. C'es**t h**onteux.		
5. Nous ne sommes pas de**s h**éros.		
6. Il te raconte de**s h**istoires.		
7. Tu veux encore de**s h**aricots ?		
8. Il a pris de**s h**abitudes de luxe.		
9. J'attends u**n h**eureux événement.		
10. C'est u**n h**asard si je suis là aujourd'hui.		

73. ORTHOGRAPHE : LES MOTS EN [a]

Classez les mots qui se terminent en [a] dans le tableau suivant :

1. J'adore le chocolat.
2. Elle a mis sa robe de gala.
3. C'est un gars sympa.
4. Le tabac est dangereux pour la santé.
5. Mon père est avocat.
6. Merci pour cet excellent repas.
7. La choucroute, c'est un plat alsacien.
8. Il faut appeler un chat, un chat.
9. Est-ce que vous pouvez passer au secrétariat ?
10. Il s'est cassé le bras.

a	as	at	ars	ac

74. ORTHOGRAPHE : LES MOTS EN [a]

Écoutez et complétez les phrases :

1. Je ne supporte pas l'odeur du ....
2. La Hollande, c'est un pays ....
3. J'ai un petit ....
4. Mon .... est en ....
5. C'est un .... de .... !
6. Il n'est pas ....
7. Où est le .... ?
8. Il me .... toujours aux échecs.
9. C'est trop ....
10. Salut les .... !

75. ORTHOGRAPHE : MASCULIN / FÉMININ DES ADJECTIFS

Trouvez le masculin des adjectifs en caractères gras :

1. Une jupe **courte**
   Un voyage ....
2. Une table **basse**
   Un meuble ....
3. Une rivière **profonde**
   Un lac ....
4. Une île **lointaine**
   Un pays ....
5. Une idée **excellente**
   Un vin ....
6. Une fille **charmante**
   Un garçon ....
7. Une femme **coquette**
   Un appartement ....
8. Une histoire **idiote**
   Un garçon ....
9. Une artiste **contemporaine**
   Un écrivain ....
10. Une fille **mignonne**
    Un enfant ....

ORTHOGRAPHE : LES HOMOPHONES « on » / « ont »

Complétez les phrases avec la forme qui convient (« on » ou « ont ») :

1. Quand est-ce qu' .... commence le stage ?

2. Ils .... beaucoup de chance.

3. Quand .... veut, ... peut.

4. Les Marin .... répondu à notre lettre.

5. Ils .... eu très peur.

6. .... déjeune à quelle heure ?

7. Est-ce qu' .... vous a prévenu du retard du train ?

8. Pardon, où peut-................ s'inscrire ?

9. Les invités .... bien aimé ce que tu as préparé.

10. Allez, ... s'en va.

77. ORTHOGRAPHE : LES HOMOPHONES « et » / « est »

Complétez les phrases avec la forme qui convient (« et » ou « est ») :

1. Pierre .... moi sommes de vieux amis.

2. Jacques .... sorti il y a deux minutes.

3. J'ai froid .... j'ai faim.

4. Mon frère joue de la trompette .... moi de la flûte.

5. Cette question .... difficile.

6. La fenêtre .... fermée.

7. Andrée a quarante .... un ans.

8. Le courrier n' .... pas encore arrivé ?

9. Il .... neuf heures .... demie.

10. Je voudrais du jambon, une boîte de sardines .... du pain, s'il vous plaît.

11. Mon cousin n' .... jamais sorti de son village.

12. .... d'abord, pourquoi tu ne m'as rien dit ?

13. Le chat .... dans le jardin.

14. Nous attendons Paul .... Virginie.

15. C'................ l'hiver.

Unité 4

Mon pays

78. L' / LE / LA / LES – UN / UNE / DES

Complétez en utilisant « le / la / les » ou « un / une / des » :

1. Je prends .... train de 21 h 23.

2. Elle habite .... petit village près de Tours.

3. C'est .... deuxième rue à droite.

4. Le soir, je regarde .... télévision.

5. .... voisins ne sont pas là. Il n'y a pas de lumière.

6. J'ai .... voisins très sympathiques.

7. Je vais habiter Paris, ... ville-lumière.

8. Tu as .... temps de boire un café ?

9. Est-ce qu'il y a .... train direct pour Paris entre 10 heures et midi ?

10. C'est .... voiture de Pierre.

11. .... parents de Jean-Paul sont très gentils.

12. Tu connais .... adresse de René ?

79. LE / LA / LES – DU / DE LA / DES

Remplacez en utilisant « le / la / les » ou « du / de la / des » :

1. Tu veux .... lait dans ton thé ?

2. Il habite dans .... Quartier Latin.

3. Le vendredi soir, il y a toujours .... embouteillages.

4. Est-ce que .... train de Marseille est arrivé ?

5. Vous avez .... enfants ?

6. Tu connais .... parents de Claudie ?

7. Je n'aime pas .... lait.

8. Aujourd'hui, il y a .... vent.

9. .... soleil est très chaud en août.

10. Tu as lu .... journal ?

11. Je déteste .... bruit.

12. Vous avez .... feu ?

80. LES DÉMONSTRATIFS

Complétez en utilisant le démonstratif qui convient :

1. .... été, je ne prends pas de vacances.

2. .... matin, je n'ai pas envie de travailler.

3. Tiens, lis .... article. C'est très intéressant.

4. Ils sont à vous, ... journaux ?

5. Tu as entendu .... bruit ?

6. Prends .... rue, à droite. C'est là que j'habite.

7. .... endroit est magnifique.

8. Il passe me voir .... soir.

9. .... nuit, je n'ai pas beaucoup dormi.

10. Qu'est-ce que tu as fait .... week-end ?

11. .... couleur te va très bien.

12. .... idée est vraiment géniale !

UNITÉ 4 / MON PAYS   31

81. SINGULIER / PLURIEL

Complétez en utilisant les mots entre parenthèse (attention à l'accord !) :

1. Elle a deux .... filles de 19 et 22 ans. (grand)

2. Il m'a fait des propositions .... (intéressant)

3. J'habite un très .... appartement. (beau)

4. Cette année, il y a trois .... professeurs. (nouveau)

5. J'attends des idées .... (nouveau)

6. Il a beaucoup de .... idées. (bon)

7. J'habite en face des deux .... maisons ....
   (gros / blanc)

8. Elles sont .... toutes les deux. (roux)

9. Elles sont complètement ...., tes copines ! (fou)

10. Elle est .... Son mari est mort dans un accident d'avion. (veuf)

11. Ils sont .... depuis 2 ans. (marié)

12. Mes voisines sont deux .... dames charmantes. (vieux)

82. EN, Y

Dites ce que signifient chacun des pronoms utilisés :

1. J'**y** suis, j'**y** reste	ici	☐
	la maison	☐
	à Pierre	☐
2. Tu **en** veux encore ?	le pain	☐
	de la pizza	☐
	une pomme	☐
3. Qu'est-ce que tu **en** penses ?	à Pierre	☐
	de ce problème	☐
	de mon frère	☐
4. J'**y** pense souvent.	à mes vacances	☐
	à ma mère	☐
	en France	☐
5. J'**y** vais toutes les semaines.	de Paris	☐
	à mes parents	☐
	chez ma sœur	☐
6. Tu **en** bois beaucoup ?	le lait	☐
	du café	☐
	l'eau	☐
7. J'**en** viens.	de la poste	☐
	à la gare	☐
	de mes parents	☐
8. Tu **en** prends trop.	le lait	☐
	du café	☐
	le train	☐

83. IL / ON

Complétez en utilisant « on » ou « il » :

1. Ma femme et moi, ... va au Maroc.

2. En Suisse, ... parle français, allemand ou italien.

3. Mon mari travaille en Suisse, ... est ingénieur.

4. .... est très sympathique, ton frère.

5. – Qu'est-ce qu' .... fait ?
   – Ce que tu veux.

6. Pierre et moi, ... cherche un appartement.

7. .... s'appelle comment, ton frère ?

8. .... travaille tous les deux.

9. .... habite ensemble.

10. .... habite où, ton ami ?

84. LES DÉMONSTRATIFS

Complétez avec le démonstratif qui convient :

1. Il s'appelle comment, ... quartier ?

2. Qu'est-ce que tu as fait .... semaine ?

3. .... été, je vais en vacances dans les Pyrénées.

4. .... région est très touristique.

5. J'aime bien .... petites rues.

6. Le Maroc ? Je n'ai pas encore visité .... pays.

7. .... endroit me plaît beaucoup.

8. C'est quoi, ... bâtiment ?

9. Tu as visité .... église ?

10. Il faut absolument me donner .... adresse.

85. DE / À / EN

Complétez en utilisant « de, du, de la » / « à, au, à la, à l'» / « en, au » :

1. Il est .... sud de la France.

2. Elle vient .... Maroc.

3. Elle voyage .... étranger.

4. Il est .... Tégucigalpa, ... Honduras.

5. J'habite .... ville, mais le week-end, je vais .... campagne.

6. Elles sortent .... bureau à 18 heures.

7. J'arrive .... Londres et je repars demain .... Italie.

8. Je vais passer mes vacances .... Bretagne.

9. Il n'est pas .... ici, il vient .... Paris.

10. Je retourne .... Pérou pour quelques mois et après, je reviens .... France.

86. DE / À / EN

Complétez en choisissant :

1. Il .... du restaurant. (va / vient / travaille)

2. Je vais .... Bruxelles. (aller / visiter / vivre)

3. Je .... de vacances. (pars / reviens / vais)

4. Hier, je .... de mon travail à minuit.
   (suis allé / suis sorti / suis entré)

5. Demain, je .... chez moi toute la journée.
   (sors / viens / suis)

6. Ils .... en France depuis 10 ans. (vivent / visitent / quittent)

7. Il .... du bureau du directeur avec un grand sourire.
   (est entré / a quitté / est sorti

8. Il ne .... jamais son bureau avant 19 heures. (pars / quitte / rentre)

87. PRÉPOSITIONS + NOMS DE PAYS

Complétez en utilisant un nom de pays :

1. Je vais passer mes vacances à Naples ....

2. J'ai travaillé plusieurs années à Varsovie ....

3. ...., on parle français, italien ou allemand.

4. Je suis allé ...., le pays des kangourous.

5. Elle vit .... à 200 km de Madrid.

6. Il est né en 1922, à Buenos Aires, ...

7. J'aimerais bien aller .... pour visiter le Machu Pichu.

8. Je vais souvent .... Je connais bien Berlin, Frankfort et Münich.

9. ...., on fabrique plus de 300 sortes de fromages.

10. Il est parti ...., à Los Angeles.

88. « HIER » OU « DEMAIN » ?

Complétez en utilisant « hier » ou « demain » :

1. ...., je pars en vacances.

2. ...., je suis allé au cinéma

3. .... j'ai rencontré Sylvie à la piscine.

4. Ils se marient ....

5. ...., j'étais malade.

6. Pierre m'a téléphoné .... Il va bien.

7. Est-ce que tu peux me téléphoner ...., avant midi ?

8. Mon frère arrive .... par le train de 18 h 46.

9. Il est reparti .... matin.

10. Au revoir et à .... !

89. LES INDICATEURS DE TEMPS

Complétez en choisissant l'indication de temps qui convient :

1. ...., j'ai vu un excellent film à la télé. (Hier / Après-demain / Dimanche prochain)

2. ...., c'est mon anniversaire. Je vous invite. (La semaine dernière / Hier / Dimanche)

3. Il arrive ...., à 23 h 30. (ce matin / cette nuit / hier)

4. ...., j'ai mal dormi, mes voisins ont fait une fête. (Cette nuit / L'année dernière / Après demain)

5. ...., j'ai écrit un livre de 400 pages. (Cette nuit / L'an dernier / Ce week-end)

6. ...., j'ai beaucoup de travail. (Cette semaine / Hier / Le mois dernier)

90. LE PASSÉ COMPOSÉ

Mettez les verbes entre parenthèses au passé composé :

1. Qu'est-ce que tu .... ce week-end ? (faire)

2. Est-ce que vous .... Pierre cette semaine ? (voir)

3. Ils.................................... . Maintenant, ils habitent en banlieue. (déménager)

4. Je.................................... le 25 avril 1965. (naître)

5. Vous .... un appartement ? (trouver)

6. Ils .... chez moi tout le week-end. (rester)

7. Qu'est-ce que vous .... à midi ? (manger)

8. Elle n'est pas là. Elle .... (sortir)

9. Nous .... vers 20 heures. (partir)

▣ 91. LE PASSÉ COMPOSÉ (REPÉRAGE)

Écoutez les enregistrements et dites si c'est le passé composé ou autre chose que vous avez entendu :

Enr.	Passé composé	Autre chose
1.		
2.		
3.		
4.		
5.		
6.		
7.		
8.		
9.		
10.		

92. LES ARTICLES DÉFINIS / INDÉFINIS

Complétez en choisissant « le / la / les » ou « un / une » :

1. J'habite dans .... rue de la gare.

2. À gauche, c'est .... chambre de Pierre. À droite, ... cuisine. Il y a .... salle de bains à l'étage et .... autre au rez-de chaussée.

3. Tu connais .... père d'Annie ?

4. Est-ce qu'il y a .... pharmacie près d'ici ?

5. Voilà votre clef. C'est .... chambre n° 12.

6. J'habite en face de .... mairie du village.

7. J'adore .... soleil, ... mer et .... vacances.

8. Toulouse, c'est .... ville très agréable.

9. L'Espagne, c'est .... pays où il a passé toute son enfance.

10. J'ai réservé .... chambre à l'hôtel.

93. DU / DE LA / DE L' / DES

Complétez en choisissant et en utilisant « du / de la / de l' / des » :

1. Le 21 juin, c'est la fête .... (musique / fleurs / mères)

2. Pour beaucoup de Français, le vendredi, c'est le jour .... (seigneur / poisson / repos)

3. Pour des millions de Français, l'été, c'est le temps .... (vacances / travail / école)

4. Décembre, c'est le mois .... (jardinage / repos / cadeaux)

5. Le 21 mars, c'est le premier jour .... (printemps / année / vacances)

6. L'automne, c'est l'époque .... (vacances / vendanges / neige)

7. Quand le printemps arrive, des milliers de Français se livrent aux joies .... (jardinage / ski / plage)

8. La fête ...., c'est le 1er mai. (mères / pères / travail)

94. LES VERBES AVEC OU SANS PRÉPOSITION

Complétez en choisissant le verbe qui convient :

1. Marie, c'est celle qui .... à Pierre. (parle / connaît / embrasse)

2. Tu peux .... le directeur de l'école ? (téléphoner / appeler / écrire)

3. Est ce que vous .... à vos parents ? (avez vu / avez écrit / avez appelé)

4. Je ne .... pas mes nouveaux voisins. (parle / téléphone / connais)

5. Elle .... beaucoup à la peinture et au théâtre. (s'intéresse / déteste / adore)

6. Je vais .... à mon père. (demander / appeler / voir)

95. EN / Y

Complétez en utilisant « en » ou « y » :

1. Tu m'accompagnes à Paris ? J' .... vais demain.

2. C'est un quartier très sympathique. J' .... vis depuis plus d'un an.

3. La fête chez Jean ? J' .... viens. Il n'y a personne.

4. – Alors cette réunion ?

    – J' .... sors. C'était sans intérêt.

5. – La réunion n'est pas finie ?

    – Non, j' .... retourne immédiatement.

6. Ah ! Le Mexique ! J' .... ai vécu pendant 4 ans.

7. Les vacances ? J' .... pense tous les jours.

8. C'est l'heure ! Je dois .... aller.

96. LE / LA / LES / EN

Complétez en utilisant le pronom qui convient :

1. – Un petit café ?

    – Non merci, je ne peux pas .... prendre. Mon médecin me l'a interdit.

2. Non, merci, je n' .... veux plus. Je n'ai plus faim.

3. Comment vous .... voulez, votre steack ? À point ou saignant ?

4. Vous voulez des bananes ? Désolé, je n' .... ai plus.

5. Vous .... prenez comment, votre café ? Avec ou sans sucre ?

6. Je vous .... donne combien ? Deux ou trois ?

7. – Est-ce que vous avez des adresses de petits restaurants pas chers ?

    – Oui, nous .... avons même plusieurs.

8. – Elle a les adresses de nos fournisseurs en Allemagne ?

    – Oui, elle .... a.

9. Où est-ce que vous avez acheté ces gâteaux ? Je .... trouve délicieux.

10. – Il n'y a plus de café ? Je vais .... faire encore un peu.

97. LE PARTICIPE PASSÉ / L'INFINITIF

Complétez en choisissant :

1. Elle .... changer de vie. (a / veut / est)

2. Nous .... arrivés les premiers. (voulons / sommes / avons)

3. Ils ne .... jamais partis en vacances. (vont / sont / peuvent)

4. Elle .... travailler ! (faut / est / doit)

5. .... français ? C'est facile ! (parler / parlé)

6. Nous .... préféré prendre le train. (sommes / avons / allons)

98. MORPHOLOGIE DES VERBES : LES TERMINAISONS DU PRÉSENT

Classer les verbes dans le tableau en fonction du type de terminaison (avec « je », « tu », « il ») :

1. Elle **conduit** bien.

2. Tu ne **mets** pas de cravate ?

3. Tu **m'offres** un café ?

4. Elle **court** vite.

5. Tu **viens** ?

6. Pourquoi est-ce que tu **ris** ?

7. Je ne **vois** plus rien.

8. Je **peux** entrer ?

9. Je **cherche** un appartement.

10. Je **fais** du thé ou du café ?

11. Il me **plaît** beaucoup.

12. Cela **vaut** combien ?

-e, -es, -e	-s, -s, -t	-x, -x, -t
exemple : parler	exemple : finir	exemple : vouloir

99. MORPHOLOGIE DES VERBES : LES VERBES EN « -ir » QUI SE CONJUGUENT COMME LES VERBES EN « -er »

Complétez en utilisant le verbe entre parenthèses :

1. Elle .... les témoignages. (recueillir)

2. Je vous .... quelque chose ? (offrir)

3. Vous .... à quelle heure ? (ouvrir)

4. Elle .... beaucoup. (souffrir)

5. C'est lui qui .... les visiteurs. (accueillir)

6. .... - toi bien ! Il fait froid ! (couvrir)

7. Nous .... la France. (découvrir)

8. Je .... quelques fleurs. (cueillir)

100. MORPHOLOGIE DES VERBES : LES VERBES EN « -cer » ET EN « -ger »

Complétez en utilisant le verbe entre parenthèses :

1. Nous .... tout de suite. (commencer)

2. Nous .... à quelle heure ? (manger)

3. Si vous voulez, nous .... de place. (changer)

4. Nous nous .... souvent en voiture. (déplacer)

5. Nous .... Pierre et Marie pendant le déjeuner. (remplacer)

6. Nous ne .... pas d'ici ! (bouger)

7. Nous .... la semaine prochaine. (déménager)

8. Nous .... un nouveau produit. (lancer)

9. Nous .... les mêmes goûts. (partager)

10. Nous .... beaucoup. (voyager)

101. ORTHOGRAPHE : LE SON [ɛ] (EN FINALE)

Classez les mots qui se terminent en [ɛ] dans le tableau suivant :

1. Je vais voyager de mai à juillet.

2. Il est frais ton lait ?

3. J'habite près d'une forêt.

4. Il est très gai.

5. Vous avez un billet ?

6. Il y a un paquet pour toi.

7. Non, merci, jamais après le repas.

8. Il n'y a plus de craie.

9. Je n'ai pas de monnaie.

10. Je paie par chèque.

11. Vive la paix !

12. Ce n'est pas vrai.

et	êt	est	ès	ais	ait	ai	aie	aix

102. ORTHOGRAPHE : LE SON [ɛ] À L'INTÉRIEUR D'UN MOT

Classez les mots qui contiennent le son [ɛ] dans le tableau suivant :

1. Je mesure un mètre soixante.

2. Ce soir, il y a une fête chez André.

3. J'aime beaucoup la neige.

4. Ouvre la fenêtre !

5. Voilà ma maison.

6. Tu as raison.

7. Je mange au restaurant « La reine Pédauque ».

8. Je ne peux pas rester.

9. Il est à peine 8 heures.

10. Mon père est maire du village.

11. Ils font une drôle de tête.

è	ê	ei	ai	e + consonne

103. ORTHOGRAPHE : LE SON [ɛ] À L'INTÉRIEUR D'UN MOT

Écoutez et complétez les phrases suivantes :

1. J'ai mal à la ....

2. J'habite à cent .... de la poste.

3. Je travaille à la ....

4. La .... de ski va commencer.

5. J'habite dans la ....

6. La salle est ....

7. Tiens ! Il ....

8. Bonne ...., Lucie !

9. Tu .... une voiture ?

10. Avec .... !

104. ORTHOGRAPHE : LE SON [ɛ] SUIVI D'UNE CONSONNE DOUBLE

Classez les mots qui contiennent le son [ɛ] suivi d'une consonne double dans le tableau suivant :

1. Bonjour Mademoiselle !

2. La terre est ronde.

3. Tu joues au tennis ?

4. Passe-moi ton assiette !

5. Quelle est votre profession ?

6. Je suis pharmacienne.

7. Ça ne m'intéresse pas.

8. Je vais essayer cette casquette.

9. Tu as fait une erreur.

10. C'est terrible !

ell	ett	ess	enn	err

105. ORTHOGRAPHE : LES HOMOPHONES « et », « est », « es »

Complétez les phrases avec la forme qui convient («et », « est » ou « es ») :

1. Tu .... rentré à quelle heure, hier soir ?

2. Géraldine .... très malade.

3. Tu .... bien le fils de ton père !

4. Moi, j'aime le soleil .... la chaleur.

5. Où .... partie Claudine ?

6. Qu' ....- ce que tu veux ?

7. Tu .... prête, chérie ?

8. C'............... l'heure de partir.

9. Nous avons acheté des sandwichs .... de la bière.

10. Je m'intéresse au football .... au tennis.

11. ....-tu libre demain soir ?

12. Vous êtes français, n'...............-ce pas ?

13. J'ai invité ton père, ta mère .... ton frère.

14. J'ai envoyé deux lettres .... cinq cartes de vœux.

15. Maintenant, tout .... prêt.

Unité 5

Ma ville

106. « ÊTRE » OU « AVOIR »

Complétez en utilisant « être » ou « avoir » :

1. Il .... peur de se tromper.

2. Tu .... froid ! Rentre vite à la maison !

3. Tu .... sommeil ? Va te coucher !

4. Tu .... prêt ? Alors, on y va !

5. Il .... chaud. Tu vas te brûler !

6. – Vous .... mal où ?
   – À l'estomac, docteur.

7. Vous .... mal placée ici. Venez devant.

8. – Vous .... faim ?
   – Non, on .... soif !

9. Ils .... envie de rentrer.

10. Nous .... de la chance. Le train n'est pas encore parti.

11. Vous .... d'accord ?

12. Elle .... froide.

107. TOUT / TOUS / TOUTES

Complétez en utilisant « tout », « tous » ou « toutes » :

1. Est-ce qu'ils sont .... là ?

2. C'est .... droit.

3. Je comprends ....

4. Je les connais ....

5. Je vous invite .... à mon anniversaire.

6. Mes sœurs ? Elles sont .... mariées.

7. Maintenant, tu sais ....

8. Dis-moi ....

9. Où est-ce qu'elles vont .... ?

10. Ils viennent ...., tes amis ?

108. NE PAS / NE PLUS

Mettez en relation les phrases des deux colonnes :

1. Il pleut.

2. Je m'arrête à la station service…

3. Il est tombé dans les escaliers.

4. Donnez-moi un petit noir !

5. Le facteur est passé ?

6. On y va comment ?

7. Une bière s'il vous plaît !

8. Tu peux passer chez le boulanger ?

9. Un aller Lyon-Marseille !

10. Il est au chômage.

A. Le pauvre, il n'a pas de chance !

B. Je n'ai plus d'essence.

C. Il n'y a plus de pain.

D. Il n'a pas de travail.

E. À pied, je n'ai pas de voiture.

F. Il n'y a pas de train avant 17 h.

G. Et je n'ai pas de parapluie.

H. Désolé, mais nous ne servons pas d'alcool.

I. Il n'y a pas de café, la machine est en panne.

J. Il n'y a pas de courrier pour toi.

109. INDICATEURS DE LIEU

Complétez en choisissant :

1. .... de la place, il y a de nombreuses petites boutiques.
   (Autour / Dans / Au coin)

2. J'habite .... de la rue Dufour et de la rue Morand.
   (autour / au début / à l'angle)

3. .... de chez moi, il y a un grand magasin.
   (Au-dessus / En face / À l'angle)

4. J'habite dans la banlieue parisienne, ... du Quartier Latin.
   (tout près / très loin / à côté)

5. J'habite .... de la gare. C'est à 5 minutes à pied.
   (près / loin /en face)

6. .... de la place, il y a une statue.
   (Au centre / Autour / Au dessus)

110. PRÉPOSITIONS

Complétez les phrases avec : « à, sur, près, dans, loin » :

1. – Je ne trouve pas le dictionnaire.

   – Il est .... le bureau.

2. – C'est la fête, il y a beaucoup de monde .... la rue.

3. – Chaque été, nous allons ....la mer.

4. – Il faut 3 minutes, la gare est .... d'ici.

5. – Le centre ville est très ...., à environ 2 km.

111. VOCABULAIRE : LES LIEUX DE LA VILLE

Complétez en choisissant un des lieux proposés et en utilisant la préposition qui convient (au, à la, à l') :

1. Il s'est marié .... du XXe arrondissement.
   (mairie / bibliothèque / boucherie)

2. Tu peux acheter des huîtres .... Jean Perrin ?
   (librairie / boulangerie / poissonnerie)

3. Je n'ai plus d'huile, tu peux passer ....? Oh ! Attends ! Achète aussi du sel ! (garage / pharmacie / épicerie)

4. Elle est vendeuse .... Christian Dior.
   (parfumerie / poissonnerie / charcuterie)

5. Allo ? Je suis bien .... du Centre ? Je suis en panne sur l'autoroute.
   (hôpital / garage / bibliothèque)

6. Le mariage aura lieu à 10 heures .... Saint-Jean.
   (église / restaurant / piscine)

7. Je vais .... Je n'ai plus d'argent. (église / mairie / banque)

8. Je vais toujours .... Leveau. C'est un peu cher, mais la viande est
   bonne. (boucherie / parfumerie / bureau de tabac)

📼 112. VOCABULAIRE : LES LIEUX DE LA VILLE

Écoutez et identifiez le lieu où se passe chaque dialogue (éventuellement ce qui a été demandé) :

Dial.	lieu	ce qui a été demandé
1.		
2.		
3.		
4.		
5.		

📼 113. LA PLACE DES ADJECTIFS

Écoutez et dites si les adjectifs entendus sont placés avant ou après le nom :

	avant	après
beau		
bleu		
bon		
chinois		
espagnol		

	avant	après
grand		
jaune		
joli		
mauvais		
petit		

114. « PAS DE » OU « PAS LE / PAS LA / PAS LES »

Complétez en utilisant « pas de » ou « pas le / pas la / pas les » :

1. Je ne connais .... Provence.

2. Il n'y a .... restaurant ouvert après minuit.

3. Elle ne trouve .... travail.

4. Je ne connais .... Français à Moscou.

5. Je n'aime .... bruit.

6. Vous ne comprenez .... anglais ?

7. Je ne veux .... sucre dans mon café.

8. Vous ne regardez .... télévision ?

9. Je ne trouve .... clefs de la voiture.

10. Je ne mange .... viande, je suis végétarien.

11. Je ne prends .... train. J'y vais en voiture.

115. « À / EN » + MOYEN DE TRANSPORT

Complétez en choisissant :

1. J'y vais à .... (voiture / pied / avion)

2. En ...., cela fait deux heures de voyage. (cheval / avion /bicyclette)

3. Je vais à mon travail à .... (bicyclette / voiture / bus)

4. J'ai traversé toute l'Espagne en .... (pied / bus / cheval)

5. Je ne roule plus à .... C'est trop dangereux. (métro / bus / moto)

6. À Paris, je ne me déplace qu'en .... (métro / cheval / bicyclette)

7. J'ai fait une grande excursion à .... (bus / cheval / bateau)

8. On va faire une promenade en .... ? (bateau / pied / cheval)

116. PARLER D'UN LIEU DE FAÇON PRÉCISE OU IMPRÉCISE

Écoutez et dites si l'information donnée sur un lieu est précise ou imprécise :

Enr.	précis	imprécis
1.		
2.		
3.		
4.		
5.		
6.		

Enr.	précis	imprécis
7.		
8.		
9.		
10.		
11.		
12.		

117. DEMANDER UNE INFORMATION

Pour chaque phrase, choisissez la demande qui correspond :

1. La poste, ce n'est pas loin d'ici ; prenez la première rue à droite.
   a. Est-ce qu'il y a un bureau de poste dans le village ? ☐
   b. Excusez-moi, je cherche la poste. ☐
   c. Est-ce que vous savez si la poste est ouverte ? ☐

2. Il n'y a pas de restaurant ouvert le dimanche soir.
   a. Est-ce que vous connaissez un restaurant pas cher ? ☐
   b. Je voudrais savoir s'il y a un restaurant tout près. ☐
   c. C'est possible de trouver un restaurant pour ce soir ? ☐

3. Jacques, c'est le frère de Marcel.
   a. Vous savez si Marcel est là ? ☐
   b. Vous connaissez Marcel ? ☐
   c. C'est qui, Jacques ? ☐

118. DIFFÉRENTES FAÇONS DE DEMANDER

Choisissez la formulation la plus polie :

1. Est-ce que vous savez où est la poste ? ☐
   – La poste, c'est où ? ☐
   – Est-ce que vous pourriez me dire où est la poste ? ☐

2. – Est-ce que vous auriez du feu, s'il vous plaît, Monsieur ? ☐
   – Passe-moi ton briquet. ☐
   – Vous avez du feu ? ☐

3. – Garçon ! un café.
   – Est-ce que je pourrais avoir un café ?
   – Il vient ce café ?

4. – J'aimerais obtenir un rendez-vous avec M. Lefol.
   – Je veux voir M. Lefol.
   – Auriez-vous l'amabilité de demander à M. Lefol quand il pourrait me recevoir ?

5. – Est-ce que vous auriez la gentillesse de remettre ce message à Mme Dubois ?
   – J'ai un message pour Mme Dubois.
   – Vous pouvez remettre ce message à Mme Dubois ?

🔲 119. PHONÉTIQUE : [k] / [g]

Dites quelle phrase vous avez entendue :

1. Qui a cassé ce vase ? ☐
   Guy a cassé ce vase ? ☐

2. Je l'agace. ☐
   Je la casse. ☐

3. Elle est garée. ☐
   Elle est carrée. ☐

4. C'est un cas intéressant. ☐
   C'est un gars intéressant. ☐

5. Peu importe le goût ! ☐
   Peu importe le coût ! ☐

6. J'aime beaucoup cette classe. ☐
   J'aime beaucoup cette glace. ☐

7. Il est gris. ☐
   Il écrit. ☐

8. Je vais le faire griller. ☐
   Je vais le faire crier. ☐

120. ORTHOGRAPHE : LES MOTS EN « app- » ET EN « ap- »

Observez les phrases suivantes et faites la liste des mots en « app- » et en « ap- » que vous avez rencontrés :

1. Pierre ? Je l'ai aperçu ce matin.
2. Je vous apporte le courrier.
3. Je cherche un appartement.
4. Il est compliqué, ton appareil photo…
5. J'apprends le russe.
6. J'ai terminé mon rapport.
7. Je m'appelle Antoine.
8. Je vous offre l'apéritif.
9. Tout le monde a applaudi.
10. J'approuve cette décision.

mots en « app- »	mots en « ap- »

Lesquels sont les plus fréquents ?

121. ORTHOGRAPHE : LES MOTS EN « app- » ET EN « ap- »

Écoutez et complétez les phrases suivantes :

1. Elle va .... le grec.

2. Il faut .... sur ce bouton.

3. De la fenêtre de mon ...., on .... la tour Eiffel.

4. Je vais prendre l' .... chez Roger.

5. Je vous ai .... des bonbons.

6. Il y a eu plusieurs .... pour vous.

7. Bon .... !

8. J' .... beaucoup ce quartier.

9. Votre .... est excellent.

10. C'est un .... révolutionnaire.

122. ORTHOGRAPHE : LES MOTS EN « arr- » OU « ar- »

Observez les phrases suivantes et faites la liste des mots en « arr- » et en « ar- » que vous avez rencontrés :

1. Je vais arrêter de fumer.

2. J'habite dans le quinzième arrondissement.

3. Je parle arabe.

4. Nous allons assister à l'arrivée du Tour de France.

5. J'arrive tout de suite !

6. Je vais arroser la pelouse.

7. C'est une région très aride.

8. Il m'a arraché trois dents.

9. Je vais arranger votre problème.

10. Je reviens en arrière.

mots en « arr- »	mots en « ar- »

Lesquels sont les plus fréquents ?

123. ORTHOGRAPHE : LES MOTS EN « arr- » OU « ar- »

Écoutez et complétez les phrases suivantes :

1. Il y a eu deux ....

2. Il habite en .... Saoudite.

3. C'est mon ....-grand-père.

4. Le train va bientôt ....

5. Le sud du pays est très ....

6. Il faut .... le jardin.

7. Il m'a .... mon sac !

8. Il est très ....

9. Il a une forme ....

10. J'attends les nouveaux ....

124. ORTHOGRAPHE : LE PLURIEL DES MOTS EN « -ou » ET EN « -eu »

Classez les mots en « -ou » et en « -eu » dans le tableau suivant :

1. Il a obtenu une médaille aux jeux olympiques d'Atlanta.

2. Ils sont fous.

3. Il faut s'arrêter aux feux rouges.

4. Il a les yeux bleus.

5. C'est un exercice à trous.

6. Elle est couverte de bijoux.

7. J'adore la soupe aux choux.

8. Vous voulez des caramels mous ?

9. Tu as des sous ?

10. Je te présente mes neveux, Claude et Jean-Louis.

ous	oux	eus	eux

125. ORTHOGRAPHE : LE PLURIEL DES MOTS EN « -ou » ET EN « -eu »

Complétez les phrases en utilisant les mots suivants : « bijou, bleu, caillou, cheveu, feu, fou, genou, jeu, lieu, pneu, vœu » :

1. J'ai trois costumes : deux .... et un noir.

2. J'ai des .... Michelin.

3. On lui a volé ses .... : deux bagues et un collier.

4. Ils ont couru comme des ....

5. En été, il faut faire attention aux .... de forêt.

6. Les Français aiment beaucoup les .... de hasard, comme le loto.

7. Il s'est coupé les ....

8. Les .... de vacances préférés des Français sont la mer et la montagne

9. Il est tombé sur des .... et s'est blessé aux ....

10. Je vous présente tous mes .... de bonheur.

126. ORTHOGRAPHE : LES HOMOPHONES « ses », « ces », « cet », « s'est », « c'est »

Complétez les phrases avec la forme («ses », « ces », « cet », « s'est » ou « c'est ») qui convient :

1. Qu'est-ce que tu vas faire de .... vieux livres ? Tu ne veux pas me les donner ?

2. Il faut que chacun range .... affaires.

3. Je ne partirai pas en vacances .... été.

4. Attends ! .... à moi de jouer.

5. Il .... sorti facilement de cette situation dangereuse.

6. Il .... trompé, ... sûr.

7. Georges a rendez-vous avec .... amis.

8. On ne t'a pas beaucoup vu .... derniers temps.

9. .... enfant est insupportable !

10. Elle .... longuement regardée dans la glace.

127. ORTHOGRAPHE : LES HOMOPHONES « ses », « ces », « cet », « s'est », « c'est »

Complétez les phrases avec la forme (« ses », « ces », « cet », « s'est » ou « c'est ») qui convient :

1. Le comptable .... trompé dans .... calculs en rédigeant son bilan financier.

2. De .... deux robes, à mon avis, ... la rouge qui est la plus jolie.

3. Le bébé .... fâché tout rouge quand j'ai voulu lui prendre .... jouets.

4. Que pensez-vous de .... nouveaux ordinateurs qu'on nous a livrés ce matin ?

5. .... toujours à .... endroit qu'il passe .... vacances.

6. .... après-midi, Marie va faire .... courses.

7. J'aime beaucoup .... photos-là. Je les préfère à celles-ci

8. .... à ce moment-là qu'il .... aperçu qu'il avait laissé .... clés sur son bureau.

128. ORTHOGRAPHE : LES HOMOPHONES GRAMMATICAUX : « ce », « se », « s' », « c' »

Complétez les phrases en employant la forme qui convient :

1. Ils .... connaissent depuis de longues années.

2. Tes notes sont plutôt mauvaises .... trimestre, non ?

3. Aline et Gabriel .... sont rencontrés à un cocktail à l'ambassade du Portugal.

4. Nos jeunes élèves .... écrivent régulièrement.

5. .... est l'été : il fait beau.

6. Il est humain de .... tromper.

7. Marcel .... étonne que tu nous quittes si tôt.

8. Gaby, ... est une fille généreuse.

9. Tu n'as pas l'air en forme, ... matin.

10. J'ai acheté .... manteau. Il est joli, tu ne trouves pas ?

129. MORPHOLOGIE DES VERBES : LES VERBES EN « -eler » ET EN « - eter »

Complétez en utilisant le verbe entre parenthèses :

1. Si vous voulez, j' .... un médecin. (appeler)

2. On se .... demain ? (rappeler)

3. Je le .... Il est cassé. (jeter)

4. J' .... combien de pains ? (acheter)

5. Ça s' .... comment « parallèle » ? (épeler)

6. Aujourd'hui, il .... (geler)

7. Je ne .... pas vos suggestions. (rejeter)

8. Il me .... ma voiture. (racheter)

130. MORPHOLOGIE DES VERBES : LES VERBES EN « -yer »

Complétez en utilisant le verbe entre parenthèses :

1. J' .... de suivre un régime. (essayer)

2. Tu .... par chèque ou en liquide ? (payer)

3. Je vous l' .... par fax ou par courrier ? (envoyer)

4. Les enfants, vous .... la vaisselle ? (essuyer)

5. Nous .... toutes les solutions. (essayer)

6. N' .... pas sur ce bouton ! (appuyer)

7. Je la .... de ma liste. (rayer)

8. Ici, nous nous .... un peu. (s'ennuyer)

9. J' .... ici ? (appuyer)

10. Ils .... de trouver du travail. (essayer)

11. Combien est-ce qu'ils .... par mois ? (payer)

12. J'espère que ça ne vous .... pas ! (ennuyer)

Unité 6

Mes voyages

131. LE PASSÉ COMPOSÉ NÉGATIF (AVEC « LE / LA / L' / LES »)

Mettez les phrases suivantes à la forme négative :

1. Je l'ai vu hier, au lycée.

....

2. Je les ai appelés.

....

3. Je l'ai trouvé sympathique.

....

4. Je les ai achetées à crédit.

....

5. Je les ai toutes mangées.

....

6. Vous l'avez rencontrée ?

....

7. Tu l'as compris, ce texte ?

....

8. Vous l'avez fini, ce livre ?

....

9. Je les ai entendus entrer.

....

10. Je l'ai vue partir.

....

132. « C'ÉTAIT / IL Y AVAIT / IL FAISAIT » / « IL » OU « ELLE ÉTAIT »

Complétez en utilisant « c'était », « il / elle était », « il y avait » ou « il faisait » :

1. .... bien la Norvège, mais .... froid.
2. Hier, j'ai vu Pierre, ... content de me voir.
3. Je suis passé chez Jean, mais .... n'..................................... pas là.
4. Ce matin je suis arrivé en retard, ... une manifestation d'agriculteurs.
5. Alors, ... beau aux Antilles ?
6. La fête chez Henri, ... vraiment super !

7. Hier, ... beau. Aujourd'hui, il pleut !

8. J'ai vu le concert des Stones .... fantastique ! .... au moins 6 000 personnes !

9. Jean-Louis n'est pas venu. .... malade.

10. J'ai appelé plusieurs fois, mais .... n' .... personne.

133. « POUVOIR » + INFINITIF

Transformez sur le modèle suivant :

Possibilités de logement chez l'habitant. › **On peut loger chez l'habitant.**

1. Possibilités de camping.

   ....

2. Possibilités de baignades.

   ....

3. Possibilités de promenades en forêt.

   ....

4. Possibilités de location de bungalows.

   ....

5. Possibilités de faire du ski.

   ....

6. Possibilités de vie en plein-air.

   ....

134. ÉLARGISSEMENT DU VOCABULAIRE : LES PROFESSIONS SCIENTIFIQUES OU TECHNIQUES

Complétez en indiquant la profession ou la spécialité exercée :

1. Pourquoi est-ce que je suis .... ? Parce que j'aime la mécanique.

2. J'ai réparé l'électricité, mais je ne suis pas ....

3. J'ai étudié la ...., mais je ne suis pas médecin.

4. L'informatique ? C'est mon métier. Je suis ....

5. Je travaille dans la .... Je fabrique des robots.

6. Ma passion, c'est l'électronique. Je veux devenir ....

7. Elle est .... C'est une spécialiste de la diététique.

8. Je fais des études en .... pour devenir psychologue.

9. Je m'intéresse à la science, mais je ne suis pas ....

10. Le physicien Albert Moreau a obtenu le Prix Nobel de ....

11. Il est .... Il travaille sur la chimie moléculaire.

12. J'ai horreur des mathématiques. Je ne serai jamais ....

135. ÉLARGISSEMENT DU VOCABULAIRE : LES MAGASINS

Complétez

1. Mon fils est boucher à la .... Leboeuf.

2. La .... recherche un patissier.

3. Vous êtes .... ? Où se trouve votre quincaillerie ?

4. Pierre ? Il n'est plus .... Il a vendu son épicerie.

5. J'ai acheté des huîtres à la .... Jean Perrin. Le poissonnier est très sympa.

6. Il s'appelle comment le .... de la librairie « À la page » ?

7. Le .... de la boulangerie de la rue Lepain s'est marié avec la charcutière de la .... de la rue Jean Bon.

8. Vous demandez M. Dubois, il a une petite menuiserie et c'est un excellent ....

136. ÉLARGISSEMENT DU VOCABULAIRE : LE TOURISME, LES LOISIRS

Complétez

1. Si vous aimez les randonnées, cette région est un paradis pour les ....

2. Les .... pourront goûter les joies du ski de fond ou de descente.

3. De nombreuses possibilités de camping pour les ....

4. Les .... pourront pratiquer la pêche en lac ou en rivière.

5. Les .... ne sont pas oubliés. Cette région est réputée pour sa gastronomie.

6. Les .... peuvent pratiquer leur sport favori : voile, tennis, escalade, etc.

137. ÉLARGISSEMENT DU VOCABULAIRE : EXPRIMER UNE APPRÉCIATION SUR UN LIEU

Trouvez le contraire de chaque phrase en vous servant des expressions proposées : « agressifs, bon marché, désert, glacial, gris, immense, l'enfer, moche, mort, pollué, sale, sans intérêt ».

1. C'est une ville minuscule.

   C'est une ville ....

2. C'est un pays très peuplé.

   ....

3. Les habitants sont très accueillants.

   ....

4. C'est une région très pittoresque.

   ....

5. Le centre ville est très vivant.

   ....

6. C'est le paradis.

....

7. C'est coloré.

....

8. C'est très propre.

....

9. Le climat est tropical.

....

10. L'air est pur.

....

11. La vie est chère.

....

12. La vieille ville est magnifique.

....

138. ÉLARGISSEMENT DU VOCABULAIRE : EXPRIMER UNE APPRÉCIATION POSITIVE SUR UN LIEU

Complétez en choisissant l'appréciation la plus positive :

1. Ce coucher de soleil est .... (splendide / beau / banal)

2. Aujourd'hui, le temps est .... (médiocre / changeant / au beau fixe)

3. La nourriture est .... (délicieuse / bonne / exquise)

4. Les paysages sont .... (merveilleux / beaux / intéressants)

5. La ville est .... (colorée / grise / uniforme)

6. Le quartier est .... (calme / bruyant / épuisant)

7. Ma chambre est .... (minuscule / petite / spacieuse)

8. Les prix sont .... (modérés / élevés / bon marché)

9. L'eau de la piscine est .... (sale / propre / limpide)

10. La plage est .... (peu fréquentée / surpeuplée / noire de monde)

139. ÉLARGISSEMENT DU VOCABULAIRE : EXPRIMER UNE APPRÉCIATION NÉGATIVE SUR UN LIEU

Complétez en choisissant l'appréciation la plus négative :

1. Ma chambre est .... (sombre / claire / sordide)

2. Je suis dans un hôtel .... (minable / correct / agréable)

3. Ici, la circulation est .... (fluide / catastrophique / difficile)

4. Il y a eu des pluies .... (torrentielles / légères / modérées)

5. La chaleur est .... (agréable / douce / torride)

6. La nuit, les rues sont .... (dangereuses / paisibles / animées)

7. J'ai passé des vacances .... (affreuses / épouvantables / exceptionnelles)

8. Le temps est .... (exécrable / mauvais / médiocre)

9. Les routes sont .... (entretenues / défoncées / en bon état)

10. Les gens sont .... (accueillants / distants / hostiles)

11. Le climat est .... (doux / modéré / rude)

12. La nourriture locale est .... (écœurante / mangeable / acceptable)

140. VOCABULAIRE : LE CONTRAIRE DE QUELQUES MOTS

Dites le contraire :

1. C'est beau.

....

2. C'est grand.

....

3. Il fait un temps magnifique.

....

4. J'ai une chambre minuscule.

....

5. Il fait chaud.

....

6. Les gens sont sympathiques.

....

7. La plage est très propre.

....

8. Les rues sont silencieuses.

....

9. C'est très calme.

....

10. L'air est pollué.

....

141. VOCABULAIRE : LE TEMPS QU'IL FAIT

Complétez en choisissant :

1. Le temps est... . Le ciel est gris. On ne voit pas beaucoup le soleil.
(maussade / splendide / radieux)

2. Les nuits sont... . Hier, il a fait moins 15 degrés.
(douces / tièdes / glaciales)

3. C'est la canicule ! L'air est... . Il fait 35 degrés à l'ombre !
(torride / doux / tempéré)

4. Tempête sur toute la France ! Des vents... vont souffler à plus de cent kilomètres à l'heure sur la vallée du Rhône. (légers / modérés / violents)

5. En France, le climat est... . (modéré / tropical / sibérien)

6. En automne, les nuits sont..., mais il ne gèle pas. (glaciales / chaudes / fraîches)

7. Le climat est très... . Il ne pleut jamais.
(humide / sec / pluvieux)

8. Quand la nuit arrive, on a un peu de... .
(chaleur / fraîcheur / soleil)

9. Le climat est... . Il ne fait ni trop chaud, ni trop froid.
(tempéré / rude / polaire)

10. En France, j'aime la... du printemps. (froideur / douceur / chaleur)

142. LA LETTRE « h »

Faites la liste des mots dans lesquels la lettre « h » n'entre pas dans la composition du son [ʃ] :

Mot comportant un « h »
théâtre

1. Charles va au théâtre chaque vendredi.

2. Je cherche un thème intéressant pour mon exposé de chimie.

3. Je fais un souhait pour conjurer la malchance quand je croise un chat noir.

4. Le malheureux clochard ! Il couche dans la rue et pourtant, il ne fait vraiment pas chaud en ce moment.

5. Dehors, les chutes de neige ont coupé les chemins.

6. J'ai changé de véhicule : j'ai acheté une sept chevaux. C'est moins cher.

7. Mets du thym dans les champignons : ça change le goût.

8. Je choisis une glace à la menthe parce que ça rafraîchit quand il fait chaud.

9. Les athlètes chinois chantent des chansons charmantes.

10. Ce chercheur a accouché d'une théorie sur les chiffres.

143. PHONÉTIQUE : [ʃ] / [ʒ]

Écoutez et choisissez la phrase entendue :

1. J'écoute les chants. ☐
   J'écoute les gens. ☐

2. Papa ! À dimanche ! ☐
   Papa a dit : Mange ! ☐

3. Je l'ai bouché. ☐
   Je l'ai bougé. ☐

4. Je l'achète ? ☐
   Je la jette ? ☐

5. Quelle joie ! ☐
   Quel choix ! ☐

6. Angkor, c'est en Chine ? ☐
   Encore cette angine ? ☐

7. Ça s'écrit comment « cheveux » ? ☐
   Ça s'écrit comment « je veux » ? ☐

8. Attention ! C'est Jo ! ☐
   Attention ! C'est chaud ! ☐

144. PHONÉTIQUE : [ʃ] / [ʒ] / [s] / [z]

Écoutez et choisissez la phrase entendue :

1. Garçon ! Une bière fraîche ! ☐
   Garçon ! Une bière-fraise ! ☐

2. Il est chaud. ☐
   Il est sot. ☐

3. Il est au zoo. ☐
   Il est au chaud. ☐

4. Cette roche est magnifique ! ☐
   Cette rose est magnifique ! ☐

5. Un petit bisou ? ☐
   Un petit bijou ? ☐

6. Elle est rousse. ☐
   Elle est rouge. ☐

7. Tu veux que je la couse ? ☐
   Tu veux que je la couche ? ☐

8. Je l'ai cachée. ☐
   Je l'ai cassée. ☐

9. Tu veux du vin rosé ? ☐
   Tu veux du vin, Roger ? ☐

10. Tu veux des choux ? ☐
    Tu veux des sous ? ☐

145. ORTHOGRAPHE : LES MOTS EN « att- » OU « at- »

Observez les phrases suivantes et faites la liste des mots en « att- » et en « at- » que vous avez rencontrés :

1. J'attends votre réponse

2. Attention ! C'est chaud !

3. Il travaille dans son atelier.

4. Attachez votre ceinture, nous allons atterrir.

5. L'attentat n'a pas fait de victime.

6. J'ai attrapé la grippe.

7. Non à la bombe atomique !

8. Nous allons atteindre notre objectif.

9. Il ne faut pas s'attarder, la nuit va tomber.

10. Vous n'êtes pas très attentifs, aujourd'hui !

mots en « att- »	mots en « at- »

Lesquels sont les plus fréquents ?

146. ORTHOGRAPHE : LES MOTS EN « att- » OU « at- »

Écoutez et complétez les phrases suivantes :

1. Il est à qui cet ....-case ?

2. À l' ....!

3. J'étudie la structure .... de la matière.

4. Il faut faire ....!

5. ....-moi !

6. Nous allons .... à Madrid dans quelques instants.

7. J'organise un .... théâtre.

8. Ne vous .... pas !

9. C'est un enfant ....

10. Nous allons .... la fin de notre voyage.

147. ORTHOGRAPHE : LES MOTS COMMENÇANT PAR « abb- » OU « ab- »

Observez les phrases suivantes et faites la liste des mots en « abb- » et en « ab- » que vous avez rencontrés :

1. C'est un village abandonné.

2. Nous devons abaisser l'âge de la retraite.

3. Il ne faut pas abattre cet arbre.

4. Cette abbaye date du XVᵉ siècle.

5. C'est abominable !

6. Je suis abonné au journal *Le Monde*.

7. L'abus du tabac est dangereux pour la santé.

8. Mange d'abord !

« abb- »	« ab- »

Lesquels sont les plus fréquents ?

148. ORTHOGRAPHE : LES MOTS COMMENÇANT PAR « acc- » OU « ac- »

Observez les phrases suivantes et faites la liste des mots en « acc- » et en « ac- » que vous avez rencontrés :

1. Il est membre de l'Académie française.

2. Je peux vous accompagner ?

3. Je ne suis pas d'accord.

4. Je vais les accueillir moi-même.

5. Il est accusé de vol.

« acc- »	« ac- »

Lesquels sont les plus fréquents ?

149. ORTHOGRAPHE : LES MOTS COMMENÇANT PAR « all- » OU « al- »

Observez les phrases suivantes et faites la liste des mots en « all- » et en « al- » que vous avez rencontrés :

1. Il a tiré le signal d'alarme.

2. C'était une fausse alerte.

3. Je travaille dans un magasin d'alimentation.

4. Il est allé en Allemagne.

5. Je me suis allongé sur le lit.

6. Passe-moi les allumettes !

7. C'est en aluminium.

8. « Alouette, gentille alouette, alouette, je te plumerai… »

« all- »	« al- »

Lesquels sont les plus fréquents ?

150. ORTHOGRAPHE : LES FAMILLES DE MOTS

En vous servant des mots de la même famille, trouvez le mot qui manque.
exemple : sportif, sportivité → faire du sport :

1. champignon   champêtre   un ....de blé

2. chanter   chanteur   un ....religieux

3. plomber   plombier   un tuyau en ....

4. bordure   border   le .... de mer

5. alimentation   alimenter   un excellent ....

6. reposant   se reposer   un moment de ....

7. passer   passage   marcher au ....

8. fortifier   fortement   il est très ....

9. tasser   tassement   un .... de sable

10. retarder   retardement   Je suis en ....

11. réciter   récitation   un beau ....

12. potier   poterie   boire un ....

13. longer   longueur   trouver le temps ....

14. franchise   franchement   Il est très ....

15. gratuité   gratuitement   C'est ....

16. discrétion   discrètement   Il est très ....

151. VOCABULAIRE : « BON / MAUVAIS », « BEAU / LAID » OU « GRAND / PETIT »

Classez les mots en caractères gras dans les colonnes « bon / mauvais », « beau / laid » ou « grand / petit » :

1. Ce couscous est **excellent**.
2. Ce quartier est **hideux**.
3. C'est **immense**.
4. Il est **mignon**, ce garçon.
5. Cette odeur est **écœurante**.
6. La cuisine locale est **succulente**.
7. C'est une ville **énorme**.

8. L'architecture est très **moche**.
9. Mon appartement est **spacieux**.
10. La nourriture est **abominable**.
11. La salle de bains est **minuscule**.
12. Les paysages sont **époustouflants**.
13. Les repas sont **ignobles**.
14. J'ai mangé des choses **exquises**.

bon	mauvais	beau	laid	grand	petit

152. ORTHOGRAPHE : L'ACCENT CIRCONFLEXE

Mettez les accents circonflexes qui conviennent :

1. Sa grand-mère est agée.
2. Pourquoi est-ce que tu t'entetes ?
3. Pascale habite juste à coté de chez nous.
4. Elle n'est pas sure de venir.
5. Tu veux encore du gateau ?
6. Nous avons fait une belle promenade en foret.
7. Il a commencé la flute à l'age de huit ans.
8. Jean est moins bete qu'il ne parait !
9. Je n'aime pas les fruits trop murs.
10. Chacun a payé son du.
11. Grace à toi, j'ai fait un bon diner.
12. Je peux ouvrir la boite ?
13. J'ai un peu mal à la tete.
14. Elle s'est brulé la main en préparant le repas.
15. Avec cette neige, tu devrais mettre les chaines de la voiture.
16. Il faut te dépecher.
17. Henri est encore à l'hopital.
18. Je suis sur que c'est un bon hotel.
19. Tu peux me preter deux cents francs jusqu'à lundi, ou meme jusqu'à vendredi ?
20. Sur une ile, il y a toujours une petite brise fraiche.

153. MORPHOLOGIE DES VERBES : LES VERBES EN « -oir » ET EN « -oire »

Complétez en utilisant le verbe entre parenthèses :

1. Ils se .... de temps en temps. (revoir)
2. Ils .... qu'il va faire chaud. (prévoir)

3. Vous .... que ça va marcher ? (croire)

4. Ils ne .... pas que je vais y arriver. (croire)

5. Vous ne .... rien d'ici. (voir)

6. Qu'est-ce que vous .... comme programme ? (prévoir)

7. ....- vous. J'ai à vous parler. (asseoir)

8. Cela fait longtemps qu'ils ne se .... plus. (voir)

154. MORPHOLOGIE DES VERBES : LES VERBES EN « e + consonne + er » OU « é + consonne + er »

Complétez en utilisant le verbe entre parenthèses :

1. Je .... toujours très tôt. (se lever)

2. Ils .... tout ce que je dis. (répéter)

3. Où est-ce que tu nous .... ? (emmener)

4. Vous .... à quelle heure ? (se lever)

5. Les enfants ? Ils .... avec leur père. (se promener)

6. J' .... un travail urgent. (achever)

7. Cela .... bien du froid. (protéger)

8. Je .... très bien dans Paris (se repérer)

9. Je ne .... pas aux menaces ! (céder)

10. Nous .... souvent dans la forêt. (se promener)

11. Aujourd'hui, nous .... notre voyage. (achever)

12. Nous vous .... notre place. (céder)

155. MORPHOLOGIE DES VERBES : LES VERBES QUI AJOUTENT UN SON AU PLURIEL (EX : FINIS / FINISSONS)

Complétez en utilisant le verbe entre parenthèses :

1. Nous nous .... souvent. (écrire)

2. Vous .... très bien. (conduire)

3. Nous ne le .... pas. (connaître)

4. Les beaux jours .... (disparaître)

5. Ils nous .... de passer. (interdire)

6. Dans cette région, nous .... du blé et du maïs. (produire)

7. Est-ce que vous .... en France ? (se plaire)

8. Vous nous .... ce qu'il a dit ? (traduire)

9. Vous nous .... sur la liste ? (inscrire)

10. Si vous ne .... pas, je m'en vais ! (se taire)

Unité 7

Rendez-vous

156. LA DEMANDE DIRECTE / LA DEMANDE POLIE

Transformez les demandes directes en demandes polies :

1. Ferme la porte !

....

2. C'est quoi, ton adresse ?

....

3. Passe-moi ton stylo.

....

4. Fabien, donne ta place à la dame !

....

5. Le train pour Dunkerque, il part à quelle heure ?

....

6. C'est combien, le gigot d'agneau ?

....

7. Tu sais où il est, Paul ?

....

8. Téléphone-moi avant six heures : après, je ne suis plus chez moi.

....

9. Un timbre fiscal à 100 francs. C'est pour une demande de passeport.

....

10. Un demi !

....

157. LE CONDITIONNEL

À partir des phrases suivantes, formulez des demandes en utilisant le conditionnel :

1. Vous pouvez m'aider ?

....

2. Nous aimons marcher.

....

3. Ils veulent sortir.

....

4. Je souhaite parler.

....

5. Elle désire poser une question.

....

6. Tu as du feu ?

....

7. Est-ce qu'ils peuvent m'appeler ?

....

8. Vous n'avez pas envie de prendre l'air ?

....

9. Je veux un kilo de cerises.

....

10. On peut terminer avant midi ?

....

▄▄▄ **158.** EST-CE QUE / QU'EST-CE QUE / QUI EST-CE QUE / OÙ EST-CE QUE / D'OÙ EST-CE QUE

Écoutez et choisissez la bonne réponse :

1. Oui, près de la gare. ☐
   Non, j'habite en banlieue. ☐
   Près de la gare. ☐

2. Des spaghettis. ☐
   Non, je n'ai pas faim. ☐
   Au restaurant. ☐

3. Non, tu peux éteindre la télé. ☐
   Un film. ☐
   La fille en bleu : je crois que je la connais. ☐

4. Le mambo. ☐
   Non, je suis fatiguée. ☐
   Au « Bambou bar ». ☐

5. Non, pas ce soir. Il travaille. ☐
   Du sud de la France. ☐
   Tous mes copains. ☐

6. De Madrid. ☐
   À Madrid. ☐
   Il est ici. ☐

7. Rien. ☐
   Oui, avec plaisir. ☐
   Non, merci. ☐

8. Pas grand chose. ☐
   Rien du tout. ☐
   Oui, je parle parfaitement l'anglais. ☐

▄▄▄ **159.** L'HEURE

Écoutez et dites quelle heure vous avez entendue :

1.   6 h 43 ☐
   16 h 33 ☐
   16 h 43 ☐
     9 h 07 ☐
   19 h 16 ☐
   10 h 16 ☐

2. 11 h 45 ☐
   12 h 15 ☐
   23 h 45 ☐

3. 14 h 45 ☐
     3 h 15 ☐
     2 h 45 ☐

4. 13 h ☐
     3 h ☐
   16 h ☐

5. minuit 30 ☐
   midi 40 ☐
   une heure moins vingt ☐

6. quatre heures dix ☐
   15 h 50 ☐
   18 h 10 ☐

▄▄▄ **160.** L'HEURE COURANTE / L'HEURE OFFICIELLE

Écoutez et dites si c'est l'heure officielle ou l'heure courante que vous avez entendue :

Enr.	heure officielle	heure courante
1.		
2.		
3.		
4.		
5.		

Enr.	heure officielle	heure courante
6.		
7.		
8.		
9.		
10.		

161. L'HEURE

Mettez en relation les deux colonnes :

1.	8 h 30	a)	8 h 45
2.	9 h moins le quart	b)	10 h 10
3.	12 h 50	c)	1 h moins 10
4.	22 h 10	d)	15 h
5.	3 h de l'après midi	e)	6 h et quart
6.	4 h du matin	f)	4 h
7.	18 h 15	g)	8 h et demie

162. L'HEURE PRÉCISE / L'HEURE IMPRÉCISE

Écoutez et dites si l'heure évoquée l'a été de façon précise ou imprécise :

Enr.	Précis	Imprécis
1.		
2.		
3.		
4.		
5.		

Enr.	Précis	Imprécis
6.		
7.		
8.		
9.		
10.		

163. MATIN, APRÈS-MIDI, SOIRÉE OU NUIT ?

Dites si le moment de la journée évoqué est situé le matin, l'après-midi, en soirée ou la nuit :

	matin	après-midi	soirée	nuit
1. Au lit, les enfants ! Il est 10 heures !				
2. C'est l'heure de la sieste.				
3. C'était le crépuscule.				
4. Demain, je me lève tôt. Je prends le train de 6 heures.				
5. En hiver, la nuit tombe à 5 heures.				
6. J'aime bien les promenades au clair de lune.				
7. Je me suis couché à l'aube.				
8. Je suis un noctambule. Je ne me couche jamais avant 1 heure.				
9. Je t'attends à 6 heures à la sortie des bureaux.				
10. Le petit déjeuner, c'est à 8 heures.				

164. TRANSMETTRE UN MESSAGE

*Écoutez la conversation
et rédigez le message correspondant
à cette conversation :*

```
                                Message
 ┌──────────────────────────────────────┐
 │ A : ................................   │
 │ De : ...............................  │
 │ ┌─────────────┬──────────┬─────────┐  │
 │ │ Date :      │ Heure :  │ Tél :   │  │
 │ └─────────────┴──────────┴─────────┘  │
 │ Objet : . . . . . . . . . . . . . . . │
 │ . . . . . . . . . . . . . . . . . . . │
 │ . . . . . . . . . . . . . . . . . . . │
 │ . . . . . . . . . . . . . . . . . . . │
 └──────────────────────────────────────┘
```

165. LES MOTS INTERROGATIFS

Complétez en utilisant un mot interrogatif :
« à quel endroit, à quelle heure, à qui, combien, comment, dans combien de temps, dans quelle direction, lequel / laquelle / lesquels / lesquelles, pourquoi, quoi ».

1. – Elle coûte .... cette montre ?
   – Pas cher.

2. – Je ne comprends pas .... il s'est fâché.
   – Moi non plus.

3. – .... est-ce que je fais pour enregistrer ?
   – Tu appuies sur le bouton rouge.

4. – .... des deux est le plus joli ?
   – Le bleu.

5. – Il arrive ...., son train ?
   – Vers midi, je crois.

6. – C'est ...., la réunion ?
   – Dans la salle 16.

7. – Tu reviens .... ?
   – Dans une heure.

8. – Je le donne .... ?
   – À moi.

9. – Tu vas .... ?
   – Au centre-ville.

10. – Tu prends .... ?
    – Rien.

166. LE CONDITIONNEL

Complétez en mettant le verbe proposé au conditionnel :

1. Vous .... 5 minutes à m'accorder ? (avoir)

2. Est-ce qu'elles .... se dépêcher ? (pouvoir)

3. Nous .... faire une pause. (vouloir)

4. J' .... te revoir. (aimer)

TEMPO 1

LEXIQUE DU LIVRE DE L'ÉLÈVE

Le numéro qui précède chaque mot renvoie à l'unité dans laquelle le mot apparaît pour la première fois.

adj. : adjectif
adv. : adverbe
conj. : conjonction
fam. : familier
interj. : interjection
inv. : invariable
loc. : locution
loc. adv. : locution adverbiale
loc. prép. : locution prépositive

n. f. : nom féminin
n. m. : nom masculin
n. m. f. : nom masculin ou féminin
p.p. : participe passé
pl. : pluriel
prép. : préposition
v. : verbe
v. pr. : verbe pronominal

8 - abonner, *v.*	to subscribe	abonieren	suscribir	abbonare	γράφω κάποιον συνδρομητή
3 - aborder, *v.*	to approach	anreden	abordar	abbordare / avvicinare	προσεγγίζω
10 - abricot, *n. m.*	apricot	Aprikose	albaricoque	albicocca	βερίκοκο
12 - absence, *n. f.*	absence	Abwesenheit	ausencia	assenza / mancanza	απουσία
12 - absent, *adj.*	away	abwesend	ausente	assente	απών
7 - absolument, *adv.*	absolutely / indeed	unbedingt	a toda costa	assolutamente / completamente	οπωσδήποτε, απολύτως
8 - abstenir (s'), *v. pr.*	to refrain (from)	sich enthalten	abstenerse	astenersi	αποφεύγω, απέχω
5 - absurde, *adj.*	absurd	unsinnig	absurdo	assurdo	παράλογος
9 - accepter, *v.*	to accept	annehmen	aceptar	accettare	δέχομαι
8 - accessoire, *n. m.*	accessory	Beiwerk	accesorio	accessorio	αξεσουάρ
2 - accident, *n. m.*	accident	Unfall	accidente	incidente	ατύχημα
7 - accompagner, *v.*	to go (with)	begleiten	acompañar	accompagnare	συνοδεύω
10 - accord, *n. m.*	agreement	Übereinstimmung	acuerdo	accordo	συμφωνία
8 - accordéon, *n. m.*	accordeon	Ziehharmonika	acordeón	fisarmonica	ακορντεόν
9 - accrocher, *v.*	to hook	aufhängen	enganchar	appendere	κρεμώ, συνδέω
3 - accueillant, *adj.*	welcoming	gastlich, freundlich	acogedor	accogliente / ospitale	φιλόξενος
12 - accueillir, *v.*	to welcome	empfangen	acoger	accogliere / ospitare	υποδέχομαι, φιλοξενώ
10 - achat, *n. m.*	purchase	Ankauf	compra	acquisto	αγορά
3 - acheter, *v.*	to buy	kaufen	comprar	comprare	αγοράζω
10 - achever, *v.*	to finish	beendigen	acabar	finire	τελειώνω
12 - acquérir, *v.*	to acquire	erwerben, anschaffen	adquirir	acquistare	αποκτώ
1 - acteur, *n. m.*	actor	Schauspieler	actor	attore	ηθοποιός
11 - action, *n. f.*	action	Handlung	acción	azione	πράξη
3 - activité, *n. f.*	business	Tätigkeit	actividad	attività	δραστηριότητα
12 - actuellement, *adv.*	presently	zurzeit, gegenwärtig	actualmente	attualmente	αυτή την εποχή, περίοδο, στιγμή
3 - addition, *n. f.*	check	Rechnung	cuenta	conto	λογαριασμός
10 - admettre, *v.*	to admit	annehmen	admitir	ammettere	(παρα)δέχομαι
4 - administratif, *adj.*	administrative	verwaltungsmäßig, amtlich	administrativo	amministrativo	διοικητικός
12 - adorable, *adj.*	adorable	lieblich	adorable	adorabile	αξιολάτρευτος
4 - adorer, *v.*	to love	leidenschaftlich lieben	adorar	adorare	λατρεύω
1 - adresse, *n. f.*	address	Anschrift	dirección	indirizzo	διεύθυνση
2 - aéronautique, *n. f.*	aeronautical	Luftfahrt	aeronáutica	aeronautica	αεροναυπηγική

1

	French	English	German	Spanish	Italian	Greek
3	aéroport, *n. m.*	airport	Flughafen	aeropuerto	aeroporto	αεροδρόμιο
7	affectueux, *adj.*	affectionate	liebevoll	afectuoso	affettuoso	στοργικός
3	affirmation, *n. f.*	affirmation	Behauptung	afirmación	affermazione	(δια-) επιβεβαί ωση
5	affronter, *v.*	to confront	trotzen	enfrentarse	affrontare	αντιμετωπίζω
1	âge (Quel âge avez-vous?), *n. m.*	(how) old (are you?)	Alter (wie alt sind Sie ?)	edad	età	(Πόσων) χρονών (είσαι);
8	agence, *n. f.*	agency	Agentur	agencia	agenzia	πρακτορείο
7	agenda, *n. m.*	agenda / diary	Taschenkalender, Merkbuch	agenda	agenda	ατζέντα
1	agent (de police), *n. m.*	policeman	Polizist	agente	agente (di polizia) / poliziotto	αστυφύλακας
6	agréable, *adj.*	pleasant	angenehm	agradable	gradevole / piacevole	ευχάριστος
7	agréer (Veuillez), *v.*	yours faithfully	genehmigen	recibir	gradire (vogliate)	δέχομαι
6	agressif, *adj.*	agressive	aggressiv	agresivo	agressivo	επιθετικός
2	agricole, *adj.*	agricultural	landwirtschaftlich	agrícola	agricolo	αγροτικός
2	aider, *v.*	to guide	helfen	ayudar	aiutare	βοηθώ
4	ailleurs, *adv.*	elsewhere	anderswo	en otra parte	altrove	αλλού
1	aimer, *v.*	to like	lieben, gern haben	gustar	amare / piacere	αγαπώ
2	alcool, *n. m.*	spirits / alcool	Alkohol	alcohol	alcool	οινόπνευμα
6	alimentaire (régime), *adj.*	diet	Ernährungs-, Diät	alimenticio (régimen) / dieta	alimentare (dieta)	δίαιτα
1	aller (Comment ça va ?), *v.*	how are you ?	gehen, (wie geht es Ihnen?)	estar (¿cómo estás?)	stare (come state / sta ?)	Τι κάνεις;
9	aller-retour, *n. m.*	return ticket	Hin- und Rück-fahrt	ida y vuelta	andata-ritorno	αλλέ-ρετούρ
8	allumer, *v.*	to switch (on)	anzünden	encender	accendere	ανάβω
9	allumette, *n. f.*	match	Zündhölzchen	cerilla	fiammifero	σπίρτο
8	allure, *n. f.*	looks	Geschwindigkeit	aspecto	andatura / portamento	εμφάνιση
4	altitude, *n. f.*	altitude	Höhe	altitud	altitudine / altezza	υψόμετρο
4	amateur, *n. m.*	fan	Liebhaber, Freund	aficionado	amatore / dilettante	λάτρης
1	ambassade, *n. f.*	embassy	Botschaft	embajada	ambasciata	πρεσβεία
11	ambulance, *n. f.*	ambulance	Krankenwagen	ambulancia	ambulanza	ασθενοφόρο
8	améliorer, *v.*	to improve	verbessern	mejorar	migliorare	βελτιώνω
1	ami, *n. m.*	friend	Freund	amigo	amico	φίλος
3	amical, *adj.*	friendly	freundlich	amistoso	amichevole	φιλικός
9	amitiés (formule de lettre), *n. f. pl.*	yours truly	freundliche Grüße	recuerdos / saludos	saluti	φιλικά
7	amour, *n. m.*	love	Liebe	amor	amore	αγάπη, έρωτας
6	amoureux, *n. m.*	fan	Liebhaber	amante	innamorato	λάτρης
3	amusant, *adj.*	funny	lustig	divertido	divertente	διασκεδαστικός
7	amuser (s'), *v. pr.*	to have fun	Lust haben	divertise	divertirsi	διασκεδάζω
5	ancien, *adj.*	old	alt	antiguo	antico / vecchio / anziano	αρχαίος, παλιός
5	angle (à l'angle de), *n. m*	corner (at the … of)	Winkel	en la esquina de	angolo (all'angolo di)	γωνία
4	anglophone, *adj.*	English-speaking	englischspre-chend	anglófono	anglofono	αγγλόφωνος
8	animateur, *n. m.*	host / compere	Animateur	animador	animatore / presentatore	υπεύθυνος ψυχα-γωγίας
4	animation, *n. f.*	bustle / liveliness	lebhafter Bertieb	animación	animazione	ψυχαγωγία, κί νηση
5	animé, *adj.*	busy	belebt	animado	animato / movimentato	πολυσύχναστος
2	année, *n. f.*	year	Jahr	año	anno	χρονιά
2	anniversaire, *n. m.*	birthday	Geburtstag, Jahrestag	cumpleaños	compleanno	γενέθλια
2	annonce (petite), *n. f.*	small ad.	Anzeige	anuncio (por pala-bras)	annuncio	μικρή αγγελία
12	annuler, *v.*	to cancel	widerrufen	anular	annullare	ακυρώνω
5	apéritif, *n. m.*	drinks	Aperitif	aperitivo	aperitivo	απεριτίφ

3 - appareil (de photo), *n. m.*	camera	Apparat	máquina (de fotos)	macchina	φωτογραφική μηχανή
2 - appartement, *n. m.*	flat	Wohnung	apartamento	appartamento	διαμέρισμα
2 - appeler qqn, *v.*	to call (somebody)	(an)rufen (jn)	llamar a alguien	chiamare	καλώ, τηλεφωνώ
1 - appeler (s'), *v. pr.*	to be called / my name is …	heißen	llamarse	chiamarsi	λέγομαι
3 - apprendre, *v.*	to learn	lernen	aprender	imparare	μαθαίνω
9 - approximativement, *adv.*	roughly	ungefähr	aproximadamente	approssimativa-mente	κατά προσέγγιση
7 - après-midi, *n. m. inv.*	afternoon	Nachmittag	tarde	pomeriggio	απόγευμα
4 - aquarium, *n. m.*	aquarium	Aquarium	acuario	acquario	ενυδρείο
4 - arabophone, *adj.*	Arabic - speaking	arabisch sprechend	de habla árabe	arabofono	αραβόφωνος
9 - arbre (à cames), *n. m.*	camshaft	Antriebsachse	árbol (de levas)	albero	κινητήρας εσωτερικής καύσης
1 - architecte, *n. m.*	architect	Architeckt, Baumeister	arquitecto	architetto	αρχιτέκτονας
6 - architectural, *adj.*	architectural	baukunstmäßig	arquitectónico	architettonico	αρχιτεκτονικός
3 - architecture, *n. f.*	architecture	Baukunst	arquitectura	architettura	αρχιτεκτονική
5 - argent, *n. m.*	money	Geld	dinero	denaro	χρήμα
9 - armoire, *n. f.*	closet / wardrobe	Schrank	armario	armadio	ντουλάπα
12 - arracher, *v.*	to pull out	(Zahn) ziehen	sacar / arrancar	strappare	βγάζω
5 - arrêt de bus, *n. m.*	bus stop	Bushaltestelle	parada de autobús	fermata dell'autobus	στάση λεωφορείου
6 - arrêter (s'), *v. pr.*	to stop	anhalten	detener(se)	fermare	σταματώ
10 - arriver, *v.*	to arrive	ankommen	llegar	arrivare	φτάνω
6 - arroser (de), *v.*	to wash down (with)	begießen	rociar con	annaffiare (di)	ποτίζω
5 - art, *n. m.*	art	Kunst	arte	arte	τέχνη
10 - artichaut, *n. m.*	globe artichoke	Artischocke	alcachofa	carciofo	αγκινάρα
7 - article, *n. m.*	article / feature	Artikel	artículo	articolo	άρθρο
6 - artisanal, *adj.*	craft-...	handgemacht	artesanal	artigianale	βιοτεχνικός
4 - artiste, *n. m.*	artist	Künstler	artista	artista	καλλιτέχνης
5 - aspect, *n. m.*	look / looks	Aussehen	aspecto	aspetto	όψη
12 - aspirateur, *n. m.*	vacuum-cleaner	Staubsauger	aspirador	aspirapolvere	ηλεκτρική σκούπα
5 - aspirine, *n. f.*	aspirin	Aspirin	aspirina	aspirina	ασπιρίνη
9 - assiette, *n. f.*	plate	Teller	plato	piatto	πιάτο
5 - assise (place), *adj.*	seat	Sitzplatz	sentada (plaza)	seduto (posto)	θέση καθημένων
9 - assister (à), *v.*	to attend	beiwohnen	asistir a	assistere (a)	παρακολουθώ
3 - association, *n. f.*	association	Verband, Vereinigung	asociación	associazione	σύλλογος
5 - assurer, *v.*	to assure	versichern	asegurar	assicurare	διαβεβαιώνω
11 - astucieux, *adj.*	clever	tückig	astuto	astuto	έξυπνος
6 - atteindre, *v.*	to reach	erreichen	alcanzar	raggiungere	φτάνω
1 - attendre, *v.*	to wait (for)	warten	esperar	aspettare	περιμένω
11 - attentivement, *adv.*	attentively	mit Aufmerksam-keit	atentamente	attentamente	προσεκτικά
6 - attraper, *v.*	to catch	ergreifen	coger / pillar	prendere	αρπάζω (αρρώστια)
6 - auberge (de jeunesse), *n. f.*	youth-hostel	Jugendherberge	albergue	ostello della gioventù	ξενώνας νεότητας
4 - auditeur, *n. m.*	listener	Hörer	oyente	ascoltatore	ακροατής
1 - aujourd'hui, *adv.*	to-day	heute	hoy	oggi	σήμερα
2 - aussi, *adv.*	also	auch	también	anche	επίσης
1 - auteur, *n. m.*	author	Autor	autor	autore	συγγραφέας
3 - auto, *n. f.*	car	Auto	coche	macchina	αυτοκίνητο
6 - autobus, *n. m.*	bus / coach	Bus	autobús	autobus	λεωφορείο
9 - automatique, *adj.*	automatic	automatisch	automático	automatico	αυτόματος
2 - automne, *n. m.*	autumn	Herbst	otoño	autunno	φθινόπωρο
3 - autoroute, *n. f.*	motorway	Autobahn	autopista	autostrada	αυτοκινητόδρομος
3 - autour, *adv.*	around	um ... herum	alrededor	intorno	γύρω
4 - avant-hier, *adv.*	day before yesterday	vorgestern	anteayer	l'altro ieri	προχθές
1 - avec, *prép.*	with	mit	con	con	με (προθ.)

8 - aventure, *n. f.*	adventure	Abenteuer	aventura	avventura	περιπέτεια
1 - avenue, *n. f.*	avenue	Allee	avenida	viale	λεωφόρος
12 - averse, *n. f.*	shower	Platzregen	chaparrón	acquazzone	μπόρα
3 - avion, *n. m.*	plane	Flugzeug	avión	aereo	αεροπλάνο
3 - avocat, *n. m.*	barrister	Rechtsanwalt	abogado	avvocato	δικηγόρος
1 - avoir, *v.*	to have / to have got / to be	haben	tener	avere	έχω
8 - baccalauréat, *n. m.*	school-certificate	Abitur	bachillerato	maturità	απολυτήριο (δευτεροβάθμιας εκπαίδευσης)
4 - bagage, *n. m.*	luggage	Gepäck	equipaje	bagaglio	αποσκευή
9 - bagagiste, *n. m.*	porter	Gepäckträger	mozo de equipaje	portabagagli	υπάλληλος αποσκευών
9 - bague, *n. f.*	ring	Ring	anillo	anello	δαχτυλίδι
4 - baie, *n. f.*	bay	Bucht	bahía	baia	κόλπος
6 - baignade, *n. f.*	sea-bathing	Baden, Badeplatz	baño	bagno	μπάνιο
6 - baigner (se), *v. pr.*	to go bathing	baden	bañarse	fare il bagno	κάνω μπάνιο
10 - baignoire, *n. f.*	bath-tub	Badewanne	bañera	vasca	μπανιέρα
3 - bain, *n. m.*	bath	Bad	baño	bagno	μπάνιο
12 - bal, *n. m.*	ball	Ball	baile	ballo	χορός
9 - balcon, *n. m.*	balcony	Balkon	balcón	balcone	μπαλκόνι
5 - banane, *n. f.*	banana	Banane	plátano	banana	μπανάνα
2 - banlieue, *n. f.*	suburb	Vororte	afueras	periferia	προάστιο
4 - banque, *n. f.*	bank	Bank	banco	banca	τράπεζα
9 - banquier, *n. m.*	bank manager	Bankier	banquero	banchiere	τραπεζίτης
5 - bar, *n. m.*	bar	Bar	bar	bar	μπάρ
8 - barbe, *n. f.*	beard	Bart	barba	barba	γενειάδα
5 - barbecue, *n. m.*	barbecue	Barbecue	barbacoa	barbecue	μπάρμπεκιου
4 - barbe (à papa), *n. f.*	candy floss	Zuckerwatte	algodón de azúcar	zucchero filato	μαλλί της γριάς
9 - barbu, *adj.*	bearded	bärtig	barbudo	barbuto	γενειοφόρος
12 - barrage, *n. m.*	dam	Sperre	presa	diga	φράγμα
5 - bas (en), *adv.*	down below	unten	abajo	basso	κάτω
4 - base (à ... de), *loc. prép.*	based on ...	zugrunde (liegen)	a base de	base	με βάση
3 - basket, *n. m.*	basket ball	Basketball	baloncesto	pallacanestro	μπάσκετ
4 - bassin, *n. m.*	pool	Becken	piscina	vasca	λεκάνη
4 - bateau, *n. m.*	boat / ship	Schiff	barco	nave	καράβι
5 - bâtiment, *n. m.*	building	Gebäude	edificio	edificio	κτίριο
9 - bavard, *adj.*	talkative	geschwätzig	charlatán	chiacchierone	φλύαρος
11 - bavarder, *v.*	to chat	schwatzen	charlar	chiacchierare	φλυαρώ
3 - beau, belle, *adj.*	beautiful	schön	bonito/a	bello / bella	ωραίος
1 - beaucoup, *adv.*	a lot	viel	mucho	molto	πολύ
9 - beau-frère, *n. m.*	brother-in-law	Schwager	cuñado	cognato	κουνιάδος
5 - bébé, *n. m.*	baby	Baby	bebé	piccolò bambino / neonato	μωρό
9 - belle-mère, *n. f.*	mother-in-law	Schwiegermutter	suegra	suocera	πεθερά
8 - besoin, *n. m.*	need	Not	necesidad	bisogno	ανάγκη
6 - besoin (avoir), *n. m.*	to need	nötig haben	necesitar	avere bisogno di	χρειάζομαι
9 - beurre, *n. m.*	butter	Butter	mantequilla	burro	βούτυρο
3 - bibliothécaire, *n. m. f.*	librerian	Bibliothekar	bibliotecario	bibliotecario	βιβλιοθηκάριος
3 - bibliothèque, *n. f.*	book-case	Bibliothek, Bücherei	biblioteca	biblioteca	βιβλιοθήκη
9 - bicyclette, *n. f.*	bicycle	Fahrrad	bicicleta	bicicletta	ποδήλατο
2 - bien, *adv.*	well / o.k.	gut	bien	bene	καλά
2 - bien sûr, *loc. adv.*	of course / sure	sicher	¡claro!	certamente / sicuro	βεβαίως
3 - bientôt (à), *adv.*	see you soon	(auf) bald	hasta pronto	presto (a)	σύντομα
4 - bienvenue, *n. f.*	welcome	Willkommen	bienvenida	benvenuto	καλώς ορίσατε
3 - bière, *n. f.*	beer	Bier	cerveza	birra	μπύρα
9 - bijou, *n. m.*	piece of jewelry	Schmuck, Juwel	joya	gioiello	κόσμημα
7 - billet, *n. m.*	ticket	Schein, Karte	billete	biglietto	εισιτήριο
7 - bise, *n. f.*	kiss	Küsschen	beso	bacio	φιλάκι
7 - bisou, *n. m.*	kiss	Küsschen	besito	bacio	φιλάκι
5 - blanc, *adj.*	white	weiß	blanco	bianco	λευκός
9 - blesser (se), *v. pr.*	to get hurt / to be hurt	(sich) verletzen	herirse	ferito	πληγώνομαι

2 - bleu, *adj.*	blue	blau	azul	blu	γαλάζιος
7 - blond, *adj. / n. m.*	fair-haired / blond	blond	rubio	biondo	ξανθός
1 - blouse, *n. f.*	overall	Kittel, Bluse	bata	grembiule / camice	μπλούζα
8 - blouson, *n. m.*	bomber-jacket	kurze Jacke	cazadora	giubbotto	μπουφάν
2 - boire, *v.*	to drink	trinken	beber	bere	πίνω
3 - boisson, *n. f.*	drink	Getränk	bebida	bibita	ποτό
1 - boîte de nuit, *n. f.*	night-club	Nachtlokal	sala de fiestas	discoteca	ντισκοτέκ
5 - bol (avoir du), *n. m. (fam.)*	(to be) lucky	Schwein (haben)	tener suerte	avere fortuna	είμαι τυχερός
1 - bon, *adj.*	good	gut	bueno	buono	καλός
1 - bon !, *interj.*	well !	gut, wohl	¡bueno!	bene	λοιπόν
9 - bonheur, *n. m.*	happiness	Glück	felicidad	felicità	ευτυχία
1 - bonjour, *n. m.*	hello / good morning / day	guten Tag	buenos días / ¡hola!	buongiorno	καλημέρα
2 - bord, *n. m.*	side	Rand	orilla	bordo	άκρη
4 - bord de (à), *prép.*	(on) board	(an) Bord	a bordo de	a bordo di	(μέσα) στο
6 - bordure de (en), *prép.*	along / alongside	(am) Rand	al borde de	ai bordi di / sul margine di	δίπλα σε
8 - boucle d'oreille, *n. f.*	ear-ring	Ohrring	pendiente	orecchino	σκουλαρίκι
12 - bouger, *v.*	to move / to change	(sich) regen	mover	muovere	κινούμαι
6 - bouillonnant, *adj.*	foaming	sprudelnd, kochend	hidromasaje	ribollenti	που παφλάζουν
1 - boulanger, *n. m.*	baker	Bäcker	panadero	fornaio	φούρναρης
2 - boulevard, *n. m.*	boulevard	Boulevard	bulevar	viale / corso	βουλεβάρτο
10 - boulot, *n. m. (fam.)*	job / grind	Job	curre	lavoro	δουλειά
9 - bouquet, *n. m.*	bunch (of flowers)	Strauß	ramo	mazzo	μπουκέτο
7 - bouteille, *n. f.*	bottle	Flasche	botella	botiglia	μπουκάλι
6 - boutique, *n. f.*	boutique	Laden	tienda	bottega	κατάστημα
2 - boxe, *n. f.*	boxing	Boxen	boxeo	pugilato	πυγμαχία
8 - brancher, *v.*	to plug (in)	anschließen	enchufar	collegare	βάζω στην πρίζα
9 - bras, *n. m.*	arm	Arm	brazo	braccio	χέρι
11 - bref / brève, *adj.*	brief	kurz	breve	breve	σύντομος
9 - brillant, *n. m.*	cut diamond	Brillant	brillante	brillante	μπριγιάν
11 - briller, *v.*	to shine	glänzen	brillar	brillare	λάμπω
6 - bronzage, *n. m.*	sun-tan	Bräune	bronceado	abbronzatura	μαύρισμα
6 - bronzer, *v.*	to get a sun-tan	bräunen	ponerse moreno / broncearse	abbronzare	μαυρίζω (στον ήλιο)
9 - brosse, *n. f.*	brush	Bürste	cepillo	spazzola	βούρτσα
10 - brumeux, *adj.*	misty	neblig, dunstig	brumoso	nebbioso	ομιχλώδης
1 - brun, *adj. / n. m.*	dark-haired	braun	moreno	bruno	μελαχρινός
5 - bruyant, *adj.*	noisy	lärmend, geräuschvoll	ruidoso	rumoroso	θορυβώδης
2 - bulletin, *n. m.*	score-board	Zettel, Bericht	boleto	bollettino	δελτίο
7 - bureau (de tabac), *n. m.*	tobacconist	Tabakladen	estanco	rivendita di tabacchi / tabaccheria	καπνοπωλείο
4 - bus, *n. m.*	bus	Bus	autobús	bus	λεωφορείο
5 - cadeau, *n. m.*	gift / present	Geschenk	regalo	regalo	δώρο
8 - cadre, *n. m.*	manager	Vorgesetzter	ejecutiva/o	quadro	στέλεχος (επιχείρησης)
1 - café, *n. m.*	coffee-shop / café	Café, Kaffee	café	caffè	καφές
4 - cahier, *n. m.*	exercice-book	Heft	cuaderno	quaderno	τετράδιο
1 - caissier, *n. m.*	check-out assistant	Kassierer	cajero	cassiere	ταμίας
7 - calendrier, *n. m.*	calendar	Kalender	calendario	calendario	ημερολόγιο
8 - câlin, *n. m.*	hug / cuddle	Liebkosen	mimos	coccolino	χαδάκια
5 - calme, *adj.*	quiet	still	tranquilo	calmo	ήσυχος
10 - cambrioleur, *n. m.*	thief / robber	Einbrecher	atracador	svaligiatore	διαρρήκτης
3 - caméra (vidéo), *n. f.*	camcorder	Kamera	cámara (de vídeo)	videocamera	κάμερα (βίντεο)
2 - campagne, *n. f.*	country	Land	campo	campagna	εξοχή
5 - camping, *n. m.*	camping-site	Zelten, Camping	camping	campeggio	κατασκήνωση
4 - canal, *n. m.*	canal	Kanal	canal	canale	κανάλι

4 - canoë, *n. m.*	canoe	Kanu, Paddelboot	canoa	canoa	κανό
2 - cantine, *n. f.*	cafeteria / canteen	Kantine	cantina	mensa	κυλικείο
4 - capitale, *n. f.*	capital	Hauptstadt	capital	capitale	πρωτεύουσα
10 - capricieux, *adj.*	changeable	launisch	caprichoso	capriccioso	πεισματάρης
11 - carotte, *n. f.*	carrot	Mohrrübe	zanahoria	carota	καροτο
9 - carré, *adj.*	square	viereckig	cuadrado	quadrato	τετράγωνος
4 - carrefour, *n. m.*	cross-road	Kreuzung	cruce	incrocio	σταυροδρόμι
5 - carte postale, *n. f.*	post-card	Postkarte	tarjeta postal	cartolina	κάρτ - ποστάλ
1 - carte (de visite), *n. f.*	(visiting) card	Visitenkarte	tarjeta de visita	biglietto da visita	κάρτ - βιζίτ (το επισκεπτήριο)
4 - carte (d'un pays), *n. f.*	map	Landkarte	mapa	carta	χάρτης
7 - carton, *n. m.*	box	Pappe, Karton	cartón	scatola	χαρτοκιβώτιο
9 - cartouche (de cigarettes), *n. f.*	carton	Stange (Zigaretten)	cartón (de cigarrillos)	stecca (di sigarette)	κούτα τσιγάρα
4 - cas, *n. m.*	case	Fall	caso	caso	περίπτωση
6 - cascade, *n. f.*	waterfall	Wasserfall	cascada	cascata	καταρράκτες
11 - casser, *v.*	to break	brechen	romper	rompere	σπάζω
9 - cassette, *n. f.*	cassette	Kassette	cinta	cassetta	κασέττα
4 - cathédrale, *n. f.*	cathedral	Dom	catedral	cattedrale	καθεδρικός ναός
5 - cauchemar, *n. m.*	nightmare	Alptraum	pesadilla	incubo	εφιάλτης
11 - cavalier, *n. m.*	horseman / rider	Reiter	jinete	cavaliere	ιππέας
5 - cave, *n. f.*	cellar	Keller	bodega	cantina	κάβα / υπόγειο
6 - cèdre, *n. m.*	cedar-tree	Zeder	cedro	cedro	κέδρος
4 - célèbre, *adj.*	famous	berühmt	famoso / célebre	celebre / famoso	διάσημος
1 - célibataire, *adj.*	single	ledig	soltero	scapolo / celibe	εργένης
6 - central, *adj.*	central	zentral	central	centrale	κεντρικός
5 - centre, *n. m.*	centre	Zentrum	centro	centro	κέντρο
5 - centre-ville, *n. m.*	town-centre / downtown	Stadtmitte	centro de la ciudad	centro città	κέντρο της πόλης
5 - cercle, *n. m.*	circle	Kreis	círculo	cerchio	κύκλος
9 - cérémonie, *n. f.*	ceremony	Festlichkeit	ceremonia	cerimonia	τελετή
8 - chaîne (de télévision), *n. f.*	channel	Kanal (Fernsehen)	cadena (de televisión)	canale (di televisione)	σταθμός (τηλεόρασης)
7 - chaise, *n. f.*	chair	Stuhl	silla	sedia	καρέκλα
3 - chaleur, *n. f.*	heat	Wärme	calor	calore	ζέστη
5 - chaleureux, *adj.*	warm-hearted	warmherzig	caluroso	caloroso	θερμός
3 - chambre, *n. f.*	room	Schlafzimmer	habitación	camera	δωμάτιο
9 - chameau, *n. m.*	camel	Kamel	camello	camello	καμήλα
9 - champagne, *n. m.*	champagne	Champagner (Wein)	champaña / cava	champagne	σαμπάνια
9 - champignon, *n. m.*	mushroom	Pilz, Champignon	hongo / champiñón	fungo	μανιτάρι
3 - champion, *n. m.*	champion	Meister	campeón	campione	πρωταθλητής
1 - chance, *n. f.*	luck	Glück	suerte	fortuna	τύχη
7 - changer (de l'argent), *v.*	to change (money)	(Geld) tauschen	cambiar dinero	cambiare (del denaro)	αλλάζω χρήματα
1 - chanson, *n. f.*	song	Lied	canción	canzone	τραγούδι
1 - chanter, *v.*	to sing	singen	cantar	cantare	τραγουδώ
1 - chanteur, *n. m.*	singer	Sänger	cantante	cantante	τραγουδιστής
8 - chapeau, *n. m.*	hat	Hut	sombrero	cappello	καπέλο
9 - charcutier, *n. m.*	pork-butcher	Metzger	charcutero	salumiere	αλλαντοπώλης
4 - charmant, *adj.*	lovely	bezaubernd, reizend	encantador	affascinante / incantevole	γοητευτικός
8 - charme, *n. m.*	charm	Zauber, Reiz	encanto	fascino	γοητεία
8 - charmeur, *adj.*	charmer	bezaubernder Mensch	encantador	seduttore	γόης
8 - chasse, *n. f.*	hunting	Jagd	caza	caccia	το κυνήγι
3 - chat, *n. m.*	cat	Katze	gato	gatto	γάτος
6 - chat (pas un), *n. m. (fam.)*	(not a) soul	keine lebende Seele	ni un gato / ni un alma	non c'è un cane / non c'è anima viva	ψυχή (δεν υπάρχοι)
8 - châtain, *adj.*	chesnut-haired	kastanienbraun	castaño (pelo castaño)	castano	καστανός
6 - château, *n. m.*	castle	Schloss	castillo	castello	πύργος

1 - chaud, *adj.*	hot	heiß	caliente	caldo	ζεστός
6 - chauffer, *v.*	to heat / to warm up	heizen, wärmen	calentar	scaldare	ζεσταίνω
9 - chauffeur, *n. m.*	driver	Autofahrer	chófer / conductor	autista	οδηγός
2 - chausser (du), *v.*	shoe-size (what's your)	die Größe (Schuhnummer) … haben	calzar (un)	calzare	φοράω (νούμερο παπούτσι)
4 - chaussure, *n. f.*	shoe	Schuh	zapato	scarpa	παπούτσι
9 - chauve, *adj.*	bald-headed	kahl	calvo	calvo	φαλακρός
7 - chef (de gare), *n. m.*	station-master	Bahnhofsvorsteher	jefe de estación	capo (di stazione)	σταθμάρχης
8 - cheminée, *n. f.*	fireplace	Kamin	chimenea	camino	τζάκι
4 - chemise, *n. f.*	shirt	Hemd	camisa	camicia	πουκάμισο
7 - chemisier, *n. m.*	shirt / blouse	Hemdbluse	blusa	camicetta	γυναικείο πουκάμισο
9 - chêne, *n. m.*	oakwood	Eiche	roble	quercia	βελανιδιά
7 - chèque, *n. m.*	cheque	Scheck	cheque / talón	assegno	επιταγή
2 - chercher, *v.*	to look (for)	suchen	buscar	cercare	ψάχνω
7 - chéri, *adj. / n. m.*	darling	geliebt, Geliebter	querido	caro	αγάπη μου
6 - cheval (à), *loc.*	(on) horseback / riding	rittlings	a caballo	cavallo (a)	καβάλα (σε άλογο)
8 - cheveu, *n. m.*	hair	Haar	pelo	capelli	μαλλιά
9 - chèvre, *n. f.*	goat	Ziege	cabra	capra	κατσίκα
3 - chien, *n. m.*	dog	Hund	perro	cane	σκύλος
1 - chiffre, *n. m.*	number	Zahl, Ziffer	número / cifra	cifra	αριθμός
3 - chimiste, *n. m. f.*	chemical engineer	Chemiker	químico	chimico	χημικός
1 - chirurgien, *n. m.*	surgeon	Chirurg	cirujano	chirurgo	χειρούργος
5 - chocolat, *n. m.*	chocolate	Schokolade	chocolate	ciocolatto	η σοκολάτα
1 - choisir, *v.*	to select	wählen	elegir	scegliere	διαλέγω
5 - choix, *n. m.*	choice / selection	Wahl	elección	scelta	επιλογή
5 - chômage (au), *n. m.*	out of work / on the dole	arbeitslos	en el paro	essere disoccupato	άνεργος, η
6 - cidre, *n. m.*	cider	Apfelwein	sidra	sidro	μηλίτης οίνος
4 - ciel, *n. m.*	sky	Himmel	cielo	cielo	ουρανός
8 - cigare, *n. m.*	cigar	Zigarre	puro	sigaro	πούρο
3 - cigarette, *n. f.*	cigarette	Zigarette	cigarrillo	sigaretta	τσιγάρο
6 - cimetière, *n. m.*	churchyard	Friedhof	cementerio	cimitero	νεκροταφείο
1 - cinéaste, *n. m. f.*	film-maker	Filmfachmann	cineasta	cineasta	σκηνοθέτης
1 - cinéma, *n. m.*	cinema / movies	Kino	cine	cinema	κινηματογράφος
6 - circonférence, *n. f.*	circumference	Kreisumfang	circunferencia	circonferenza	περιφέρεια
11 - circonstance, *n. f.*	event	Umstand	circunstancia	circostanza	περίσταση, συνθήκη
6 - circuit, *n. m.*	scenic route	Rundreise	circuito	giro	γύρος, περιήγηση
11 - circulation, *n. f.*	traffic	Verkehr	circulación / tráfico	circolazione	κυκλοφορία
4 - citer, *v.*	to quote	zitieren	citar	citare	αναφέρω
5 - citron, *n. m.*	lemon	Zitrone	limón	limone	λεμόνι
11 - citronnade, *n. f.*	lemonade	Zitronenwasser	limonada	limonata	λεμονάδα
9 - civil, *adj.*	civil	standesbeamtliche (Trauung)	civil	civile	πολιτικός
7 - ci-dessous, *adv.*	below	hier unten	más abajo	di cui sotto	παρακάτω
7 - ci-dessus, *adv.*	above	hier oben	más arriba	di cui sopra	πιο πάνω
7 - ci-joint, *adv.*	enclosed	anbei	adjunto	in allegato	συνημμένος
6 - clair, *adj.*	bright	hell	claro	chiaro	φωτεινός
3 - classique, *adj.*	classical	klassisch	clásico	classico	κλασσικός
2 - clé, *n. f.*	key	Schlüssel	llave	chiave	κλειδί
6 - client, *n. m.*	customer	Kunde	cliente	cliente	πελάτης
4 - climat, *n. m.*	climate	Klima	clima	clima	κλίμα
5 - cloche, *n. f.*	bell	Glocke	campana	campana	καμπάνα
4 - cœur, *n. m.*	heart	Herz	corazón	cuore	καρδιά
3 - coiffeur, *n. m.*	hairdresser	Friseur	peluquero	parrucchiere	κομμωτής
4 - coin, *n. m.*	corner	Winkel	esquina	zona	γωνία
5 - coin de la rue (au), *loc.*	street corner (at the)	Straßenecke	en la esquina de la calle	all'angolo di	στη γωνιά του δρόμου

11 - colère (en), *loc.*	angry	zornig	enfadada/o	arrabiato/a	θυμωμένος
8 - collaborateur, *n. m.*	colleague	Mitarbeiter	colaborador	collaboratore	συνεργάτης
4 - collaborer, *v.*	to work together	mitarbeiten	colaborar	collaborare	συνεργάζομαι
2 - collection, *n. f.*	collection	Sammlung	colección	collezione	συλλογή
6 - collègue, *n. m. f.*	colleague	Kolleg	colega	collega	συνάδελφος
9 - collier, *n. m.*	necklace	Halskette	collar	collana	περιδέραιο
10 - colloque, *n. m.*	convention / seminar	Kolloquium	coloquio	colloquio	συνέδριο
2 - colonne, *n. f.*	column	Säule	columna	colonna	κολώνα, στήλη
6 - coloré, *adj.*	colourful	gefärbt	coloreado	colorato	χρωματιστός
2 - combien, *adv.*	how much / how many / what's ... size	wieviel	cuanto	quanto	πόσο
1 - comédien, *n. m.*	actor	Schauspieler	comediante	attore	ηθοποιός
4 - commandant (de bord), *n. m.*	captain	Flugkapitän	comandante de abordo	comandante pilota	κυβερνήτης (αερο-πλάνου)
9 - commander, *v.*	to order	bestellen	pedir / encargar	ordinare	διοικώ
2 - commencer, *v.*	to begin (with)	anfangen	empezar	iniziare	αρχίζω
1 - comment (vous appelez-vous ?), *adv.*	what (is your name?)	wie (heißen Sie?)	¿ cómo (se llama usted) ?	come (si chiama ?)	πώς σας λένε;
3 - commerçant, *n. m.*	shopkeeper	Händler, Kaufmann	comerciante	commerciante	έμπορος
5 - commerce, *n. m.*	shop	Handel	comercio	commercio	εμπόριο
11 - commissaire, *n. m.*	superintendant	Kommissar	comisario	commissario	επίτροπος
5 - commissariat, *n. m.*	police station / precinct	Polizeirevier	comisaría	commissariato	(αστυνομικό) τμήμα
3 - commun, *adj.*	common	gemeinsam	común	in comune	κοινός
3 - communication, *n. f.*	communication	Mitteilung	comunicación	comunicazione	επικοινωνία
8 - compagne, *n. f.*	partner	Land	compañera	compagna	σύντροφος
4 - compagnie, *n. f.*	company	Gesellschaft	compañía	compagnia	συντροφιά
8 - compétence, *n. f.*	ability	Fähigkeit, Zuständigkeit	competencia	competenza	αρμοδιότητα
1 - compléter, *v.*	to fill in	ergänzen	completar	completare	συμπληρώνω
8 - comportement, *n. m.*	behaviour / manners	Verhalten	comportamiento	comportamento	συμπεριφορά
1 - comprendre, *v.*	to understand	verstehen	comprender	capire	καταλαβαίνω
10 - comprimé, *n. m.*	tablet	Tablette	comprimido	compressa	δισκίο
4 - compter, *v.*	to number	zählen	contar	contare	έχω
9 - compteur, *n. m.*	clock	(Kilometer-) Zähler	contador	tachimetro	κοντέρ
9 - comptoir, *n. m.*	bar / counter	Ladentisch	mostrador / barra	banco	πάγκος
3 - concert, *n. m.*	concert	Konzert	concierto	concerto	κοντσέρτο, συ-ναυλία
9 - concierge, *n. m. f.*	concierge	Hauswart	portero	portiere	θυρωρός, θυρωρί-να
9 - concours, *n. m.*	competition	Wettbewerb	concurso	concorso	διαγωνισμός
10 - condamner, *v.*	to sentence	verurteilen	condenar	condannare	καταδικάζω
11 - conducteur, *n. m.*	driver	Fahrer	conductor	conducente / guidatore	οδηγός
2 - conduire, *v.*	to drive	fahren, führen	conducir	guidare	οδηγώ
3 - conférence, *n. f.*	lecture	Konferenz	conferencia	conferenza	διάλεξη
5 - confiture, *n. f.*	jam	Marmelade	mermelada / confitura	marmellata	μαρμελάδα
7 - congé (prendre), *n. m.*	leave (to take)	Abschied (nehmen)	despedirse	congedarsi / prendere congedo da	αποχωρώ
9 - congélateur, *n. m.*	freezer	Tiefkühltruhe	congelador	congelatore	καταψύκτης
4 - congrès, *n. m.*	convention / con-gress	Kongress, Tagung	congreso	congresso	συνέδριο
1 - conjoint, *n. m.*	spouse	Ehegatte	cónyuge	congiunto	σύζυγος
8 - connaissance, *n. f.*	knowledge	Kenntis, Bekanntschaft	conocimiento	conoscenza	γνωριμία
1 - connaître, *v.*	to know	kennen	conocer	conoscere	γνωρίζω
10 - conseil, *n. m.*	advice	Rat	consejo	consiglio	συμβουλή
1 - conseiller, *n. m.*	consultant	Ratgeber	consejero	consigliere	σύμβουλος

	French	English	German	Spanish	Italian	Greek
6	conserve, *n. f.*	tin food	Konserve	conserva	in scatola	κονσέρβα
8	conservé (bien), *adj.*	well-preserved	(wohl) erhalten	conservado (bien)	conservato	καλοδιατηρημέ-νος
8	conserver, *v.*	to preserve	bewahren	conservar	conservare	διατηρώ
6	consommer, *v.*	to consume	verzehren	cosumir	consumare	καταναλώνω
1	consonne, *n. f.*	consonant	Konsonant	consonante	consonante	σύμφωνο
5	constater, *v.*	to note	feststellen	constatar	constatare	διαπιστώνω
7	consulter (un agenda), *v.*	to check	nachsehen	consultar una agenda	consultare	συμβουλεύομαι (την ατζέντα)
7	content, *adj.*	happy	vergnügt	contento	contento	ευχαριστημένος
4	continent, *n. m.*	continent	Kontinent	continente	continente	ήπειρος
5	continuer, *v.*	to go on	fortsetzen	continuar	continuare	συνεχίζω
6	contrat, *n. m.*	contract	Auftrag	contrato	contratto	συμβόλαιο
9	contravention, *n. f.*	ticket	Geldstrafe	multa	contravvenzione	παράβαση, κλήση
4	convenir, *v.*	to be suitable	passen, vereinbaren	convenir	convenire	ταιριάζω
7	conversation, *n. f.*	conversation	Gespräch	conversación	conversazione	συζήτηση
9	convier, *v.*	to invite	einladen	convidar	invitare	προσκαλώ
6	coopérative (artisanale), *n. f.*	craft-shopping center	Genossenschaft	cooperativa	cooperativa (artigianale)	συνεταιρισμός
2	copain / copine, *n. m. / f.*	pal	Kumpel	compañero/a	amico / amica	φιλαράκος, φι-λενάδα
8	corps, *n. m.*	body	Körper	cuerpo	corpo	σώμα
1	correspondre, *v.*	to connect	übereinstimmen	corresponder	corrispondere	αντιστοιχώ
8	costume, *n. m.*	suit	Anzug	traje	vestito	κοστούμι
4	côté, *n. m.*	side	Seite	lado	lato	πλευρά
5	côté (à ... de), *prép.*	near / alongside	neben	al lado de / junto a	accanto a / a fianco di	δίπλα σε
6	coucher (de soleil), *n. m.*	sunset	Sonnenuntergang	puesta de sol	tramonto	ηλιοβασίλεμα
3	coucher (se), *v. pr.*	to go to bed	(sich) hinlegen	acostarse	coricarsi / andare a letto	ξαπλώνω
12	couchette, *n. f.*	sleeper	Liegeplatz	litera	cuccetta	κουκέτα
4	couleur, *n. f.*	colour	Farbe	color	colore	χρώμα
9	couloir, *n. m.*	corridor	Gang, Flur	pasillo	corridoio	διάδρομος
5	coupe, *n. f.*	cup	Pokal	copa	coppa	κύπελλο
9	couper, *v.*	to cut / to carve / to slice	schneiden	cortar	tagliare	κόβω
8	couple, *n. m.*	couple	Paar	pareja	coppia	ζευγάρι
8	couramment, *adv.*	fluently	geläufig	con soltura	correntemente	με ευχέρεια
5	coureur, *n. m.*	runner	Laufer	corredor	corridore	δρομέας
6	courir, *v.*	to run / to race	rennen	correr	correre	τρέχω
5	courrier, *n. m.*	mail / post	Post, Briefe	correo	posta	αλληλογραφία
3	cours, *n. m.*	course	Vorlesung	clase	corso	μάθημα
5	course, *n. f.*	race	Rennen	carrera	corsa	κούρσα
3	courses (faire des), *n. f. pl.*	shopping (to go)	einkaufen	ir de compras	spesa (fare la)	ψώνια (κάνω)
8	court, *adj.*	short	kurz	corto	corto	κοντός
3	courtois, *adj.*	courteous	höflich	cortés	cortese	ιπποτικός
1	cousin, *n. m.*	cousin	Vetter	primo	cugino	ξάδελφος
4	couteau, *n. m.*	knife	Messer	cuchillo	coltello	μαχαίρι
7	coûter, *v.*	to cost	kosten	costar	costare	κοστίζω
1	couturier, *n. m.*	couturier	Schneider, Modeschöpfer	modisto	sarto	μόδιστρος
6	cratère, *n. m.*	crater	Krater	cráter	cratere	κρατήρας
8	cravate, *n. f.*	tie	Schlips	corbata	cravatta	γραβάτα
9	crédit (à), *loc.*	(on) hire-purchase	Kredit	a crédito	credito	πίστωση (με)
6	crêpe, *n. f.*	pancake	Pfannekuchen	crepe	crêpe / fritella	κρέπα
6	crocodile, *n. m.*	crocodile	Krokodil	cocodrilo	coccodrillo	κροκόδειλος
3	croire, *v.*	to believe	glauben	creer	credere	πιστεύω
6	croisière, *n. f.*	cruise	Seefahrt	crucero	crociera	κρουαζιέρα
6	croissance, *n. f.*	growth	Wachsen, Wuchs	crecimiento	crescita	ανάπτυξη
5	croissant, *n. m.*	croissant	Hörnchen	cruasán / croissant	cornetto / brioche	κρουασάν
2	croix, *n. f.*	cross	Kreuz	cruz	croce	σταυρός

12 - cueillir, *v.*	to pick (up)	pflücken	coger	cogliere	μαζεύω
9 - cuillère, *n. f.*	spoon	Löffel	cuchara	cucchiaio	κουτάλι
8 - cuir, *n. m.*	leather	Leder	cuero	cuoio	δέρμα
10 - cuire, *v.*	to bake / to cook	kochen	cocer	cuocere	ψήνω
1 - cuisine, *n. f.*	cooking / food	Küche	cocina	cucina	κουζίνα
3 - cuisiner, *v.*	to cook	zubereiten	cocinar	cucinare	μαγειρεύω
1 - cuisinier, *n. m.*	cook	Koch	cocinero	cuoco	μάγειρας
8 - cultivé, *adj.*	cultured	gebildet	culto	cotto	μορφωμένος
4 - culture, *n. f.*	culture	Kultur	cultura	cultura	μόρφωση
6 - culturel, *adj.*	cultural	kulturell	cultural	culturale	πολιτιστικός
6 - cure, *n. f.*	cure	Kur	cura	cura	θεραπεία
4 - curiosité, *n. f.*	attraction	Sehenswürdigkeit	curiosidad	curiosità	περιέργεια
7 - cursus, *n. m.*	curriculum	Lebenslauf	cursus	curricolo	σπουδές
6 - cycliste, *adj.*	cyclist	Radfahrer	ciclista	ciclista	ποδηλάτης
4 - d'abord, *adv.*	at first	zuerst	primero	innanzi tutto	κατ᾽ αρχάς
1 - dactylo, *n. f.*	typist	Tippfräulein	mecanógrafa	dattilografa	δακτυλογράφος
11 - dangereux, *adj.*	dangerous	gefährlich	peligroso	pericoloso	επικίνδυνος
3 - danse, *n. f.*	dancing	Tanz	baile / danza	danza / ballo	χορός
2 - danser, *v.*	to dance	tanzen	bailar	ballare	χορεύω
10 - danseur, *n. m.*	dancer	Tänzer	bailarín	ballerino	χορευτής
7 - dare-dare, *adv. (fam.)*	double quick	eiligst	a toda mecha	in fretta e furia	στο άψε σβήσε
1 - date, *n. f.*	date	Datum	fecha	data	ημερομηνία
10 - débarquement, *n. m.*	landing	Ausladen, Landung	desembarco	sbarco	απόβαση
7 - débat, *n. m.*	debate	Wortstreit	debate	dibattito	συζήτηση
7 - débordé (être), *v.*	(to be) under pressure	überfordert (sein)	estar agobiado	essere sovracca-rico	πνιγμένος (είμαι)
7 - début, *n. m.*	beginning	Anfang	principio	inizio	αρχή
11 - décider, *v.*	to decide	entscheiden	decidir	decidere	αποφασίζω
10 - décoller, *v.*	to take off	starten	despegar	decollare	απογειώνομαι
8 - décontracté, *adj.*	easy-going	entspannt	relajado	rilassato	άνετος
10 - découverte, *n. f.*	discovery	Entdeckung	descubrimiento	scoperta	ανακάλυψη
6 - découvrir, *v.*	to discover	entdecken	descubrir	scoprire	ανακαλύπτω
8 - décrire, *v.*	to describe	beschreiben	describir	descrivere	περιγράφω
6 - définir, *v.*	to define	bestimmen	definir	definire	ορίζω
5 - dehors, *adv.*	outside	draußen	fuera	fuori	έξω
7 - déjeuner, *v.*	to lunch	Mittag essen	comer	pranzare	γευματίζω
10 - délégation, *n. f.*	delegation	Abgesandte	delegación	delegazione	αντιπροσωπεία
6 - délicieux, *adj.*	delicious	köstlich	delicioso	delizioso	απολαυστικός
3 - demain, *adv.*	to-morrow	morgen	mañana	domani	αύριο
2 - demander, *v.*	to ask (for)	fragen	pedir	chiedere	ρωτώ
10 - déménagement, *n. m.*	removal	Umzug	mudanza	trasloco	μετακόμιση
4 - déménager, *v.*	to move house	umziehen	mudarse	traslocare	μετακομίζω
3 - demi (et), *adj.*	thirty / and a half	halb	media (doce y media)	mezzo (e)	και μισή
7 - dent, *n. f.*	tooth	Zahn	diente	dente	δόντι
7 - dentiste, *n. m. f.*	dentist	Zahnarzt	dentista	dentista	οδοντογιατρός
7 - départ, *n. m.*	departure	Abfahrt	salida	partenza	αναχώρηση
3 - départ (au), *loc.*	at the start	am Anfang	al principio	in partenza	στην αρχή
2 - département, *n. m.*	region	Bezirk	departamento / provincia	provincia	νομός
6 - dépaysement, *n. m.*	change of scenery	Entfremdung	cambio de aires	spaesamento	αλλαγή περι-βάλλοντος
12 - dépense, *n. f.*	expense	Ausgabe	gasto	spesa	δαπάνη
1 - depuis, *prép.*	since / ago	seit	desde	da	από (προθ.)
7 - déranger, *v.*	to trouble	stören	molestar	disturbare	ενοχλώ
4 - dernier, *adj.*	last	letzt	último	ultimo	τελευταίος
4 - derrière, *prép.*	behind	hinter	detrás	dietro	πίσω
5 - désaccord, *n. m.*	disagreement	Unstimmigkeit	desacuerdo	disaccordo	ασυμφωνία
12 - descendre, *v.*	to go down	absteigen	bajar	scendere	κατεβαίνω
8 - description, *n. f.*	description	Beschreibung	descripción	descrizione	περιγραφή
4 - désert, *n. m.*	desert	Wüste	desierto	deserto	έρημος
4 - désigner, *v.*	to indicate	bestimmen	designar	designare	ορίζω
6 - désirer, *v.*	to wish / to long for	begehren	desear	desiderare	επιθυμώ

4 - désolé, *adj.*	sorry	es tut mir leid	lo siento	mi dispiace	λυπάμαι
12 - désordre (en), *loc.*	(in a) shamble	(in) Unordnung	en desorden	disordine (in)	αταξία
9 - dessert, *n. m.*	sweet / pudding	Nachtisch	postre	dessert / dolce	επιδόρπιο
3 - dessin, *n. m.*	drawing	Zeichnung	dibujo	disegno	σχέδιο
1 - dessinateur, *n. m.*	cartoonist	Zeichner	dibujante	disegnatore	σχεδιαστής
3 - dessiner, *v.*	to draw / to sketch	zeichen	dibujar	disegnare	σχεδιάζω
7 - destinataire, *n. m. f.*	addressee	Empfänger	destinatario	destinatario	παραλήπτης
7 - destination, *n. f.*	destination	Bestimmungsort	destino	destinazione	προορισμός
8 - détail, *n. m.*	detail	Einzelheit	detalle	dettaglio	λεπτομέρεια
3 - détester, *v.*	to hate	verabscheuen	detestar	detestare	απεχθάνομαι
4 - devant, *prép.*	ahead (of)	vor	delante	davanti	μπροστά
4 - devenir, *v.*	to become	werden	convertirse	diventare	γίνομαι
9 - deviner, *v.*	to guess	raten	adivinar	indovinare	μαντεύω
6 - devoir, *v.*	must	sollen	deber / tener que	dovere	πρέπει να
5 - diagonale (en), *loc. adv.*	diagonally	schräg	en diagonal	diagonale (in)	διαγώνια
4 - dictionnaire, *n. m.*	dictionary	Wörterbuch	diccionario	vocabulario / dizionario	λεξικό
6 - diététicien, *n. m.*	dietetician	Diätetiker	especialista en dietética	dietetista	διαιτολόγος
4 - différence, *n. f.*	difference	Unterschied	diferencia	differenza	διαφορά
1 - différent, *adj.*	different	verschieden	diferente	differente / diverso	διαφορετικός
9 - difficile, *adj.*	difficult	schwierig	difícil	difficile	δύσκολος
9 - dinde, *n. f.*	turkey	Pute	pavo/a	tacchino	γαλοπούλα
3 - dîner, *n. m.*	dinner	Abendessen	cena	cena	το δείπνο
3 - dîner, *v.*	to dine	Abend essen	cenar	cenare	δειπνώ
8 - diplôme, *n. m.*	diploma	Zeugnis	diploma	diploma	δίπλωμα
1 - dire, *v.*	to say / to tell	sagen	decir	dire	λέω
2 - direct (en), *loc.*	live	unmittelbar, direkt	directo	diretto (in)	απ' ευθείας
1 - directeur, *n. m.*	manager / director	Leiter	director	direttore	διευθυντής
5 - direction (en ... de), *loc. prép.*	direction (in the ... of)	Richtung	en dirección a	direzione (in ... di)	με κατεύθυνση
3 - discipliné, *adj.*	well-disciplined	diszipliniert	disciplinado	disciplinato	πειθαρχημένος
3 - discothèque, *n. f.*	disco	Diskothek	discoteca	discoteca	ντισκοτέκ
6 - discours, *n. m.*	speech	Rede	discurso	discorso	ομιλία
8 - disponibilité, *n. f.*	availability	Verfügbarkeit	disponibilidad	disponibilità	διαθεσιμότητα
4 - distance, *n. f.*	distance	Abstand, Entfernung	distancia	distanza	απόσταση
6 - diversité, *n. f.*	variety	Mannigfaltigkeit	diversidad	diversità	ποικιλία
1 - divorcé, *adj.*	divorced	geschieden	divorciado	divorziato	διαζευγμένος
7 - docteur, *n. m.*	doctor	Arzt	doctor	dottore	γιατρός
1 - document, *n. m.*	document	Dokument	documento	documento	τεκμήριο
4 - domaine (dans le), *n. m.*	field (in the ... of)	Bereich	en el campo	campo (nel)	τομέας
2 - domicile, *n. m.*	home-address	Wohnsitz	domicilio	domicilio	κατοικία
3 - donc, *conj.*	therefore	also	así que	quindi / perciò	λοιπόν, άρα
1 - donner, *v.*	to give	geben	dar	dare	δίνω
9 - donner (sur), *v.*	to overlook	gehen (auf)	dar a	dare (sur)	βλέπει σε
2 - dormir, *v.*	to sleep	schlafen	dormir	dormire	κοιμάμαι
7 - dossier, *n. m.*	application-form	Lehne, Akte	expediente / dossier	pratica	φάκελλος
2 - doucement, *adv.*	slowly	leise, sanft	despacio	piano	σιγά
5 - douche, *n. f.*	shower	Dusche	ducha	doccia	ντούς
1 - doux, *adj.*	gentle	sanft	dulce	dolce / tenero	γλυκός
3 - droit (études de), *n. m.*	law-studies	Jura	estudios de derecho	legge / giurisprudenza	νομικές σπουδές
5 - droite (à), *loc.*	(on the) right	rechts	a la derecha	destra (a)	δεξιά
12 - drôle, *adj.*	funny	lustig	extraño	divertente / buffo	αστείος
6 - dunes, *n. f. pl.*	downs	Düne	dunas	dune	αμμόλοφοι
5 - dur, *adj.*	tough	hart, schwierig	duro	duro	σκληρός
8 - durable, *adj.*	lasting	dauerhaft	duradero	durevole	διαρκής
4 - durée, *n. f.*	time	Dauer	duración	durata	διάρκεια
2 - dynamique, *adj.*	dynamic	dynamisch	dinámico	dinamico	δυναμικός
5 - eau, *n. f.*	water	Wasser	agua	acqua	νερό
8 - échange, *n. m.*	exchange	Wechsel	intercambio	scambio	ανταλλαγή

5 - éclair (au chocolat), **n. m.**	(chocolate) éclair	(langer Windbeutel mit Schokoladefüllung)	relámpago	dolce / bigne alla cioccolata	εκλέρ με σοκολάτα
1 - école, **n. f.**	school	Schule	escuela	scuola	σχολείο
3 - écologique, **adj.**	ecological	umweltfreundlich	ecológico	ecologico	οικολογικός
8 - économiques (sciences), **adj.**	economics	Wirtschaft (-swissenschaft)	ciencias económicas	economiche (scienze)	οικονομικές (επιστήμες)
1 - écouter, **v.**	to listen (to)	zuhören	escuchar	ascoltare	ακούω
8 - écran, **n. m.**	screen	Leinwand, Bildschirm	pantalla	schermo	οθόνη
1 - écrire, **v.**	to write	schreiben	escribir	scrivere	γράφω
1 - écrivain, **n. m.**	writer	Schriftsteller	escritor	scritore	συγγραφέας
9 - édition, **n. f.**	print	Verlag, Auflage	edición	edizione	έκδοση
3 - égaler, **v.**	to be equal	gleichen	igualar	uguale	ίσος
8 - également, **adv.**	also	ebenfalls	igualmente	ugualmente	εξίσου
5 - église, **n. f.**	church	Kirche	iglesia	chiesa	εκκλησία
8 - élancé, **adj.**	slender	schlank	esbelto	slanciato	λυγερός
7 - électoral, **adj.**	electoral	Wahl-	electoral	elettorale	εκλογικός
1 - électricien, **n. m.**	electrician	Elektriker	electricista	elettricista	ηλεκτρολόγος
8 - électrique, **adj.**	electric	elektrisch	eléctrico	elettrico	ηλεκτρικός
3 - élève, **n. m. f.**	pupil / student	Schüler	alumno	allievo	μαθητής
7 - embarquement, **n. m.**	departure-gate	Einschiffung, Einsteigen	embarque	imbarco	επιβίβαση
4 - embarquer, **v.**	to board	einsteigen	embarcar	imbarcare	επιβιβάζω, φορτώνω
11 - embêtant, **adj.**	a bother	ärgerlich	molesto / fastidioso	seccante / scocciante	φορτικός
6 - embouteillage, **n. m.**	traffic-jam	Stau	atasco / embotellamiento	ingorgo	το μποτιλιάρισμα
7 - embrasser, **v.**	to kiss	umarmen, küssen	abrazar / besar	baciare	φιλάω
6 - émigrer, **v.**	to emigrate	auswandern	emigrar	emigrare	μεταναστεύω
8 - émission (TV/radio), **n. f.**	programme	Sendung	programa de TV, de radio	trasmissione	εκπομπή
3 - emmener, **v.**	to take	mitnehmen	llevar	portare	παίρνω κάποιον μαζί μου
11 - émouvant, **adj.**	moving	rührend	emocionante	commovente	συγκινητικός
7 - emploi (du temps), **n. m.**	timetable / schedule	Stundenplan	agenda / horario	impiego / orario	πρόγραμμα
2 - employé, **n. m.**	clerk	Angestellter	empleado	impiegato	υπάλληλος
2 - employer, **v.**	to use	anwenden, gebrauchen	emplear	impiegare	χρησιμοποιώ
5 - emporter, **v.**	to take away	wegbringen	llevar	portare	παίρνω
8 - emprunter, **v.**	to borrow	borgen	tomar prestado	prendere in prestito	δανείζομαι
11 - ému, **adj.**	dumbfounded / struck	gerührt	emocionado	commosso	συγκινημένος
1 - enchanté, **adv.**	pleased	es freut mich	encantado	piacere / molto lieto	γοητευμένος
5 - encore, **adv.**	some more again	noch	todavía	ancora	ακόμα
4 - endroit, **n. m.**	place	Stelle	lugar	luogo / posto	τόπος
1 - enfant, **n. m. f.**	child	Kind	niño	bambino	παιδί
5 - enfer, **n. m.**	hell	Hölle	infierno	inferno	κόλαση
7 - ennuis, **n. m. pl.**	worries / trouble	Sorge	problemas	difficoltà / noie	προβλήματα
5 - ennuyer (s'), **v. pr.**	to be bored	(sich) langweilen	aburrirse	annoiarsi	πλήττω
7 - énormément, **adv.**	horribly	ungeheuer, gewaltig	muchísimo	moltissimo	υπερβολικά
3 - enquête, **n. f.**	survey	Untersuchung, Umfrage	encuesta	inchiesta	έρευνα
0 - enregistrement, **n. m.**	recording	Aufnahme	grabación	registrazione	ηχογράφηση
4 - ensemble, **adv.**	together	zusammen	juntos	insieme	μαζί
9 - ensoleillé, **adj.**	sunny	sonnig	soleado	soleggiato	ηλιόλουστος
5 - ensuite, **adv.**	then	dann	después	poi	έπειτα
1 - entendre, **v.**	to hear	hören	oír	sentire	ακούω
8 - enthousiaste, **adj.**	fun-loving	begeistert	entusiasta	entusiasta	ενθουσιώδης

	English	German	Spanish	Italian	Greek
5 - entre, *prép.*	between	zwischen	entre	tra	μεταξύ
3 - entreprise, *n. f.*	business / firm	Unternehmen	empresa	impresa	επιχείρηση
1 - entrer, *v.*	to come in	eintreten	entrar	entrare	μπαίνω
6 - envie (avoir... de), *n. f.*	to want	Lust (haben)	tener ganas de	voglia (avere ... di)	έχω όρεξη για
2 - environ, *adv.*	around	ungefähr	aproximadamente	circa	περίπου
5 - environs (les), *n. m. pl.*	neighbourhood	Umgebung	los alrededores	dintorni (i)	περίχωρα
6 - envoyer, *v.*	to send (off)	senden	enviar	mandare	στέλνω
5 - épicerie, *n. f.*	grocery	Lebensmittel-geschäft	tienda de comestibles	salumeria	παντοπωλείο
8 - épicier, *n. m.*	grocer	Lebensmittelhän-dler	tendero	salumiere	παντοπώλης
10 - épouvantable, *adj.*	horrid	entsetzlich	espantoso	spaventoso / orrendo	τρομερός
6 - épuisé, *adj.*	worn out / ex-hausted	erschöpft, ausver-kauft	agotado	esausto / sfinito	εξαντλημένος
2 - équipe, *n. f.*	team	Mannschaft	equipo	squadra	ομάδα
6 - équiper, *v.*	to outfit	ausrüsten	equipar	attrezzare / equippaggiare	εξοπλίζω, εφο-διάζω
9 - erreur, *n. f.*	mistake	Irrtum	error	errore	λάθος
6 - escalade, *n. f.*	climbing	Ersteigen	escalada	scalata	αναρρίχηση
5 - escalier, *n. m.*	stairs / staircase	Treppe	escalera	scala	σκάλα
9 - escargot, *n. m.*	snail	Schnecke	caracol	lumaca	σαλιγκάρι
3 - espace, *n. m.*	space	Raum, Weltraum	espacio	spazio	διάστημα
7 - espérer, *v.*	to hope	hoffen	esperar	sperare	ελπίζω
1 - essayer, *v.*	to try (to)	versuchen	intentar	provare	προσπαθώ
9 - essence, *n. f.*	petrol	Benzin	gasolina	benzina	βενζίνη
5 - étage, *n. m.*	floor	Stockwerk	piso	piano	όροφος
5 - étagère, *n. f.*	shelf	Regal	estantería	scaffale	ράφι
8 - étape, *n. f.*	phase / stage	Etappe	etapa	tappa	στάδιο
4 - été, *n. m.*	summer	Sommer	verano	estate	καλοκαίρι
7 - éteindre, *v.*	to put out / to switch off	auslöschen	apagar	spendere	σβήνω
5 - étendre (s'), *v. pr.*	to stretch (out)	(sich) ausbreiten, hinlegen	tenderse	stendersi	απλώνομαι
2 - étranger, *n. m.*	foreigner	Ausländer	extranjero	straniero	ξένος
2 - étranger (à l'), *loc.*	abroad	(im) Ausland	en el extranjero	estero (all')	στο εξωτερικό
1 - être, *v.*	to be	sein	ser	essere	είμαι
11 - étroit, *adj.*	narrow	eng	estrecho	stretto	στενός
11 - étude, *n. f.*	studies	Studium	estudio	studio	μελέτη
1 - étudiant, *n. m.*	student	Student	estudiante	studente	φοιτητής
1 - étudier, *v.*	to study	studieren	estudiar	studiare	μελετώ
11 - événement, *n. m.*	event / happening	Ereignis	acontecimiento / suceso	evento	γεγονός
5 - éviter, *v.*	to avoid	meiden	evitar	evitare	αποφεύγω
4 - évoquer, *v.*	to mention	erwähnen	evocar	evocare	θυμίζω
1 - exact (c'est), *adj.*	true / so (it's)	richtig	exacto	esatto / giusto (è)	ακριβώς
5 - exactement, *adv.*	exactly	richtig, genau	exactamente	esattamente	ακριβώς
6 - examen, *n. m.*	exam	Prüfung	examen	esame	εξέταση
6 - excellence (par), *loc.*	above all else	recht eigentlich	por excelencia	eccelenza (per)	κατ' εξοχήν
6 - exceptionnel, *adj.*	exceptional	außergewöhnlich	excepcional	eccezionale	εξαιρετικός
12 - excursion, *n. f.*	excursion	Ausflug	excursión	gita / escursione	εκδρομή
9 - excuser (s'), *v. pr.*	to apologize	(sich) entschuldi-gen	excusarse	scusarsi	ζητώ συγγνώμη
4 - exemplaire, *n. m.*	item / copy	Exemplar	ejemplares	esemplare	αντίτυπο
4 - exister, *v.*	to exist	dasein	existir	esistere	υπάρχω
6 - exotique, *adj.*	exotic	exotisch	exótico	esotico	εξωτικός
7 - expéditeur, *n. m.*	sender	Absender	remitente	mittente	αποστολέας
5 - expliquer, *v.*	to explain	erklären	explicar	spiegare	εξηγώ
11 - exploser, *v.*	to explode	platzen	explotar	esplodere	εκρήγνυμαι
3 - exposition, *n. f.*	exhibition	Ausstellung	exposición	mostra	έκθεση
3 - exprimer, *v.*	to express	ausdrücken	expresar	esprimere	εκφράζω
5 - extérieur (à l'), *loc. adv.*	out (of)	außerhalb	al exterior	fuori	έξω από
5 - face (en ... de), *prép.*	(in) front (of)	gegenüber	en frente de / frente a	di fronte a	μπροστά σε

6 - fâché, *adj.*	cross	böse	enfadado	adirato / arrabbiato	θυμωμένος
7 - facile, *adj.*	easy	einfach	fácil	facile	εύκολος
9 - facilement, *adv.*	easily	leicht	fácilmente	facilmente	εύκολα
3 - façon, *n. f.*	way	Art, Weise	manera / modo	modo / maniera	τρόπος
1 - facteur, *n. m.*	postman	Briefträger	cartero	postino	ταχυδρόμος
9 - facture, *n. f.*	bill / invoice	Rechnung	factura	fattura	λογαριασμός
2 - faim (avoir), *n. f.*	(to be) hungry	Hunger (haben)	tener hambre	fame (avere)	πεινώ
1 - faire, *v.*	to make / to do	tun, machen	hacer	fare	κάνω
6 - falaise, *n. f.*	cliff	Felswand	acantilado	falesia / scogliera	απόκρημνη ακτή
4 - falloir (il faut), *v.*	must	müssen	haber que (hay que)	bisognare (bisogna)	πρέπει
1 - familial, *adj.*	family-...	Familien-	familiar	famigliare	οικογενειακός
8 - familier, *adj.*	informal	vertraut	familiar	familiare / comune	οικείος
2 - famille, *n. f.*	family	Familie	familia	famiglia	οικογένεια
3 - fantastique, *adj.*	fantastic	phantastisch	fantástico	fantastico	φανταστικός
3 - fatigué, *adj.*	tired	müde	cansado	stanco	κουρασμένος
9 - fauteuil, *n. m.*	armchair	Armstuhl	sillón	poltrona	πολυθρόνα
1 - femme, *n. f.*	wife	Frau	mujer	moglie	γυναίκα
6 - fenêtre, *n. f.*	window	Fenster	ventana	finestra	παράθυρο
9 - fer (à repasser), *n. m.*	iron	Eisen (Bügeleisen)	plancha	ferro (da stiro)	σίδερο
4 - férié (jour), *adj.*	holiday	Feier(tag)	festivo	festivo	αργία
3 - fermer, *v.*	to close / to shut	schließen	cerrar	chiudere	κλείνω
5 - fermeture, *n. f.*	closing	Verschluss	cierre	chiusura	κλείσιμο
4 - festival, *n. m.*	festival	Festspiele	festival	festival	φεστιβάλ
4 - fête, *n. f.*	feast	Fest	fiesta	festa	γιορτή
3 - feu, *n. m.*	light	Feuer	fuego	fuoco	φωτιά
9 - feuille (d'impôt), *n. f.*	(income-tax) form	Steuererklärung	hoja	cartella delle tasse	έντυπο φορολο- γικής δήλωσης
8 - fiancé, *n. m.*	fiancé	Verlobter	novio	fidanzato	αρραβωνιαστικός
2 - fiche, *n. f.*	index card	Zettel	ficha	scheda	δελτίο
8 - fiction, *n. f.*	fiction	Erdichtung, Fiktion	ficción	finzione	φαντασία
12 - fièvre, *n. f.*	fever / temperature	Fieber	fiebre	febbre	πυρετός
1 - fille, *n. f.*	daughter	Tochter, Mädchen	chica / hija	figlia	κόρη, κορίτσι
1 - film, *n. m.*	film	Film	película	film	ταινία
3 - fils, *n. m.*	son	Sohn	hijo	figlio	γιός
2 - fin, *n. f.*	end	Ende	fin	fine	τέλος
5 - finale, *n. f.*	(cup) final	Endspiel	final	finale	τελικός
1 - finir, *v.*	to finish	enden	acabar	finire	τελειώνω
6 - fixe (au beau), *loc.*	set fair	auf beständig schön	tiempo estable	stabile (sul bello)	σταθερός
4 - fleur, *n. f.*	flower	Blume	flor	fiore	λουλούδι
2 - fleuve, *n. m.*	river	Strom	río	fiume	ποταμός
6 - fluvial, *adj.*	river-...	Fluss-	fluvial	fluviale	ποταμίσιος
4 - foire, *n. f.*	fair / show	Messe	feria	fiera / esposizione	εμποροπανήγυρη
4 - fond, *n. m.*	bottom / bed	Grund, Boden	fondo	fondo	βάθος
6 - fonder, *v.*	to found	gründen	fundar	fondare	θεμελιώνω
1 - football, *n. m.*	soccer	Fußball	fútbol	calcio	ποδόσφαιρο
4 - forêt, *n. f.*	forest	Wald	bosque	foresta	δάσος
6 - forme (en pleine), *n. f.*	(fully) fit	Hochform	en plena forma	forma (in piena)	φόρμα (σε)
6 - forme (remise en), *n. f.*	fitness (course)	sich fit machen	puesta en forma	forma (rimessa in)	φόρμα (ξαναβρί- σκω τη)
3 - former, *v.*	to form / to shape	bilden	formar	formare	σχηματίζω
0 - fortifié, *adj.*	fortified	bestärkt	fortificado	fortificato	οχυρωμένος
3 - foule, *n. f.*	crowd	Menge	gentío / muche- dumbre	folla	πλήθος
9 - four, *n. m.*	oven	Ofen	horno	forno	φούρνος
9 - fourchette, *n. f.*	fork	Gabel	tenedor	forchetta	πηρούνι
1 - fou / folle, *adj.*	mad	verrückt	loco/a	pazzo / pazza	τρελλός, τρελλή
6 - fou (il y avait un monde), *adj.*	overcrowded (it was)	Gedränge	haber un mundo / estar a tope	sacco (c'era un sacco di gente)	συνωστισμός
6 - fraise, *n. f.*	strawberry	Erdbeere	fresa	fragola	φράουλα

4 - francophone, *adj.*	French-speaking	französischspre-chend	francófono	francofono	γαλλόφωνος
2 - frère, *n. m.*	brother	Bruder	hermano	fratello	αδελφός
8 - frisé, *adj.*	curly	gekräuselt	rizado	riccio	σγουρός
5 - frites, *n. f. pl.*	(potato) chips	Pommes frites	patatas fritas	patatine / patate fritte	τηγανητές πατά-τες
2 - froid (faire) (avoir), *n. m.*	(to be) cold	kalt	hacer frío / tener frío	fare freddo / avere freddo	κρύο (κάνει), κρυώνω
3 - fromage, *n. m.*	cheese	Käse	queso	formaggio	τυρί
2 - frontalier, *adj.*	border-...	Grenz-	fronterizo	frontaliero	παραμεθόριος
4 - frontière, *n. f.*	border / frontier	Grenze	frontera	confine	σύνορο
6 - fruit, *n. m.*	fruit	Obst	fruto	frutto	φρούτο
6 - fumée, *n. f.*	smoke	Qualm	humo	fumo	καπνός
2 - fumer, *v.*	to smoke	rauchen	fumar	fumare	καπνίζω
8 - fumeur, *n. m.*	smoker	Raucher	fumador	fumatore	καπνιστής
10 - fusée, *n. f.*	rocket / missile	Rakete	cohete	razzo	πύραυλος
5 - gai, *adj.*	merry / pleased	heiter	alegre	allegro	εύθυμος
2 - gain, *n. m.*	winnings	Gewinn, Verdienst, Lohn	ganancia	guadagno	κέρδος
1 - garage, *n. m.*	garage	Garage	garaje	garage	γκαράζ
1 - garagiste, *n. m.*	garage-owner	Garageninhaber	garajista	meccanico	γκαραζιέρης
6 - garantir, *v.*	to vouch (for)	garantieren	garantizar	garantire	εγγυώμαι
0 - garçon (de café), *n. m.*	waiter	Kellner	camarero	cameriere	γκαρσόν
2 - gare, *n. f.*	railway-station	Bahnhof	estación	stazione	σταθμός
5 - garer (se), *v. pr.*	to park	parken	aparcar	parcheggiare / posteggiare	σταθμεύω, παρκάρω
8 - gars, *n. m.*	chap	Junge	chico / tipo / tío	ragazzo / tipo	παλικάρι
6 - gastronomie, *n. f.*	gastronomy	Esskultur	gastronomía	gastronomia	γαστρονομία
2 - gastronomique, *adj.*	gastronomical	gastronomisch	gastronómico	gastronomico	γαστρονομικός
3 - gâteau, *n. m.*	cake / pastry	Kuchen	pastel	dolce	γλυκό
5 - gauche (à), *adv.*	(on the) left	links	a la izquierda	sinistra (a)	αριστερά
5 - gazeuse (eau), *adj.*	fizzy (water)	Sprudel(wasser)	agua con gas	gassata / frizzante	νερό με ανθρακικό
5 - gendarmerie, *n. f.*	rural police force	Polizeiwache	cuartel de la guardia civil	gendarmeria	χωροφυλακή
4 - généralement, *adv.*	in general	im Allgemeinen	generalmente	generalmente	γενικά
6 - génial, *adj.*	fantastic	genial	genial	geniale	φανταστικός
4 - gens, *n. m. pl.*	people	Leute	gente	gente	άνθρωποι
3 - gentil, *adj.*	kind	lieb	amable	gentile	ευγενικός
4 - géographique, *adj.*	geographical	erdkundlich	geográfico	geografico	γεωγραφικός
4 - géographiquement, *adv.*	geographical context (in)	erdkundlich	geográficamente	geograficamente	γεωγραφικά
4 - glace, *n. f.*	icefield	Eis	hielo	ghiaccio	πάγος
10 - glisser, *v.*	to skid	gleiten	resbalar	scivolare	γλιστρώ
8 - gosse, *n. m. (fam.)*	kid	Bengel	chaval / chiquillo / crío	bambino	πιτσιρίκι
1 - goût, *n. m.*	taste / hobby	Geschmack	gusto	gusti / interessi	γούστα
2 - grand, *adj.*	large	groß	gran	alto	μεγάλος
3 - grands-parents, *n. m. pl.*	grandparents	Großeltern	abuelos	nonni	ο παππούς και η γιαγιά
2 - grand-mère, *n. f.*	grandmother	Großmutter	abuela	nonna	γιαγιά
2 - grand-père, *n. m.*	grandfather	Großvater	abuelo	nonno	παππούς
11 - grave, *adj.*	serious	ernst	grave	grave	σοβαρός
5 - grenier, *n. m.*	attic	Dachboden	desván	soffitta / solaio	σοφίτα
3 - grenouille, *n. f.*	frog	Frosch	rana	rana	βάτραχος
2 - grille (de loto), *n. f.*	score-board	Tabelle	boleto	schedina	τετράγωνα
6 - grippe, *n. f.*	flu	Grippe, Erkältung	gripe	influenza	γρίππη
6 - gris, *adj.*	grey / dull	grau	gris	grigio	γκρίζος
7 - gros, *adj.*	fat	dick	gordo	grosso	χονδρός
9 - grossir, *v.*	to grow fat	dick werden	engordar	ingrassare	παχαίνω
4 - groupe, *n. m.*	group	Gruppe	grupo	gruppo	ομάδα
10 - guère (ne...), *adv.*	hardly	kaum	apenas	molto (non)	όχι και πολύ
12 - guérir, *v.*	to get better	heilen	curar	guarire	θεραπεύω
7 - guichet, *n. m.*	ticket-office	Schalter	taquilla	sportello	θυρίδα
6 - guide, *n. m.*	guide-book	Reiseführer	guía	guida	τουριστικός οδ-ηγός

3 - guitare, *n. f.*	guitar	Gitarre	guitarra	chitarra	κιθάρα
3 - gymnastique, *n. f.*	gymnastics / P.T.	Turnen	gimnasia	ginnastica	γυμναστική
8 - habiller (s'), *v. pr.*	to get dressed	(sich) ankleiden	vestirse	vestirsi	ντύνομαι
4 - habitant, *n. m.*	inhabitant	Einwohner	habitante	abitante	κάτοικος
6 - habitat, *n. m.*	lodgings	Wohnung	habitat	ambiente	κατοικία
1 - habiter, *v.*	to live	wohnen	vivir	stare	κατοικώ
12 - habitude (avoir l'), *n. f.*	to use to / to be used to	Gewohnheit	tener (la) costumbre	abitudine (avere l')	συνήθεια (έχω τη)
8 - habituer, *v.*	to accustom	gewöhnen	acostumbrar	abituare	συνηθίζω
4 - hamac, *n. m.*	hammock	Hängematte	hamaca	amaca	αιώρα
4 - haricot, *n. m.*	bean	Bohne	judía / alubia	fagiolo	φασόλι
7 - hasard (par), *loc. adv.*	(by) chance	Zufall, zufällig	por casualidad	caso / sorte (per)	τύχη (κατά)
4 - haut, *adj.*	high	hoch	alto	alto	ψηλός
6 - hauteur, *n. f.*	height	Höhe	altura	altezza	ύψος
9 - haut-parleur, *n. m.*	loud-speaker	Lautsprecher	altavoz	altoparlanti	μεγάφωνο
8 - hebdomadaire, *n. m.*	weekly	Wochenzeitschrift	semanario	settimanale	εβδομαδαίο έντυπο
6 - hébergement, *n. m.*	accomodation	Unterbringung	alojamiento	allogio	φιλοξενία
6 - hépatite virale, *n. f.*	viral hepatatis	Virushepatitis	hepatitis vírica	epatite virale	ιώδης ηπατίτιδα
6 - héritage, *n. m.*	heritage	Erbe	herencia	eredità	κληρονομιά
12 - hernie, *n. f.*	hernia	(Eingeweide-)-Bruch	hernia	ernia	κήλη
8 - hésiter, *v.*	to hesitate	zögern	dudar	esitare	διστάζω
2 - heure, *n. f.*	hour	Uhr	hora	ora	ώρα
2 - heureux / heureuse, *adj.*	happy	glücklich	feliz	felice	ευτυχισμένος
11 - heurter, *v.*	to bump (into)	stoßen	chocar con	urtare / sbattere	χτυπώ
2 - hier, *adv.*	yesterday	gestern	ayer	ieri	χθές
4 - hispanophone, *adj.*	Spanish-speaking	spanisch sprechend	hispanoparlante / de habla hispana	di lingua spagnola	ισπανόφωνος
2 - histoire, *n. f.*	story	Geschichte	historia	storia	ιστορία
6 - historique, *adj.*	historical	historisch	histórico	storico	ιστορικός
2 - hiver, *n. m.*	winter	Winter	invierno	inverno	χειμώνας
5 - hold-up, *n. m.*	hold-up	Raubüberfall	atraco	rapina / assalto	ένοπλη ληστεία
2 - homme, *n. m.*	man	Mann	hombre	uomo	άνθρωπος, άνδρας
7 - homme d'affaires, *n. m.*	businessman	Geschäftsmann	hombre de negocios	uomo d'affari	επιχειρηματίας
5 - hôpital, *n. m.*	hospital	Krankenhaus	hospital	ospedale	νοσοκομείο
7 - horaire, *n. m.*	timetable	Fahrplan	horario	orario	δρομολόγια
7 - horloge, *n. f.*	clock	Wanduhr, Turmuhr	reloj	orologio	ρολόι
6 - horreur ! (quelle), *n. f.*	ghastly ! (how)	Entsetzen	horror	orrore	φρίκη! (τι)
6 - hospitalier, *adj.*	welcoming	Krankenhaus-	hospitalario	ospitale	φιλόξενος
3 - hôtel, *n. m.*	hotel	Hotel, Gasthof	hotel	albergo	ξενοδοχείο
1 - hôtesse de l'air, *n. f.*	air-hostess	Stewardess	azafata	hostess	αεροσυνοδός
12 - huile, *n. f.*	oil	Öl	aceite	olio	λάδι
5 - huître, *n. f.*	oyster	Auster	ostra	ostrica	στρείδι
4 - humain, *adj.*	human	menschlich	humano	umano	ανθρώπινος
3 - humour, *n. m.*	humour	Humor	humor	umorismo	χιούμορ
1 - ici, *adv.*	here	hier	aquí	qui	εδώ
8 - idéal, *adj.*	ideal / dream-...	ideal	ideal	ideale	ιδανικός
8 - idée, *n. f.*	idea	Idee	idea	idea	ιδέα
1 - identifier, *v.*	to identify	erkennen	identificar	identificare	αναγνωρίζω
11 - identique, *adj.*	identical / same	identisch	idéntico	identico	όμοιος
1 - identité, *n. f.*	identity	Identität	identidad	identità	ταυτότητα
4 - île, *n. f.*	island	Insel	isla	isola	νησί
1 - image, *n. f.*	picture	Bild	imagen	imagine	εικόνα
6 - immédiat, *adj.*	close	unmittelbar	inmediato	immediato	άμεσος
12 - immédiatement, *adv.*	at once	sofort	inmediatamente	immediatamente	αμέσως
4 - immense, *adj.*	huge	gewaltig	inmenso	immenso	απέραντος
4 - immeuble, *n. m.*	building / block	Gebäude	edificio	palazzo	πολυκατοικία
7 - impasse, *n. f.*	alley / close	Sackgasse	callejón	vicolo	αδιέξοδο
4 - important, *adj.*	important	wichtig	importante	importante	σημαντικός
7 - impossible, *adj.*	impossible	unmöglich	imposible	impossibile	αδύνατος (απραγματοποίητος)

	English	German	Spanish	Italian	Greek
9 - imprécis, *adj.*	vague	ungenau	impreciso	impreciso	ασαφής
5 - imprécision (avec), *n. f.*	approximately	Ungenauigkeit	imprecisión	imprecisione (con)	ασάφεια
10 - imprimerie, *n. f.*	printing-press	Druckerei	imprenta	stampa / tipografia	τυπογραφία
7 - inauguration, *n. f.*	official opening	Einweihung, Eröffnung	inauguración	inaugurazione	εγκαίνια
5 - incendie, *n. m.*	fire	Brand	incendio	incendio	πυρκαϊά
4 - inconnu, *adj.*	unknown	unbekannt	desconocido	sconosciuto	άγνωστος
7 - indépendant (de ma volonté), *adj.*	out of / not of (my own will)	unabhängig	independiente	indipendente (della mia volontà)	ανεξάρτητος
5 - indication, *n. f.*	indication / sign	Hinweis	indicación	indicazione	οδηγία
1 - indiquer, *v.*	to show / to point out	hinweisen	indicar	indicare	υποδεικνύω
3 - indiscipliné, *adj.*	unruly	zuchtlos	indisciplinado	indisciplinato	απείθαρχος
3 - individualiste, *adj.*	individualistic	Individualist	individualista	individualistà	ατομιστής
2 - industriel, *adj.*	industrial	industriell	industrial	industriale	βιομηχανικός
1 - infirmière, *n. f.*	nurse	Krankenschwester	enfermera	infermiera	νοσοκόμα
3 - informaticien, *n. m.*	computer scientist / computerist	Informatiker	informático	informatico	ειδικός της πληροφορικής
1 - information, *n. f.*	information	Auskunft	información	informazione	πληροφορία
8 - informatique, *n. f.*	computing science	Informatik	informática	informatica	πληροφορική
7 - informer, *v.*	to inform / to let ... know	Auskunft erteilen	informar	informare	πληροφορώ
1 - ingénieur, *n. m.*	engineer	Ingenieur	ingeniero	ingegnere	μηχανικός
10 - inhabituel, *adj.*	unusual / odd / strange	ungewöhnlich	inusual	insolito	ασυνήθιστος
7 - inscription (dossier d'), *n. f.*	registration (form)	Einschreibung	inscripción	iscrizione (una domanda d')	εγγραφής (αιτηση)
7 - inscrire (s'), *v. pr.*	to register	einschreiben	inscribirse	iscriversi	εγγράφομαι
7 - insister, *v.*	to insist	(auf etw.) dringen	insistir	insistere	επιμένω
6 - insolite, *adj.*	unexpected	ungewöhnlich	insólito	insolito	ασυνήθιστος (περί εργος)
6 - installation, *n. f.*	equipment	Einrichtung	instalación	installazione / sistemazione	εγκατάσταση
11 - installer (s'), *v. pr.*	to sit down	(sich) niederlassen	instalarse	sistemarsi / installarsi	εγκαθίσταμαι
1 - instant, *n. m.*	moment	Augenblick	instante	istante / attimo	στιγμή
3 - instant (pour l'), *loc. adv.*	for the time being	(im) Augenblick	de momento	momento (per il)	προς το παρόν
1 - instituteur, *n. m.*	primary school-teacher	Volksschullehrer	maestro	maestro	δάσκαλος
6 - insupportable, *adj.*	unbearable	unerträglich	insoportable	insopportabile	ανυπόφορος
6 - intact, *adj.*	virgin	unberührt	intacto	intatto	άθικτος
3 - intelligent, *adj.*	intelligent	klug	inteligente	intelligente	έξυπνος
3 - intéressant, *adj.*	interesting	interessant	interesante	interessante	ενδιαφέρων
6 - intérêt, *n. m.*	interest	Interesse	interés	interesse	ενδιαφέρον
3 - interlocuteur, *n. m.*	speaker	Gesprächspartner	interlocutor	interlocutore	συνομιλητής
8 - international, *adj.*	international	international	internacional	internazionale	διεθνής
3 - interroger, *v.*	to ask	fragen	interrogar	interrogare	ρωτώ
7 - interview, *n. f.*	interview	Interview	entrevista	intervista	συνέντευξη
10 - introduire (s'), *v. pr.*	to break (into)	einführen	introducirse	introdursi	εισάγομαι
5 - inutile, *adj.*	useless	nutzlos	inútil	inutile	άχρηστος
10 - invention, *n. f.*	invention	Erfindung	invención	invenzione	εφεύρεση
6 - invitation, *n. f.*	invitation	Einladung	invitación	invito	πρόσκληση
7 - invité, *n. m.*	guest	eingeladen	invitado	invitato / ospite	καλεσμένος
6 - inviter, *v.*	to invite	einladen	invitar	invitare	καλώ
3 - itinéraire, *n. m.*	itinerary	Reiseroute	itinerario	itinerario	διαδρομή
7 - jaloux, *adj.*	jealous	eifersüchtig, neidisch	envidioso / celoso	geloso	ζηλιάρης
5 - jamais (ne...), *adv.*	never	nie	nunca	mai	ποτέ
11 - jambe, *n. f.*	leg	Bein	pierna	gamba	πόδι
9 - jambon, *n. m.*	ham	Schinken	jamón	prosciutto	ζαμπόν
3 - jardin, *n. m.*	garden	Garten	jardín	giardino	κήπος

8 - jaune, *adj.*	yellow	gelb	amarillo	giallo	κίτρινος
9 - jeu, *n. m.*	game	Spiel	juego	gioco	παιχνίδι
3 - jeune, *adj.*	young	jung	joven	giovane	νέος
6 - jeunesse, *n. f.*	youth	Jugend	juventud	gioventù	νεότητα
4 - joie, *n. f.*	joy	Freude	alegría	gioia	χαρά
7 - joindre, *v.*	to reach	erreichen	contactar/llamar/ encontrar	unire / aggiungere	επικοινωνώ
1 - joli, *adj.*	nice	hübsch	bonito	carino / bello	όμορφος
1 - jouer, *v.*	to act	spielen	jugar	giocare	παίζω
6 - jouir (d'un climat), *v.*	to enjoy (a climate)	(ein Klima) genießen	gozar de un clima	godere (di un clima)	έχει καλό κλίμα (μια περιοχή)
1 - jour, *n. m.*	day	Tag	día	giorno	μέρα
3 - journal, *n. m.*	newspaper	Zeitung	periódico	giornale	εφημερίδα
7 - journal télé, *n. m.*	news-bulletin	Fernsehnachrich- ten	telediario	telegiornale	τηλεοπτικό δελτίο ειδήσεων
11 - journalisme, *n. m.*	journalism	Journalistenberuf	periodismo	giornalismo	δημοσιογραφία
1 - journaliste, *n. m. f.*	journalist	Journalist	periodista	giornalistà	δημοσιογράφος
3 - journée, *n. f.*	day	Tag	día	giornata	μέρα
10 - joyeux, *adj.*	merry	fröhlich	alegre	allegro	χαρούμενος
9 - juge, *n. m.*	magistrate / judge	Richter	juez	giudice	δικαστής
4 - juillet, *n. m.*	july	Juli	julio	luglio	Ιούλιος
8 - jupe, *n. f.*	skirt	Rock	falda	gonna	φούστα
5 - jus (d'orange), *n. m.*	(orange) juice	(Orangen)Saft	zumo de naranja	succo (di un'aran- cia)	πορτοκαλάδα
2 - jusqu'à, *prép.*	until	bis	hasta	finò a	μέχρι
5 - jusqu'au / à la / aux, *prép.*	up to / to …	bis / zu / nach …	hasta el / la / los / las	fino al / alla / ai / alle	μέχρι τον/την/ τους
5 - justice, *n. f.*	justice	Gerechtigkeit	justicia	giustizia	δικαιοσύνη
5 - kiosque, *n. m.*	kiosk	Kiosk	quiosco	chiosco	περίπτερο
7 - laisser, *v.*	to leave / to let	lassen	dejar	lasciare	αφήνω
5 - lait, *n. m.*	milk	Milch	leche	latte	γάλα
5 - lancer, *v.*	to launch	schleudern	lanzar	lanciare	στέλνω
9 - laver, *v.*	to wash	waschen	lavar	lavare	πλένω
9 - lave-vaisselle, *n. m.*	dishwasher	Geschirrspüler	lavaplatos	lavastoviglie	πλυντήριο πιάτων
1 - lecture, *n. f.*	reading	Lektüre	lectura	lettura	ανάγνωση
9 - léger, *adj.*	light	leicht	ligero	leggero	ελαφρύς
6 - lentilles (de contact), *n. f. pl.*	contact-lenses	(Kontakt-) Linsen	lentillas	lenti a contatto	φακοί επαφής
1 - lettre, *n. f.*	letter	Brief	carta	lettera	γράμμα
8 - liberté, *n. f.*	freedom	Freiheit	libertad	libertà	ελευθερία
4 - librairie, *n. f.*	bookshop	Buchhandlung	librería	libreria	βιβλιοπωλείο
3 - libre, *adj.*	free	frei	libre	libero	ελεύθερος
2 - lieu, *n. m.*	place	Ort	lugar	luogo	τόπος
3 - limité, *adj.*	limited	beschränkt	limitado	limitato	περιορισμένος
3 - limonade, *n. f.*	(fizzy) lemonade	Limonado	gaseosa	gassosa	γκαζόζα
1 - lire, *v.*	to read	lesen	leer	leggere	διαβάζω
1 - liste, *n. f.*	list	Liste	lista	elenco / lista	κατάλογος, λίστα
3 - lit, *n. m.*	bed	Bett	cama	letto	κρεβάτι
6 - litre, *n. m.*	litre	Liter	litro	litro	λίτρο
8 - littérature, *n. f.*	literature	Litteratur	literatura	letteratura	λογοτεχνία
2 - livre, *n. m.*	book	Buch	libro	libro	βιβλίο
6 - livre, *n. f.*	pound	Pfund	libra	mezzo chilo	λίβρα
6 - local, *adj.*	local	örtlich	local	locale	τοπικός
4 - localisation, *n. f.*	geographical situation	Lokalisierung	localización	localizzazione	εντοπισμός
6 - location, *n. f.*	renting	Miete	alquiler	affitto / locazione	ενοικίαση
6 - loger, *v.*	to be housed	wohnen	alojar	alloggiare	στεγάζω
4 - lointain, *adj.*	far away	entfernt	lejano	lontano	μακρινός
3 - loisir, *n. m.*	leasure	Freizeit	tiempo libre / ocio	tempo libero	ψυχαγωγία
6 - long / longue, *adj.*	long	lang	largo/a	lungo / lunga	μακρύς
10 - longtemps, *adv.*	long / a long time	lange	mucho tiempo	molto tempo	πολύ καιρό
4 - longueur, *n. f.*	length	Länge	longitud	lunghezza	μήκος
6 - louer, *v.*	to rent	mieten	alquilar	affittare	νοικιάζω
7 - lourd, *adj.*	heavy	schwer	pesado	pesante	βαρύς
5 - lumière, *n. f.*	light	Licht	luz	luce	φως

	French	English	German	Spanish	Italian	Greek
4	lune, *n. f.*	moon	Mond	luna	luna	φεγγάρι
5	lunettes, *n. f. pl.*	glasses	Brille	gafas	occhiali	γυαλιά
4	lusophone, *adj.*	Portuguese - speaking	portugiesisch- sprachig	de habla portuguesa	lusofono	πορτογαλλόφωνοι
9	luxe, *n. m.*	luxury	Luxus	lujo	lusso	πολυτέλεια
1	lycée, *n. m.*	secondary-school	Gymnasium	instituto	liceo	λύκειο
3	lycéen, *n. m.*	secondary-school pupil	Gymnasiast	alumno de insti- tuto	liceale	μαθητής λυκείου
5	machine (à laver, à cou- dre, etc.), *n. f.*	machine	(Wasch-, Näh-) -maschine	lavadora, máquina de coser	macchina (da cuc- cire, lavatrice)	πλυντήριο ρούχων, μηχανή ραπτική
3	magasin, *n. m.*	shop / store	Geschäft	tienda	negozio	κατάστημα
7	magnétoscope, *n. m.*	video-recorder	Videogerät	vídeo	videoregistratore	βίντεο
3	magnifique, *adj.*	wonderful	herrlich	magnífico	magnifico	θαυμάσιος
9	maigre, *adj.*	thin	mager	flaco	magro	αδύνατος
3	main, *n. f.*	hand	Hand	mano	mano	χέρι
3	maintenant, *adv.*	now / just now	jetzt	ahora	ora / adesso	τώρα
12	maire, *n. m.*	mayor / mayoress	Bürgermeister	alcalde	sindaco	δήμαρχος
5	mairie, *n. f.*	town-hall / registry	Rathaus	ayuntamiento	municipio	δημαρχείο
2	maison, *n. f.*	house	Haus	casa	casa	σπίτι
2	maison (à la), *n. f.*	home	zuhause	en casa / a casa	casa (a)	σπίτι (στο)
3	majorité, *n. f.*	coming of age	Mehrheit	mayoría	maggioranza	πλειοψηφία
9	malade, *adj.*	sick	krank	enfermo	malato	άρρωστος
12	malaise (avoir un), *n. m.*	to feel faint / sick / ill	Unwohlsein	marearse	malessere (avere un)	αδιαθεσία
3	malheureusement, *adv.*	unfortunately	leider	desgraciada- mente	sfortunatamente / purtroppo	δυστυχώς
9	mandat, *n. m.*	postal order	Anweisung	giro	mandato	εντολή
2	manger, *v.*	to eat	essen	comer	mangiare	τρώω
4	mappemonde, *n. f.*	globe map	Erdmappe	mapamundi	mappamondo	υδρόγειος σφαίρα
4	marché, *n. m.*	market	Markt	mercado	mercato	αγορά
4	marcher, *v.*	to walk	gehen	andar / caminar	caminare	περπατώ
9	marcher, *v.*	to work	laufen	funcionar / marchar	funzionare	λειτουργώ
1	mari, *n. m.*	husband	Gatte	marido	marito	σύζυγος
5	mariage, *n. m.*	marriage	Ehe	boda	matrimonio	γάμος
1	marié (être), *v.*	(to be) married	verheiratet (sein)	casado	sposato (essere)	παντρεμένος
2	maritime, *adj.*	maritime	am Meer	marítima	marittimo	παραθαλάσσιος ,
9	marron, *adj.*	brown	braun	marrón	marrone	καστανό (χρώμα)
4	marron, *n. m.*	chestnut	Kastanie	castaña	castagna	κάστανο
6	massage, *n. m.*	massage	Massage	masaje	massagio	μασάζ
2	massif, *n. m.*	range	Bergmassiv	macizo	massiccio	ορεινός όγκος
4	match, *n. m.*	match	Spiel	partido	partita	αγώνας
9	matelas, *n. m.*	mattress	Matraze	colchón	materasso	στρώμα
3	mathématicien, *n. m.*	mathematician	Mathematiker	matemático	matematico	μαθηματικός
9	matière, *n. f.*	matter	Stoff	materia	materia	ύλη
3	matin, *n. m.*	morning	Vormittag	mañana	mattina	πρωί
8	mec, *n. m. (fam.)*	guy	Typ, Kerl	tipo / tío	ragazzo	άντρας
1	mécanicien, *n. m.*	mechanic	Mechaniker	mecánico	meccanico	μηχανικός
3	méchant, *adj.*	fierce	böse	malo / peligroso	cattivo	κακός
1	médecin, *n. m.*	doctor	Arzt	médico	medico	γιατρός
3	médecine (faire), *n. f.*	(to read) medecine	Medizin	medicina	medicina (fare)	ιατρική (σπουδάζω)
4	melon, *n. m.*	melon	Melone	melón	melone	πεπόνι
9	mémoire (d'ordinateur), *n. f.*	storage	Speicher (Compu- ter)	memoria	memoria (di computer)	μνήμη (υπολο- γιστή)
8	mensuel, *adj.*	monthly	monatlich	mensual	mensile	μηνιαίος
10	menteur, *adj.*	liar	Lügner	mentiroso	bugiardo	ψεύτης
9	menthe, *n. f.*	mint	Minze	menta	menta	μέντα
7	mentionner, *v.*	to quote	erwähnen	mencionar	menzionare / accennare	αναφέρω
6	menu, *n. m.*	menu	Menü	menú	lista / menu	μενού

1 - menuisier, *n. m.*	joiner	Schreiner	carpintero	falegname	μαραγκός
2 - mer, *n. f.*	sea	Meer	mar	mare	θάλασσα
1 - mère, *n. f.*	mother	Mutter	madre	madre	μητέρα
6 - merveilleux, *adj.*	wonderful	wunderbar	maravilloso	meraviglioso	θαυμάσιος
3 - message, *n. m.*	message	Botschaft	mensaje	messaggio	μήνυμα
9 - messe, *n. f.*	mass	Messe, Gottesdienst	misa	messa	λειτουργία
4 - mesure, *n. f.*	measurements	Maß	medida	misura	μέτρο
8 - mesurer, *v.*	to be … tall	messen	medir	misurare	μετρώ
9 - métal, *n. m.*	metal	Metall	metal	metallo	μέταλλο
1 - metteur en scène, *n. m.*	producer / stage-manager	Regisseur	director de cine	regista	σκηνοθέτης
1 - mettre, *v.*	to wear	anziehen	ponerse	mettere	βάζω
6 - meublé, *adj.*	furnished	meubliert	amueblado	ammobiliato	επιπλωμένος
3 - micro-informatique, *n. f.*	microcomputing	Mikroinformatik	micro-informática	micro-informatica	πληροφορική
5 - milieu, *n. m.*	middle	Mitte	medio	mezzo	μέση
1 - mimer, *v.*	to mime	nachahmen	imitar	mimare	μιμούμαι
8 - mince, *adj.*	slim	dünn	delgado	snello	λεπτός
5 - minérale (eau), *adj.*	mineral (water)	Mineral(wasser)	agua mineral	minerale (acqua)	μεταλλικό (νερό)
10 - ministre, *n. m. f.*	minister	Minister	ministro	ministro	υπουργός
12 - mobylette, *n. f.*	moped	Moped	mobylette	motorino	μοτοποδήλατο
6 - moche, *adj. (fam.)*	miserable / ugly	hässlich	feo	brutto	άσχημος
1 - modèle, *n. m.*	example / pattern	Muster	modelo	modello	μοντέλο
3 - moderne, *adj.*	modern / contemporary	modern	moderno	morderno	μοντέρνος, σύγχρονος
2 - mois, *n. m.*	month	Monat	mes	mese	μήνας
8 - môme, *n. m. f. (fam.)*	brat	Bengel	crío / chaval	marmocchio / ragazzo	πιτσιρίκι
7 - moment, *n. m.*	moment	Moment	momento	momento	στιγμή
3 - monde, *n. m.*	people	Welt	mundo	mondo	κόσμος
6 - mondial, *adj.*	in the world	weltweit	mundial	mondiale	παγκόσμιος
2 - monnaie (pièces de), *n. f.*	coins	Münze, Kleingeld	moneda	moneta / spiccioli	νόμισμα
3 - monnaie, *n. f.*	change	Wechselgeld	cambio	moneta (avere la)	ψιλά
3 - montagne, *n. f.*	mountain	Berg	montaña	montagna	βουνό
2 - montagneux, *adj.*	mountainous	bergig	montañoso	montuoso / montagnoso	ορεινός
9 - monter (la tente), *v.*	to pitch	(Zelt) aufschlagen	montar	montare (una tenda)	στήνω
10 - monter, *v.*	to go as far as	steigen, hochfahren	subir	salire	ανεβαίνω
7 - montre, *n. f.*	watch	Armbanduhr	reloj	orologio	ρολόι
6 - monument, *n. m.*	monument	Monument	monumento	monumento	μνημείο
4 - moquette, *n. f.*	fitted carpet	Teppichboden	moqueta	maquette	μοκέτα
9 - morceau (de sucre), *n. m.*	(sugar)-lump	Stück, Zuckerwürfel	terrón de azúcar	zolletta / quadretto (di zucchero)	κύβος (ζάχαρη)
1 - mort, *adj.*	dead	tot	muerto	morto	πεθαμένος
2 - mot, *n. m.*	word	Wort	palabra	parola	λέξη
3 - moto, *n. f.*	biking	Motorrad	moto	moto	μοτοσυκλέτα
7 - mou / molle, *adj.*	soft	weich	blando/a	molle / morbido	μαλακός, ιά
4 - moule, *n. f.*	mussel	Muscheln	mejillón	cozza	μύδι
6 - moulin (à vent), *n. m.*	windmill	(Wind-) Mühle	molino de viento	mulino (a vento)	ανεμόμυλος
10 - mourir, *v.*	to die	sterben	morir	morire	πεθαίνω
1 - mousson, *n. f.*	monssoon	Monsun	monzón	monsone	μουσώνας
8 - moustache, *n. f.*	moustache / whiskers	Schnurrbart	bigote	baffe	μουστάκι
6 - moutarde, *n. f.*	mustard	Senf	mostaza	senape / mostarda	μουστάρδα
4 - moyen / moyenne, *adj.*	average / medium-sized	mittelgroß	medio / media	medio / media	μέτριος, α
8 - multinational, *adj.*	world-wide	multinational	multinacional	multinazionale	πολυεθνικός

7 - municipal, *adj.*	municipal	städtisch	municipal	comunale / municipale	δημοτικός, κοινοτικός
9 - musclé, *adj.*	muscular	muskulös	musculoso	muscoloso	μυώδης
3 - musée, *n. m.*	museum / art-gallery	Museum	museo	museo	μουσείο
1 - musicien, *n. m.*	musician	Musiker	músico	musicista	μουσικός
1 - musique, *n. f.*	music	Musik	música	musica	μουσική
4 - mystère, *n. m.*	mystery	Geheimnis	misterio	mistero	μυστήριο
2 - nager, *v.*	to swim	schwimmen	nadar	nuotare	κολυμπώ
1 - naissance, *n. f.*	birth	Geburt	nacimiento	nascita	γέννηση
3 - naître, *v.*	to be born	geboren werden	nacer	nascere	γεννιέμαι
8 - nana, *n. f. (fam.)*	bird	Tussi	tía	ragazza	κορίτσι
4 - natale (ville), *adj.*	birth place	Heimat(stadt)	natal	natale	γενέτειρα (πόλη)
6 - natation, *n. f.*	swimming	Schwimmen	natación	nuoto	κολύμβηση
4 - national, *adj.*	national	national	nacional	nazionale	εθνικός
1 - nationalité, *n. f.*	nationality	Nationalität	nacionalidad	nazionalità	εθνικότητα
3 - nature, *n. f.*	nature	Natur	naturaleza	natura	φύση
9 - naturellement, *adv.*	of course	natürlich	naturalmente	naturalmente	φυσικά
6 - naturel, *adj.*	natural	natürlich	natural	naturale	φυσικός
6 - nautique (ski), *adj.*	water-skiing	nautisch	náutico	nautico (sci)	θαλάσσιο σκι
10 - négocier, *v.*	to negociate (with)	verhandeln	negociar	negoziare / trattare	διαπραγματεύομαι
6 - neige, *n. f.*	snow	Schnee	nieve	neve	χιόνι
10 - neigeux, *adj.*	snowy	verschneit	con aspecto de nevar	nevoso	χιονισμένος
5 - neuf / neuve, *adj.*	new	neu	nuevo/a	nuovo / nuova	καινούριος, α
8 - niveau, *n. m.*	level	Höhe, Niveau	nivel	nivello	επίπεδο
5 - noir, *adj.*	black	schwarz	negro	nero	μαύρος
1 - nom, *n. m.*	name / surname	Name	nombre	cognome	όνομα
1 - nombre, *n. m.*	number	Zahl	número	numero	αριθμός
9 - notaire, *n. m.*	solicitor	Notar	notario	notaio	συμβολαιογράφος
1 - nouveau / nouvelle, *adj.*	new	neu	nuevo/a	nuovo / nuova	καινούριος, α
10 - nuageux, *adj.*	cloudy	bewölkt	nublado	nuvoloso	συννεφιασμένος
3 - nuit (cette), *n. f.*	to-night	(heute) Nacht	noche	notte (questa)	νύχτα
6 - nul, *adj. (fam.)*	worthless	null	nulo / pésimo	nullo	τιποτένιος
1 - numéro, *n. m.*	number	Nummer	número	numero	αριθμός
3 - objet, *n. m.*	object	Gegenstand	objeto	oggetto	αντικείμενο
8 - obligatoire, *adj.*	compulsory	obligatorisch	obligatorio	obbligatorio	υποχρεωτικός
7 - occasion (d'), *loc.*	second-hand	Gelegenheit	ocasión	occasione	μεταχειρισμένος
5 - occupé (c'est), *p.p.*	there's somebody / it's busy	besetzt	ocupado	occupato	κατειλημμένος
7 - occuper (s') de, *v. pr.*	to deal (with)	(sich) beschäftigen	ocuparse de	occuparsi di	ασχολούμαι με
6 - océan, *n. m.*	ocean	Ozean	océano	oceano	ωκεανός
4 - océanique, *adj.*	oceanic	ozeanish	oceánico	oceanico	ωκεάνιος
6 - odeur, *n. f.*	smell	Geruch	olor	odore	μυρωδιά
8 - œil / yeux, *n. m.*	eye / s	Auge	ojo / ojos	occhio / occhi	μάτι / μάτια
5 - œuf, *n. m.*	egg	Ei	huevo	uovo	αυγό
6 - offrir, *v.*	to offer	schenken	ofrecer	regalare	προσφέρω
9 - oie, *n. f.*	goose	Gans	oca	oca	χήνα
6 - oiseau, *n. m.*	bird	Vogel	pájaro	uccello	πουλί
2 - oncle, *n. m.*	uncle	Onkel	tío	zio	θείος
6 - opéré (être), *v.*	to undergo surgery	operiert (werden)	operado	operato (essere)	κάνω εγχείριση
3 - opinion, *n. f.*	opinion	Meinung	opinión	opinione	γνώμη
5 - orange, *n. f.*	orange	Apfelsine	naranja	arrancia	πορτοκάλι
3 - ordinateur, *n. m.*	computer	Computer	ordenador	computer	ηλεκτρονικός υπολογιστής
8 - oreille, *n. f.*	ear	Ohr	oreja	orecchio	αυτί
9 - oreillons, *n. m. pl.*	measles	Mumps	paperas	orecchioni	μαγουλάδες
4 - organisation, *n. f.*	organisation	Organisation	organización	organizzazione	οργάνωση
8 - organiser, *v.*	to set up	organisieren	organizar	organizzare	οργανώνω
5 - oublier, *v.*	to forget	vergessen	olvidar	dimenticare	ξεχνώ
3 - ouvert, *adj.*	open	geöffnet	abierto	aperto	ανοιχτός

10 - ouverture, *n. f.*	opening	Öffnung	apertura	apertura	άνοιγμα
9 - ovale, *adj.*	oval	oval	ovalado	ovale	ωοειδής, ές
6 - pain, *n. m.*	bread	Brot	pan	pane	ψωμί
9 - paire, *n. f.*	pair	Paar	par	paio	ζευγάρι
5 - panne (avoir une), *n. f.*	breakdown (to have a)	Panne	avería	guasto (avere un)	παθαίνω βλάβη
7 - pantalon, *n. m.*	trousers	Hose	pantalón	pantaloni	παντελόνι
3 - papiers (d'identité), *n. m. pl.*	(identity) papers	Ausweis	papeles / documentación	documenti	ταυτότητα
3 - paquet, *n. m.*	parcel	Paket	paquete	pacco	πακέτο
6 - paradis, *n. m.*	heaven	Paradies	paraíso	paradiso	παράδεισος
8 - paraître, *v.*	to look	erscheinen	aparentar	apparire / sembrare	φαίνομαι, δείχνω
5 - parapluie, *n. m.*	umbrella	Regenschirm	paraguas	paracqua	ομπρέλα
6 - parc, *n. m.*	park	Park	parque	parco	πάρκο
4 - parcourir, *v.*	to travel	durchziehen, -gehen	recorrer	percorrere	διασχίζω
4 - parcours, *n. m.*	distance	Strecke	recorrido	percorso	διαδρομή
1 - pardon !, *interj.*	sorry	Verzeihung	¡perdón!	scusi	συγνώμη
2 - parents, *n. m. pl.*	parents	Eltern	padres	genitori	γονείς
3 - paresseux, *adj.*	lazy	faul	perezoso	pigro	τεμπέλης
7 - parfait, *adj.*	perfect	perfekt	perfecto	perfetto	τέλειος
10 - parfois, *adv.*	sometimes	manchmal	a veces	a volte	κάθε τόσο
6 - parfum, *n. m.*	perfume	Duft	perfume	profuma	άρωμα
1 - parler, *v.*	to speak	sprechen	hablar	parlare	μιλώ
2 - parmi, *prép.*	amongst	unter	entre	tra / fra	ανάμεσα(σε)
6 - parsemé, *p.p.*	studded (with)	bestreut	salpicado	sparso	διάσπαρτος
8 - partager, *v.*	to share	teilen	compartir	spartire / dividere	μοιράζομαι
4 - particularité, *n. f.*	particularity	Eigentümlichkeit	particularidad	particolarità	ιδιαιτερότητα
4 - partie (faire), *n. f.*	to belong (to)	teilhaben,gehören	formar parte	parte (fare)	μέρος (αποτελώ)
1 - partir, *v.*	to go away	weggehen	irse	andare via	φεύγω
4 - partout, *adv.*	everywhere	überall	en todas partes	dappertutto	παντού
11 - passage (protégé), *n. m.*	(pedestrian) crossing	Fußgänger-überweg	paso	passaggio (protetto)	μια διάβαση με προτεραιότητα
3 - passeport, *n. m.*	passport	Reisepass	pasaporte	passaporto	διαβατήριο
1 - passer (qqn au téléphone), *v.*	to put (somebody) through	verbinden	pasar (a alguien el teléfono)	passare	δίνω κάποιον στο τηλέφωνο
6 - passionnant, *adj.*	fascinating	spannend	apasionante	appassionante	συναρπαστικός
9 - pâté, *n. m.*	pâté	Pastete	paté	pasticcio	πατέ
6 - patinoire, *n. f.*	skating-ring	Eisbahn	pista de patinaje	pista di pattinaggio	παγοδρόμιο
5 - pâtisserie, *n. f.*	pastry-shop	Konditorei	pastelería	dolce	ζαχαροπλαστείο
3 - patissier, *n. m.*	pastry-cook	Konditor	pastelero	pasticciere	ζαχαροπλάστης
6 - patrimoine, *n. m.*	heritage	Erbe	patrimonio	patrimonio	κληρονομιά
5 - pauvre, *adj.*	poor	arm	pobre	povero	φτωχός
7 - payer, *v.*	to pay (for)	bezahlen	pagar	pagare	πληρώνω
2 - pays, *n. m.*	country	Land	país	paese	χώρα
6 - paysage, *n. m.*	scenery	Landschaft	paisaje	paesaggio	τοπίο
6 - pêche, *n. f.*	peach	Pfirsich	melocotón	pesca	ροδάκινο
5 - pêche (aller à la), *n. f.*	(to go) fishing	Fischen (gehen)	pesca	pesca (andare a)	ψάρεμα (πηγαίνω για)
6 - pêcher, *v.*	to fish	fischen	pescar	pescare	ψαρεύω
4 - pêcheur, *n. m.*	fisherman	Fischer	pescador	pescatore	ψαράς
5 - peinard, *adj. (fam.)*	cushy / troublefree	gemütlich	tranquilo	tranquillo	ήρεμος
1 - peintre, *n. m.*	painter	Maler	pintor	pittore	ζωγράφος
3 - peinture, *n. f.*	painting	Farbe	pintura	pittura	ζωγραφική
5 - pellicule, *n. f.*	film	Film	rollo de fotos	pellicola	φωτογραφικό φίλμ
11 - pelouse, *n. f.*	lawn	Rasen	cesped	prato	χλόη
7 - pensée, *n. f.*	thought	Gedanke	pensamiento	pensiero	σκέψη
10 - penser, *v.*	to think	denken	pensar	pensare	σκέφτομαι
4 - perdre, *v.*	to lose	verlieren	perder	perdere	χάνω
1 - père, *n. m.*	father	Vater	padre	padre	πατέρας

12 - permettre, *v.*	to permit / to allow	erlauben	permitir	permettere	επιτρέπω
8 - permis de conduire, *n. m.*	driving licence	Führerschein	permiso de conducir	patente	δίπλωμα οδήγησης
2 - personnage, *n. m.*	character	Person	personaje	personnaggio	πρόσωπο
1 - personne, *n. f.*	person / people	Person	persona	persona	άτομο
9 - peser, *v.*	to weigh	wiegen	pesar	pesare	ζυγίζω
5 - pétanque, *n. f.*	bowl-game / pétanque	Kugelspiel	petanca	bocce	παιχνίδι με μεταλλικές μπάλες (στη μεσογειακή Γαλλία)
1 - petit, *adj.*	small	klein	pequeño	piccolo	μικρός
2 - petit-fils, *n. m.*	grandson	Enkel	nieto	nipote	εγγονός
4 - peur (avoir), *n. f.*	(to be) afraid	Angst (haben)	miedo	paura	φοβάμαι
1 - pharmacien, *n. m.*	chemist	Apotheker	farmacéutico	farmacista	φαρμακοποιός
3 - photo, *n. f.*	photography	Foto	foto	foto	φωτογραφία
3 - photographie, *n. f.*	snap	Foto	fotografía	fotografia	φωτογραφία
1 - phrase, *n. f.*	sentence	Satz	frase	frase	φράση
8 - physique, *adj.*	physical	körperlich	físico	fisico	εμφάνιση
3 - pianiste, *n. m. f.*	pianist	Pianist	pianista	pianista	πιανίστας, πιανίστα
3 - piano, *n. m.*	piano	Klavier	piano	pianoforte	πιάνο
2 - pièce (de monnaie), *n. f.*	coin	Münze	moneda	moneta / pezzo	νόμισμα
4 - pied, *n. m.*	foot	Fuß	pié	piede	πόδι
11 - piéton, *n. m.*	pedestrian	Fußgänger	peatón	pedone	διαβάτης
5 - piétonne (rue), *adj.*	pedestrian (street)	Fußgänger (straße)	calle peatonal	pedonale (strada)	πεζόδρομος
9 - pigeon, *n. m.*	pigeon	Taube	paloma	piccione	περιστέρι
1 - pilote, *n. m.*	pilot	Pilot	piloto	pilota	πιλότος
6 - pin, *n. m.*	pine-tree	Kiefer	pino	pino	πεύκο
8 - pipe, *n. f.*	pipe	Pfeiffe	pipa	pipa	πίπα
6 - pique-niquer, *v.*	to picnic	picknicken	ir de picnic	fare un picnic	κάνω πικ-νίκ
4 - piscine, *n. f.*	swimming-pool	Schwimmbad	piscina	piscina	πισίνα
4 - pittoresque, *adj.*	picturesque	malerisch	pintoresco	pittoresco	γραφικός
5 - place, *n. f.*	square / place	Platz	plaza	piazza	πλατεία
1 - place (à la ... de), *loc. prép.*	instead of	anstatt	en lugar de	posto (al ... di)	αντί για
7 - place, *n. f.*	seat	Sitzplatz	plaza	posto	θέση
3 - plage, *n. f.*	beach / sea-side	Strand	playa	spiaggia	παραλία
3 - plaisir, *n. m.*	pleasure	Vergnügung	placer	piacere	ευχαρίστηση
9 - plaisir (avec), *loc. adv.*	(with) pleasure	(mit) Vergnügung	con mucho gusto	piacere/ gioia (con)	με ευχαρίστηση
4 - planche-à-voile, *n. f.*	surfing / surfing-board	Windsurfbrett	windsurf	wind surf	ιστιοσανίδα
9 - plastique, *n. m.*	plastic	Kunststoff	plástico	plastico	πλαστικός
11 - plats (repasser les), *n. m. pl. (fam.)*	to repeat oneself	sich wiederholen	repetirse	ripetersi	επαναλαμβάνομαι
9 - plâtre, *n. m.*	plaster-cast	Gips	escayola	gesso	γύψος
12 - plein, *adj.*	full	voll	lleno	pieno	γεμάτος
8 - pleurer, *v.*	to weep	weinen	llorar	piangere	κλαίω
2 - pleuvoir, *v.*	to rain	regnen	llover	piovere	βρέχει
1 - plombier, *n. m.*	plumber	Klempner	fontanero	idraulico	υδραυλικός
3 - pluie, *n. f.*	rain	Regen	lluvia	pioggia	βροχή
10 - pluvieux, *adj.*	rainy	regnerisch	lluvioso	piovoso	βροχερός
9 - poche, *n. f.*	pocket	Tasche	bolsillo	tasca	τσέπη
1 - poète, *n. m.*	poet	Dichter	poeta	poetà	ποιητής
9 - poids, *n. m.*	weight	Gewicht	peso	peso	βάρος
9 - pointure, *n. f.*	shoe-size	Größe	número	numero	νούμερο (διαστάσεις)
10 - poireau, *n. m.*	leek	Porree	puerro	porro	πράσο
5 - poisson, *n. m.*	fish	Fisch	pescado	pesce	ψάρι
5 - poissonnerie, *n. f.*	fish-shop	Fischgeschäft	pescadería	pescheria	ιχθυοπωλείο

9 - poivre, *n. m.*	pepper / peppercorn	Pfeffer	pimienta	pepe	πιπέρι
3 - poli, *adj.*	polite	höflich	educado	cortese / educato	ευγενικός
1 - police, *n. f.*	police	Polizei	policía	polizia	αστυνομία
5 - policier (roman), *adj.*	detective (story)	krimi	policiaca	poliziotto / giallo	αστυνομικό
9 - politesse, *n. f.*	good manners	Höflichkeit	cortesía	cortesia / educazione	ευγένεια
3 - politique, *n. f.*	politics	Politik	política	politica	πολιτική
6 - pollué, *adj.*	polluted	verschmutzt	contaminado	Inquinato	μολυσμένος
6 - pollution, *n. f.*	pollution	Umweltverschmutzung	contaminación	inquinamento	μόλυνση
5 - pomme, *n. f.*	apple	Apfel	manzana	mela	μήλο
1 - pompier, *n. m.*	fireman	Feuerwehr	bombero	vigile del fuoco	πυροσβέστης
6 - pont, *n. m.*	bridge	Brücke	puente	ponte	γεφύρι
4 - population, *n. f.*	population	Bevölkerung	población	popolazione	πληθυσμός
4 - port, *n. m.*	harbour	Hafen	puerto	porto	λιμάνι
8 - portable (ordinateur), *n. m.*	lap-computer	Laptop	portátil	portatile (computer)	φορητός (υπολογιστής)
4 - porte, *n. f.*	door	Tür	puerta	porta	πόρτα
2 - portefeuille, *n. m.*	wallet	Brieftasche	cartera	portafoglio	πορτοφόλι
7 - porter, *v.*	to carry	tragen	llevar	portare	κρατώ, φέρω
9 - portrait, *n. m.*	portrait	Bildnis	retrato	ritratto	πορτρέτο
1 - poser (des questions), *v.*	to put	(Fragen) stellen	hacer preguntas	fare (delle domande)	ρωτάω
6 - position, *n. f.*	position	Stellung	posición	posizione	θέση
7 - possible, *adj.*	possible	möglich	posible	possibile	δυνατός, πιθανός
1 - poste, *n. f.*	post-office	Post	correos	posta	ταχυδρομείο
10 - pot (prendre un), *n. m. (fam.)*	drink / jar	einen (trinken gehen)	tomar una copa	bicchierino (bere un)	ποτήρι (πινω ένα)
9 - poudre (sucre en), *n. f.*	granulated (sugar)	Puderzucker	azúcar en polvo	polvere (zucchero in)	σκόνη (ζάχαρη σε σκόνη)
5 - poulet, *n. m.*	chicken	Hähnchen	pollo	pollo	κοτόπουλο
4 - poumon, *n. m.*	lung	Lunge	pulmón	polmone	πνεύμονας
8 - poursuivre, *v.*	to follow (up)	fortsetzen	perseguir	proseguire	καταδιώκω
1 - pouvoir, *v.*	can	können	poder	potere	μπορώ
6 - pratiquer, *v.*	to practise	üben	practicar	praticare	εξασκώ
7 - préciser, *v.*	to be precise	bestimmen	precisar	precisare	διευκρινίζω
5 - précision (avec), *n. f.*	precisely	Genauigkeit	precisión	precisione (con)	ακρίβεια (με)
4 - préfecture, *n. f.*	regional administration	Präfektur	jefatura de policía	prefettura	νομαρχία
2 - préféré, *p.p.*	favourite	vorgezogen	preferido	preferire	αγαπημένος
1 - prendre, *v.*	to take / to carry	nehmen	tomar	prendere	παίρνω
1 - prénom, *n. m.*	(christian) name	Vorname	nombre	nome	(μικρό) όνομα
5 - préparer, *v.*	to get ready	vorbereiten	preparar	preparare	προετοιμάζω
1 - présentation, *n. f.*	introduction	Vorstellung	presentación	presentazione	παρουσίαση
1 - présenter, *v.*	to introduce	vorstellen	presentar	presentare	παρουσιάζω
6 - préserver, *v.*	to protect	bewahren	preservar	preservare	προφυλάσσω
1 - président, *n. m.*	president	Vorsitzende(r)	presidente	presidente	πρόεδρος
5 - presque, *adv.*	almost	beinahe	casi	quasi	σχεδόν
6 - presqu'île, *n. f.*	peninsula	Halbinsel	península	penisola	χερσόνησος
3 - pressé, *adj.*	in a hurry	bedrängt, eilig (haben)	tener prisa	frettoloso / affrettato	βιαστικός
5 - prêt, *adj.*	ready	fertig	preparada / lista	pronto	έτοιμος
3 - prêter, *v.*	to lend	ausleihen	prestar	prestare	δανείζω
12 - prévenir, *v.*	to warn / to inform	warnen	avisar	avvisare	προειδοποιώ
7 - prier (qqn de faire qqch.), *v.*	to beg (somebody to do something)	bitten	rogar (a alguien que haga algo)	pregare (qualcuno di fare qualcosa)	παρακαλώ (κά ποιον να κάνει κάτι)
4 - primaire, *adj.*	primary	primär	primario	elementare	πρωτοβάθμιος
4 - principal, *adj.*	principal	Haupt-	principal	principale	κύριος
2 - printemps, *n. m.*	spring	Frühling	primavera	primavera	ανοίξη
1 - prison, *n. f.*	prison	Gefängnis	prisión / carcel	prigione / carcere	φυλακή

7 - privé, *adj.*	private	privat	privado	privato	ἰδιωτικός (≠ δημόσιος)
7 - prix, *n. m.*	price	Preis	precio	prezzo	τιμή
6 - problème, *n. m.*	problem	Problem	problema	problema	πρόβλημα
10 - procès, *n. m.*	trial / court case	Prozess	proceso	processo	δίκη
4 - prochain, *adj.*	next	nächst	próximo	prossimo	επόμενος
4 - proche, *adj.*	near	nah	cerca	vicino	κοντινός
9 - producteur, *n. m.*	producer	Erzeuger	productor	produttore	παραγωγός
9 - produire, *v.*	to produce	erzeugen	producir	produrre	παράγω
9 - produit, *n. m.*	product	Erzeugnis	producto	prodotto	προϊόν
1 - professeur, *n. m.*	teacher	Professor	profesor	professore	καθηγητής
1 - profession, *n. f.*	profession	Beruf	profesión	professione	επάγγελμα
4 - profondeur, *n. f.*	depth	Tiefe	profundidad	profondità	βάθος
7 - programme, *n. m.*	schedule	Programm	programa	programma	πρόγραμμα
7 - projet, *n. m.*	project / programme	Projekt	proyecto	progetto	σχέδιο (πλάνο)
2 - promenade, *n. f.*	walk	Spaziergang	paseo	passeggiata	περίπατος
6 - promener (se) (à pied), *v. pr.*	to take a walk / to walk	spazieren (gehen)	pasear / pasearse	passeggiare	κάνω περίπατο
12 - promettre, *v.*	to promise	versprechen	prometer	promettere	υπόσχομαι
9 - promotion, *n. f.*	special offer	Promotion	promoción	promozione	προσφορά
1 - prononciation, *n. f.*	prononciation	Aussprache	pronunciación	pronuncia	προφορά
7 - proposer, *v.*	to offer	vorschlagen	proponer	proporre	προτείνω
6 - proposition, *n. f.*	proposal	Vorschlag	propuesta	proposta	πρόταση
9 - propriété, *n. f.*	real estate	Eigentum	propiedad	proprietà	ιδιοκτησία
11 - protéger, *v.*	to protect	schützen	proteger	proteggere	προστατεύω
9 - protestation, *n. f.*	protest	protestieren	protesta	protesta	διαμαρτυρία
7 - provenance de (en), *loc. prép.*	arriving from	Herkunft, aus Richtung	procedente de	provenienza da (in)	προέλευση
2 - province, *n. f.*	province	Provinz	provincia	provincia	επαρχία
6 - proximité, *n. f.*	vicinity	Nähe	proximidad	prossimità	γειτνίαση
6 - prudent, *adj.*	wise	vorsichtig	prudente	prudente	συνετός
1 - publicité, *n. f.*	advertising	Werbung	publicidad	pubblicità	διαφήμιση
10 - publier, *v.*	to publish	veröffentlichen	publicar	pubblicare	εκδίδω, δημοσιεύω
9 - pull, *n. m.*	jumper	Pulli	jersey	maglia / pullover	πουλόβερ
9 - qualité, *n. f.*	quality	Qualität	calidad	qualità	ποιότητα
2 - quartier, *n. m.*	district	Viertel	barrio	quartiere	συνοικία
1 - question, *n. f.*	question	Frage	pregunta	domanda	ερώτηση
7 - quitter (ne ... pas), *v.*	to hold on	am Apparat bleiben	retirarse	rimanga in linea	περιμένω (στο ακουστικό)
3 - quotidien, *n. m.*	daily (newspaper)	Tageszeitung	diario	quotidiano	ημερήσια εφημερίδα
2 - raconter, *v.*	to tell	erzählen	contar	raccontare	διηγούμαι
8 - radiateur, *n. m.*	radiator	Heizkörper	radiador	radiatore	καλοριφέρ
10 - radieux, *adj.*	radiant	strahlend	radiante	radioso	λαμπρός
3 - radio, *n. f.*	radio / wireless	Radio	radio	radio	ραδιόφωνο
6 - rail, *n. m.*	rail-track	Geleise	raíl / riel	rotaia / binario	σιδηροτροχιά
11 - raisin, *n. m.*	grapes	Weintraube	uva	uva	σταφύλι
6 - randonnée, *n. f.*	trekking / hiking	Ausflug	paseo	gita	περίπατος
5 - rang, *n. m.*	row	Reihe	fila	fila	σειρά
5 - ranger, *v.*	to put in order	ordnen	ordenar	riordinare	τακτοποιώ
8 - rapide, *adj.*	fast	schnell	rápido	rapido / veloce	γρήγορος
10 - rapidement, *adv.*	quickly / soon	rasch	rápidamente	velocemente	γρήγορα
5 - rapport à (par), *prép.*	as regards	(in) Bezug (auf)	con relación a / con respecto a	rapporto a (in)	σε σχέση με
8 - rapporter, *v.*	to bring back	mitbringen	traer	restituire	επιστρέφω
9 - rare, *adj.*	rare	selten	raro	raro	σπάνιος
2 - rarement, *adv.*	seldom	selten	raramente	raramente	σπανίως
2 - raté, *adj. (fam.)*	cocked up	verpasst	perdido	fallito / perso	αποτυχημένος
10 - rater, *v. (fam.)*	to miss	verpassen	fallar	perdere	αποτυγχάνω
7 - réaliser, *v.*	to do	verwirklichen	realizar	realizzare	πραγματοποιώ
9 - récent, *adj.*	recent / new	neu	reciente	recente	πρόσφατος
10 - réception, *n. f.*	party / reception	Empfang	recepción	ricevimento	δεξίωση

9 - réception, *n. f.*	reception-room	Empfangsraum	salón	rappresentanza	αίθουσα δεξιώσεων
12 - recette, *n. f.*	recipe	Rezept	receta	incasso (ricetta)	συνταγή
7 - recevoir, *v.*	to accept	empfangen	recibir	ricevere	δέχομαι
9 - récépissé, *n. m.*	receipt	Empfangsbe- scheinigung	resguardo	ricevuta	απόδειξη
11 - récit, *n. m.*	narration / story	Erzählung	relato	racconto	διήγηση
7 - réclamation, *n. f.*	claim	Beschwerde	reclamación	reclamo	αίτημα
9 - recommandé, *adj.*	registered (post)	Einschreibe(brief)	recomendado	raccomandato	συστημένος
7 - reconnaissant, *adj.*	grateful	dankbar	agradecido	riconoscente	ευγνώμων
10 - reconnaître, *v.*	to recognise	wiedererkennen	reconocer	riconoscere	αναγνωρίζω
10 - record, *n. m.*	record	Rekord	record	record / primato	ρεκόρ
9 - rectangulaire, *adj.*	rectangular	rechtwinkelig	rectangular	rettangolare	ορθογώνιος
1 - rédiger, *v.*	to write out	aufsetzen	redactar	redigere / compilare	συντάσσω
9 - réfrigérateur, *n. m.*	fridge	Kühlschrank	frigorífico	frigorifero	ψυγείο
9 - refuser, *v.*	to refuse	ablehnen	rechazar	rifiutare	αρνούμαι
11 - regard, *n. m.*	eyes	Blick	mirada	sguardo	βλέμμα
1 - regarder, *v.*	to observe	anschauen	mirar	guardare	κοιτάζω
6 - régime, *n. m.*	diet	Diät	régimen	dieta	δίαιτα
3 - région, *n. f.*	region	Gegend	región	regione	περιοχή
4 - régional, *adj.*	regional	regional	regional	regionale	τοπικός
7 - regret, *n. m.*	regret	Bedauern	siento (sentir)	dispiacere	μεταμέλεια
7 - regretter, *v.*	to regret	bedauern	sentir	dispiacere	νοσταλγώ, μετα- νιώνω
9 - régulier, *adj.*	regular	regelmäßig	regular	regolare	κανονικός
4 - régulièrement, *adv.*	regularly	regelmäßig	regularmente	regolarmente	τακτικά
10 - relater, *v.*	to relate	berichten	relatar	riferire	εξιστορώ
4 - relation, *n. f.*	connection	Beziehung	relación	relazione	σχέση
4 - relier, *v.*	to connect	verbinden	enlazar	unire	συνδέω
7 - remboursement, *n. m.*	refund	Rückzahlung	devolución	rimborso	εξόφληση
12 - rembourser, *v.*	to refund	zurückbezahlen	reembolsar / devol- ver el dinero	rimborsare	εξοφλώ
7 - remerciements, *n. m. pl.*	thanks	Dank	agradecimientos	ringraziamenti	ευχαριστίες
7 - remercier, *v.*	to thank	danken	agradecer	ringraziare	ευχαριστώ
6 - rempart, *n. m.*	rempart	Wall	muralla	bastione	τείχος
2 - remplacer, *v.*	to replace	ersetzen	remplazar	sostituire	αντικαθιστώ
1 - remplir, *v.*	to fill (in)	füllen	rellenar	riempire	συμπληρώνω
2 - rencontrer, *v.*	to meet	begegnen	encontrar	incontrare	συναντώ
5 - rendez-vous, *n. m.*	appointment	Verabredung	cita	appuntamento	ραντεβού
5 - rendre, *v.*	to give back	zurückgeben	devolver	restituire	επιστρέφω
3 - renseignement, *n. m.*	information	Auskunft	información	informazione	πληροφορία
3 - rentrer, *v.*	to go (back / in / into)	zurückkehren	entrar	tornare	επιστρέφω
9 - réparateur, *n. m.*	repair-man	Reparateur	reparador	riparatore	επισκευαστής
7 - réparer, *v.*	to repair / to mend	reparieren	arreglar	ripare	επισκευάζω
5 - repas, *n. m.*	meal	Mahlzeit	comida	pranzo	γεύμα
9 - repasser, *v.*	to come again	wiedervorbeikom- men	planchar	ripassare	σιδερώνω
10 - repeindre, *v.*	to give a fresh coat of paint	neu streichen	repintar	ridipingere	ξαναβάφω
1 - répéter, *v.*	to repeat	wiederholen	repetir	ripetere	επαναλαμβάνω
9 - répondeur, *n. m.*	answaphone	Anrufbeantworter	contestador automático	segretaria telefo- nica	αυτόματος τηλε- φωνητής
2 - répondre, *v.*	to answer	antworten	responder / contestar	rispondere	απαντώ
2 - réponse, *n. f.*	answer	Antwort	respuesta	risposta	απάντηση
9 - reportage, *n. m.*	reportage / documentary	Reportage	reportaje	servizio	ρεπορτάζ
3 - reposer (se), *v. pr.*	to rest	(sich) erholen	descansar	riposarmi	ξεκουράζομαι
12 - reprendre (un poste), *v.*	to go back (to work)	(eine Arbeit) wiedernehmen	volver a su puesto	riprendre (un posto)	ξαναρχίζω (δουλειά)
8 - représentant de com- merce, *n. m.*	commercial tra- veller	Handelsvertreter	representante	rappresentante di commercio	εμπορικός αντι- πρόσωπος

1 - reproduire, *v.*	to reproduce	wiedergeben	reproducir	riprodurre	αναπαράγω
9 - réputé, *adj.*	famous	berühmt	reputado	rinomato / reputato	φημισμένος
4 - requin, *n. m.*	shark	Haifisch	tiburón	squalo	καρχαρίας
8 - réseau, *n. m.*	network	Netz	red	rete	δίκτυο
7 - réservation, *n. f.*	booking / reservation	Reservierung	reserva	prenotazione	κράτηση (θέσης)
6 - réserver, *v.*	to book	reservieren	reservar	prenotare	κρατώ, κλείνω (θέση)
6 - respecter, *v.*	to respect	achten	respetar	rispettare	σέβομαι
7 - responsable, *n. m.*	person in charge	der Verantwortliche	responsable	responsabile	υπεύθυνος
8 - ressembler, *v.*	to look like	ähnlich sein	parecerse	assomigliare	μοιάζω
6 - ressource, *n. f.*	ressource	Einnahmequelle	recurso	risorsa	οικονομικοί πόροι
3 - restaurant, *n. m.*	restaurant	Restaurant	restaurante	ristorante	εστιατόριο
2 - rester, *v.*	to stay	bleiben	quedarse	stare	μένω
2 - retard, *n. m.*	late	Verspätung	retraso	ritardo	καθυστέρηση
4 - retour, *n. m.*	return	Rückkehr	de vuelta	ritorno	επιστροφή
12 - retraite (à la), *n. f.*	(in) retirement	Rente	jubilación / estar jubilado	pensione (in)	σύνταξη (στη)
8 - retraité, *adj.*	retired	Rentner	jubilado	pensionato	συνταξιούχος
2 - retrouver, *v.*	to find out	wiederfinden	encontrar	ritrovare	βρίσκω
7 - réunion, *n. f.*	meeting	Versammlung	reunión	reunione	συνέλευση
4 - réunir (se), *v. pr.*	to gather / to meet	(sich) versammeln	reunirse	reunire (si)	συγκεντρώνομαι
5 - rêver, *v.*	to dream	träumen	soñar	sogno	όνειρο
10 - réveil, *n. m.*	alarm-clock	Wecker	despertador	risveglio	ξυπνητήρι
6 - réveiller, *v.*	to awaken	wecken	despertar	svegliare	ξυπνώ (κάποιον)
9 - réveiller (se), *v. pr.*	to wake up	aufwachen	despartarse	svegliarsi	ξυπνώ
5 - réveille-matin, *n. m.*	alarm-clock	Wecker	despertador	sveglia	ξυπνητήρι
3 - revenir, *v.*	to come back	zurückkommen	volver	tornare	επιστρέφω
8 - revenus, *n. m. pl.*	income	Einkommen	ingresos	redditi	εισοδήματα
6 - riche, *adj.*	rich / plentiful	reich	rico	ricco	πλούσιος
6 - richesse, *n. f.*	richness	Reichtum	riqueza	ricchezza	πλούτη
10 - rigolo, *adj. (fam.)*	hilarious	ulkig	gracioso / bromista	divertente	αστείος
8 - rire, *v.*	to laugh	lachen	reír	ridere	γελώ
7 - risquer, *v.*	might	Gefahr laufen; hier : wahr- scheinlich	arriesgar	rischiare	διακινδυνεύω
2 - rivière, *n. f.*	river	Fluss	río	fiume	ποτάμι
4 - riz, *n. m.*	rice	Reis	arroz	riso	ρύζι
4 - robe, *n. f.*	dress	Kleid	vestido	abito	φόρεμα
10 - roi, *n. m.*	king	König	rey	re	βασιλιάς
5 - roman, *n. m.*	novel	Roman	novela	romanzo	μυθιστόρημα
6 - romantique, *adj.*	romantic	romantisch	romántico	romantico	ρομαντικός
4 - rond, *adj.*	round	rund	redondo	rotondo	στρογγυλός
9 - rondelle, *n. f.*	(round) slice	Scheibe	rodaja	rondella / fettina	ροδέλα
2 - rose, *n. f.*	rose	Rose	rosa	rosa	τριαντάφυλλο
4 - rose, *adj.*	pink	rosa	rosa	rosa	ροζ
6 - rôti, *n. m.*	roast	Braten	asado	arrosto	ψητό (κρέας)
5 - roue, *n. f.*	wheel	Rad	rueda	ruota	ρόδα
1 - rouge, *adj.*	red	rot	rojo	rosso	κόκκινος
3 - rouler, *v.*	to ride	fahren	andar	viaggiare / correre	κυκλοφορώ
11 - rouler (qqn), *v. (fam.)*	to cheat	betrügen	timar	fregare	τη φέρνω (σε κά- ποιον)
3 - route, *n. f.*	road	Landstraße	carretera	strada	δρόμος
4 - routier / routière, *adj.*	road-...	Straßen-	de carreteras	stradale	οδικός
7 - roux / rousse, *adj.*	red-haired	rothaarig	pelirrojo/a	rosso / rossa	κοκκινομάλλης
1 - rue, *n. f.*	street	Straße	calle	via	δρόμος
6 - sable, *n. m.*	sand	Sand	arena	sabbia	άμμος
2 - sac, *n. m.*	bag / hand-bag	Tasche	bolso	borsa / sacco	τσάντα
9 - sachet, *n. m.*	bag	Tüte	bolsa / bolsita / sobre	sacchetto	φακελάκι
2 - saison, *n. f.*	season	Jahreszeit	estación	stagione	εποχή
5 - salade, *n. f.*	(green) salad	Salat	lechuga	insalata	σαλάτα
9 - salaire, *n. m.*	salary	Lohn	sueldo	salario / stipendio	μισθός

	French	English	German	Spanish	Italian	Greek
6	sale, *adj.*	dirty	schmutzig	sucio	sporco	βρώμικος
3	salle de conférences, *n. f.*	lecture-room	Konferenzraum	sala / salón de conferencias	sala di conferenza	αίθουσα δια- λέξεων
9	salle des fêtes, *n. f.*	festival hall	Festsaal	sala de fiestas	salla di ricevimento	αίθουσα τελετών
5	salle de séjour, *n. f.*	living-room	Wohnzimmer	salón / sala de estar	soggiorno	καθιστικό
5	salle à manger, *n. f.*	dining-room	Esszimmer	comedor	sala da pranzo	τραπεζαρία
5	salle de bain, *n. f.*	bathroom	Badezimmer	cuarto de baño	bagno	λουτρό
5	salon, *n. m.*	drawing-room	Salon	salón	salotto	σαλόνι
3	saluer, *v.*	to greet	grüßen	saludar	salutare	χαιρετώ
1	salut !, *n. m.*	hello ! / hi !	hallo !	¡hola!	salve / ciao	γειά !
7	salutations, *n. f. pl.*	greetings	Gruß	atentos saludos / le saluda aten- tamente	saluti	χαιρετισμός
6	santé, *n. f.*	health	Gesundheit	salud	salute	υγεία
9	sardine, *n. f.*	sardine	Sardine	sardina	sardina / sarda	σαρδέλα
10	satellite, *n. m.*	satellite	Satellit	satélite	satellite	δορυφόρος
6	satisfaire, *v.*	to satisfy	befriedigen	satisfacer	soddifare	ικανοποιώ
9	sauce, *n. f.*	sauce	Soße	salsa	salsa	σάλτσα
6	saucisse, *n. f.*	sausage	Würstchen	salchicha	salsiccia	λουκάνικο
9	saucisson, *n. m.*	salami	Wurst	salchichón	salame	σαλάμι
1	sauf, *prép.*	except	außer	salvo / excepto	salvo / tranne	εκτός
6	sauvage, *adj.*	wild	wild	salvaje	selvaggio	άγριος
7	savoir, *v.*	to know	wissen	saber	sapere	ξέρω
10	savonnette, *n. f.*	(cake of) soap	Seife	jaboncillo	saponetta	σαπουνάκι
7	schéma, *n. m.*	pattern / model	Schema	esquema	schema	σχέδιο
8	sciences (économi- ques), *n. f. pl.*	economics	Wissenschaft, (Wirtschafts-)	ciencias económi- cas	scienze economi- che	επιστήμες (οικο- νομικές)
7	séance, *n. f.*	show	Vorstellung	sesión	spettacolo	προβολή
10	secret, *n. m.*	secret	Geheimnis	secreto	segreto	μυστικό
1	secrétaire, *n. m. f.*	secretary	Sekretärin	secretaria	segretaria	γραμματέας
1	secrétariat, *n. m.*	office-work	Sekretariat	secretaría / secretariado	segretariato	γραμματεία
7	sécurité sociale, *n. f.*	social security / health service	Staatliche Kran- kheitver- -sicherung	seguridad social	sicurezza / previ- denza sociale	ασφάλιση
4	séjour, *n. m.*	stay	Aufenthalt	estancia	soggiorno	διαμονή
12	séjourner, *v.*	to stay	(sich) aufhalten	alojarse	soggiornare	μένω
7	sel, *n. m.*	salt	Salz	sal	sale	αλάτι
1	semaine, *n. f.*	week	Woche	semana	settimana	εβδομάδα
4	sens, *n. m.*	direction	Richtung	sentido	senso	κατεύθυνση
8	sensible, *adj.*	sensitive	empfindlich	sensible	sensibile	ευαίσθητος
6	sentier, *n. m.*	path	Pfad	sendero	sentiero	μονοπάτι
7	sentiments distingués, *n. m. pl.*	yours sincerely	hochachtungsvoll	atentos saludos / le saluda aten- tamente	distinti saluti	αίσθημα
8	sentimental, *adj.*	sentimental	gefühlvoll	sentimental	sentimentale	αισθηματικός
4	séparer, *v.*	to stand between	trennen	separar	separare	χωρίζω
2	sérieux, *adj.*	serious	ernst	serio	serio	σοβαρός
0	serveur, *n. m.*	waiter	Kellner	camarero	cameriere	σερβιτόρος
5	service (à votre), *n. m.*	you're welcome	Dienst	servicio	disposizione (a sua)	στη διάθεσή σας
7	seul, *adj.*	alone	allein	solo	solo	μόνος
6	siècle, *n. m.*	century	Jahrhundert	siglo	secolo	αιώνας
5	sieste, *n. f.*	siesta	Mittagsschlaf	siesta	siesta	μεσημεριανός ύπνος
7	signature, *n. f.*	signature	Unterschrift	firma	firma	υπογραφή
6	signer, *v.*	to sign	unterschreiben	firmar	firmare	υπογράφω
2	silence, *n. m.*	silence	Schweigen	silencio	silenzio	σιωπή
3	simple, *adj.*	easy	einfach	sencillo / simple	semplice	εύκολος
4	simple, *adj.*	simple	einfach	simple / sencillo	semplice	απλός
7	simple (aller), *adj.*	single	Hinfahrt	billete de ida	sola	χωρίς επιστροφή
8	simplicité, *n. f.*	simplicity	Einfachheit	sencillez	semplicità	απλότητα

8 - sincère, *adj.*	sincere / loyal	aufrichtig	sincero	sincero	ειλικρινής
4 - situation (géographique), *n. f.*	location	Lage	situación	situazione (geografica)	τοποθεσία
8 - situation (sociale), *n. f.*	standing / status	Stellung	situación social	situazione (sociale)	θέση (κοινωνική)
4 - situer, *v.*	to place / to locate	hinstellen	situar	localizzare	τοποθετώ
6 - ski, *n. m.*	skiing	Ski	esquí	sci	σκι
6 - skier, *v.*	to ski	Ski fahren	esquiar	sciare	κάνω σκι
7 - société, *n. f.*	firm / company	Gesellschaft	sociedad	società ou compagnia	κοινωνία
8 - socio-culturel, *adj.*	socio-cultural	soziokulturell	socio-cultural	socioculturale	κοινωνικο-πολιτιστικός
1 - sœur, *n. f.*	sister	Schwester	hermana	sorella	αδελφή
11 - soif (avoir), *n. f.*	(to be) thirsty	Durst (haben)	sed	sede (avere)	διψώ
1 - soir, *n. m.*	evening	Abend	tarde	sera	βράδυ
7 - soirée, *n. f.*	evening	Abend	velada / fiesta	serata	βραδιά
5 - soldes, *n. m. pl.*	sales	Ausverkauf	rebajas	sconti	εκπτώσεις
5 - soleil (lunettes de), *n. m.*	sun-glasses	Sonne (-nbrille)	sol (gafas de)	sole (occhiali da)	γυαλιά ηλίου
3 - solidaire, *adj.*	brotherly	solidarisch	solidario	solidare	αλλήλεγγυος
3 - solitude, *n. f.*	loneliness	Einsamkeit	soledad	solitudine	μοναξιά
7 - solliciter, *v.*	to wish / to ask (for)	angehen	solicitar	sollecitare	ζητώ, αιτούμαι
6 - solution, *n. f.*	solution	Lösung	solución	soluzione	λύση
5 - sommeil (avoir), *n. m.*	(to be) sleepy	schläfrig (sein)	sueño	sonno (avere)	νυστάζω
6 - sommet, *n. m.*	summit / peak	Gipfel	cima	cima	κορυφή
10 - sonner, *v.*	to ring	klingeln	llamar	suonare	χτυπώ (κουδούνι)
3 - sortir, *v.*	to go out	ausgehen	salir	uscire	βγαίνω
9 - sou, *n. m.*	penny / cent	Groschen	dinero	denaro	δεκάρα
7 - souffrir, *v.*	to suffer	leiden	sufrir	soffrire	υποφέρω
4 - souhaiter, *v.*	to wish (for)	wünschen	desear	sperare / augurarsi	εύχομαι
1 - soûl, *adj.*	drunk	betrunken	borracho	ubriaco	μεθυσμένος
1 - souligner, *v.*	to underline	unterstreichen	subrayar	sottolineare	υπογραμμίζω
4 - soupe, *n. f.*	soup	Suppe	sopa	zuppa	σούπα
7 - souple, *adj.*	supple / soft	biegsam	flexible / ágil	agile	εύκαμπτος
6 - source, *n. f.*	spring	Quelle	fuente	sorgente	πηγή
7 - sourd, *adj.*	deaf	taub	sordo	sordo	κουφός
8 - souriant, *adj.*	smiling	lächelnd	sonriente	sorridente	χαμογελαστός
1 - souvent, *adv.*	often	oft	a menudo	spesso	συχνά
6 - spaghettis, *n. m. pl.*	spaghetti / pasta	Spaghetti	espaguetis	spaghetti	μακαρόνια
4 - spécialité, *n. f.*	speciality	Spezialität	especialidad	specialità	σπεσιαλιτέ
7 - spectacle, *n. m.*	show	Schauspiel	espectáculo	spettacolo	θέαμα
6 - splendide, *adj.*	splendid	glänzend	espléndido	splendido	λαμπρός
1 - sport, *n. m.*	sport	Sport	deporte	sport	άθλημα
2 - sportif / sportive, *adj.*	fond of sports	Sportler	deportista	sportivo / sportiva	αθλητικός, ή
5 - square, *n. m.*	square	Grünplatz	plaza ajardinada	giardinetto pubblico	μικρός δημόσιος κήπος
5 - stade, *n. m.*	stadium	Stadion	estadio	stadio	στάδιο
4 - station-service, *n. f.*	petrol station	Tankstelle	estación de servicio / gasolinera	stazione di servizio	βενζινάδικο
6 - station de ski, *n. f.*	skiing-resort	Wintersportplatz	estación de esquí	località di sport invernali	χιονοδρομικός σταθμός
10 - statue, *n. f.*	statue	Statue	estatua	statua	άγαλμα
5 - steak, *n. m.*	steak	Steak	filete	bistecca	φιλέτο
5 - steak frites, *n. m.*	steak and chips	Steak mit Frittes	filete con patatas fritas	bistecca con patatine fritte	φιλέτο με τηγανητές πατάτες
6 - studio, *n. m.*	studio flat	Einzimmerwohnung	estudio	monolocale	γκαρσονιέρα
5 - stupide, *adj.*	stupid	dumm	estúpido	stupido	ηλίθιος
3 - stylo, *n. m.*	fountain-pen	Füllfederhalter	bolígrafo	penna	στυλό
5 - sucre, *n. m.*	sugar	Zucker	azúcar	zucchero	ζάχαρη
5 - suivant, *adj.*	following	nächst	siguiente	seguente / successivo	επόμενος

3 - suivre, *v.*	to take up / to follow	folgen	seguir	seguire	ακολουθώ
6 - super, *adj. (fam.)*	great / magic	super	súper / guay	fantastico	υπέροχος
1 - supermarché, *n. m.*	supermarket	Supermarkt	supermercado	supermercato	σούπερ-μάρκετ
6 - supporter, *v.*	to bear	ertragen	soportar	sopportare	ανέχομαι
10 - supposer, *v.*	to suppose	voraussetzen	suponer	suppore	υποθέτω
2 - sûr (bien), *loc. adv.*	of course / sure	sicher	seguro	sicuro	βεβαίως
5 - sûrement, *adv.*	surely	sicherlich	seguramente	sicuramente	βεβαίως
8 - surface (grande), *n. f.*	hypermarket / mart	Einkaufszentrum	supermercado	supermercato	σούπερ - μάρκετ
5 - surnom, *n. m.*	nickname	Beiname	apodo	soprannome	παρατσούκλι
10 - surprendre, *v.*	to surprise	überraschen	sorprender	sorprendere	αιφνιδιάζω
4 - survoler, *v.*	to fly over	überfliegen	sobrevolar	sorvolare	πετάω πάνω από
1 - sympathique, *adj.*	friendly	sympatisch	simpático	simpatico	συμπαθητικός
5 - symphonie, *n. f.*	symphony	Symphonie	sinfonía	sinfonia	συμφωνία
10 - syndicat, *n. m.*	trade-union	Gewerkschaft	sindicato	sindacato	συνδικάτο
4 - tabac (bureau de), *n. m.*	tobacconist	Tabak (-laden)	estanco	tabaccheria / tabacchaio	καπνός/καπνο- πωλείο
4 - table, *n. f.*	table	Tisch	mesa	tavolo	τραπέζι
2 - tableau, *n. m.*	chart	Tabelle	encasillado	schema / tabella	πίνακας
4 - tableau, *n. m.*	painting	Gemälde	cuadro	quadro / dipinto	πίνακας (ζωγρα- φικής)
4 - taille, *n. f.*	size	Größe	tamaño	grandezza / dimensione	το μέγεθος
2 - tante, *n. f.*	aunt	Tante	tía	zia	θεία
8 - taper (à la machine), *v.*	to type	tippen	escribir a máquina	battere / scrivere (a macchina)	δακτυλογραφώ
4 - tard, *adv.*	late	spät	tarde	tardi	αργά
12 - tarder, *v.*	to be late	zögern	tardar	tardare	αργώ
7 - tarif (plein), *n. m.*	full price	(zum vollen) Preis	tarifa normal	tariffa (intera)	ταρίφα (κανονική)
9 - tarte, *n. f.*	tart / pie	Torte	tarta	torta	τάρτα
9 - tasse, *n. f.*	cup	Tasse	taza	tazza	φλιτζάνι
6 - taxi, *n. m.*	taxi / cab	Taxi	taxi	taxi	ταξί
2 - technicien, *n. m.*	technician	Techniker	técnico	tecnico	τεχνικός
1 - téléphone, *n. m.*	telephone	Telefon	teléfono	telefono	τηλέφωνο
1 - téléphoner, *v.*	to phone	anrufen	telefonear	telefonare	τηλεφωνώ
8 - téléviseur, *n. m.*	television-set	Fernsehempfänger	televisor	televisore	τηλεόραση
1 - télévision, *n. f.*	television	Fernsehen	televisión	televisione	τηλεόραση
6 - témoigner, *v.*	to testify	bezeugen	testificar / testimoniar	testimoniare	μαρτυρώ
12 - temple, *n. m.*	temple	Tempel	templo	tempio	ναός
2 - temps, *n. m.*	weather	Wetter	tiempo	tempo	καιρός
8 - tendresse, *n. f.*	tender feelings	Zärtlichkeit	ternura	tenerezza	τρυφερότητα
2 - tennis, *n. m.*	tennis	Tennis	tenis	tennis	τέννις
5 - terrasse, *n. f.*	terrace	Terrasse	terraza	terrazza	βεράντα
4 - terre, *n. f.*	earth	Erde	tierra	terra	γη
9 - terrible (pas), *adj. (fam.)*	rather dull	(nicht) toll	nada del otro mundo	non è granche / non è niente di speciale	μέτριος
8 - tête, *n. f.*	head	Kopf	cabeza	testa	κεφάλι
6 - thalassothérapie, *n. f.*	thalassotherapy	Thalassotherapie	talasoterapia	talassoterapia	θαλασσοθεραπεια
3 - the, *n. m.*	tea	Tee	té	té	τσάι
3 - théâtre, *n. m.*	theatre	Theater	teatro	teatro	θέατρο
4 - ticket, *n. m.*	ticket	Karte	billete / tíquet	biglietto	εισιτήριο
4 - timbre-poste, *n. m.*	postage-stamp	Briefmarke	sello postal	francobollo	γραμμάτοσημο
8 - timide, *adj.*	shy	schüchtern	tímido	timido	ντροπαλός
9 - tire-bouchon, *n. m.*	corkscrew	Korkenzieher	sacacorchos	cavatappi	ανοιχτήρι
9 - tissu, *n. m.*	cloth	Stoff	tela	tessuto	ύφασμα
5 - toilettes, *n. f. pl.*	loo / w.c.	Toilette	servicios / aseos	bagno / toilette	τουαλέτα
5 - tomate, *n. f.*	tomato	Tomate	tomate	pomodoro	τομάτα
5 - tomber, *v.*	to fall (down)	fallen	caer	cadere	πέφτω
11 - tondre, *v.*	to mow	mähen	cortar	tosare	κουρεύω
6 - torrent, *n. m.*	torrent	Sturzbach	torrente	torrente	χείμαρρος
7 - tôt, *adv.*	early	früh	temprano	presto	νωρίς
2 - toujours, *adv.*	always	immer	siempre	sempre	πάντα

5 - touriste, *n. m. f.*	tourist	Tourist	turista	turista	τουρίστας, τουρίστρια
2 - touristique, *adj.*	scenic / touristic	Reise-	turístico	turistico	τουριστικός
5 - tourner, *v.*	to turn	einbiegen	girar	girare	γυρίζω
6 - tradition, *n. f.*	tradition / customs	Tradition	tradición	tradizione	παράδοση
9 - traditionnel, *adj.*	traditional	traditionell	tradicional	tradizionale	ταραδοσιακός
1 - traducteur, *n. m.*	translator	Übersetzer	traductor	traduttore	μεταφραστής, μεταφράστρια
6 - traduire, *v.*	to translate	übersetzen	traducir	tradurre	μεταφράζω
3 - train, *n. m.*	train	Zug	tren	treno	το τρένο
8 - train (être en ... de), *v.*	to be + verb ... ing	gerade, instande (sein)	estar + gerundio	stare + gerundio	σ. τ. μ : έκφραση της συνέχειας
4 - trajet, *n. m.*	ride	Strecke	trayecto	tragitto / percorso	διαδρομή
9 - tranche, *n. f.*	slice	Scheibe	loncha	fetta	φέτα
6 - tranquillité, *n. f.*	peace	Stille	tranquilidad	tranquillità	ησυχία
6 - tranquille, *adj.*	quiet	still	tranquilo	tranquillo / calmo	ήσυχος
11 - tranquillement, *adv.*	peacefully	still	tranquilamente	tranquillamente	ήσυχα
4 - transport, *n. m.*	transport	Transport	transporte	transporto	μεταφορά
5 - transport (en commun), *n. m.*	public transport	(öffentliche) Verkehrsmittel	transporte colectivo	transporto colletivo	συγκοινωνίες
11 - traumatisme, *n. m.*	trauma	Trauma	traumatismo	traumatismo	τραυματισμός
2 - travail, *n. m.*	job / work	Arbeit	trabajo	lavoro	εργασία
1 - travailler, *v.*	to work	arbeiten	trabajar	lavorare	δουλεύω
10 - travailleur, *adj.*	workman	Arbeiter	trabajador	lavoratore	εργατικός
4 - traversée, *n. f.*	crossing	Durchfahrt	atravesada	traversata	διάπλους
4 - traverser, *v.*	to cross / to go through	überqueren	atravesar	attraversare	διασχίζω
10 - tribunal, *n. m.*	court / tribunal	Gericht	tribunal	tribunale	δικαστήριο
6 - tripes, *n. f. pl.*	tripe	Eingeweide	callos	trippe	εντόσθια
3 - triste, *adj.*	sad	traurig	triste	triste	λυπημένος
9 - tristesse, *n. f.*	sadness	Traurigkeit	tristeza	tristezza	λύπη
5 - tromper (se), *v. pr.*	to make a mistake	(sich) irren	equivocarse	sbagliarsi	σφάλλω
2 - trouver, *v.*	to find	finden	encontrar	trovare	βρίσκω
7 - truc, *n. m. (fam.)*	thing / that	Ding	chisme	coso / affare	πράγμα
6 - truite, *n. f.*	trout	Forelle	trucha	trota	πέστροφα
5 - tube, *n. m.*	tube	Tube	tubo	tubetto	σωλήνας
6 - tulipe, *n. f.*	tulip	Tulpe	tulipán	tulipano	τουλίπα
4 - tunnel, *n. m.*	tunnel	Tunnel	túnel	galleria	σήραγγα
6 - turquoise, *adj.*	turquoise	türkisfarben	turquesa	turchese	τυρκουάζ
8 - type, *n. m. (fam.)*	fellow	Typ	tipo / tío	tipo	τύπος
10 - typiquement, *adv.*	typically	typisch	típicamente	tipicamente	χαρακτηριστικά
4 - unique, *adj.*	single / one	einzelne(r)	único	unico	μοναδικός
2 - université, *n. f.*	university / college	Universität	universidad	università	πανεπιστήμιο
7 - urgent, *adj.*	urgent	eilig	urgente	urgente	επείγων
6 - usine, *n. f.*	factory	Fabrik	fábrica	fabbrica	εργοστάσιο
1 - utiliser, *v.*	to use	benutzen	utilizar	utilizzare	χρησιμοποιώ
1 - vacances, *n. f. pl.*	holidays	Urlaub	vacaciones	vacanze	διακοπές
5 - vainqueur, *n. m.*	winner	Gewinner	vencedor	vincitore	νικητής
4 - vallée, *n. f.*	valley	Tal	valle	valle	κοιλάδα
7 - vase, *n. m.*	vase	Vase	jarrón	vaso	βάζο
9 - véhicule, *n. m.*	vehicle	Fahrzeug	vehículo	veicolo	όχημα
3 - vélo, *n. m.*	bicycle	Fahrrad	bicicleta	bicicletta	ποδήλατο
5 - vélo tout terrain (VTT), *n. m.*	mountain-bike	Mountainbike	bicicleta de montaña	mountain-bike	ποδήλατο εκστρατείας
1 - vendeur / vendeuse, *n. m. / f.*	salesman / sales woman	Verkäufer(in)	vendedor	venditore	πωλητής, τρια
4 - vendre, *v.*	to sell	verkaufen	vender	vendere	πουλώ
2 - venir, *v.*	to come from	kommen	venir	venire	έρχομαι
5 - vent, *n. m.*	wind	Wind	viento	vento	άνεμος
10 - vente, *n. f.*	sale	Verkauf	venta	vendita	πώληση
9 - vernissage, *n. m.*	(exhibition) opening	Vorbesichtigung	inauguración	vernissage / vernice	εγκαίνια
5 - verre, *n. m.*	glass	Glas	copa / vaso	bicchiere	ποτήρι

9 - verser, *v.*	to pay in	gießen	ingresar	versare	πληρώνω
8 - vert, *adj.*	green	grün	verde	verde	πράσινος
5 - veste, *n. f.*	jacket / coat	Jacke	chaqueta	giacca	σακάκι
7 - vêtement, *n. m.*	clothes	Kleider	ropa	vestito / abitò	ρούχο
2 - veuf / veuve, *n. m. / f.*	widower / widow	Witwe(r)	viudo/a	vedovo / vedova	χήρος, χήρα
9 - viande, *n. f.*	meat	Fleisch	carne	carne	κρέας
1 - victoire, *n. f.*	win	Sieg	victoria	vittoria	νίκη
11 - vide, *adj.*	empty	leer	vacío	vuoto	άδειος
3 - vidéo (caméra), *n. f.*	camcorder	Video (-kamera)	vídeo (cámara de)	videocamera	βίντεοκάμερα
4 - vie, *n. f.*	life	Leben	vida	vita	ζωή
3 - vieux / vieille, *adj.*	old	alt	viejo/a	vecchio / vecchia	γέρος, γριά
3 - village, *n. m.*	village	Dorf	pueblo	villagio	χωριό
1 - ville, *n. f.*	town / city	Stadt	ciudad	città	πόλη
2 - vin, *n. m.*	wine	Wein	vino	vino	κρασί
11 - violemment, *adv.*	with violence	heftig	violentamente	violentemente	βίαια
9 - violet, *adj.*	purple	violett	violeta	viola	μενεξεδής
4 - violette, *n. f.*	violet	Veilchen	violeta	viola / violetta	μενεξές
7 - violoniste, *n. m. f.*	violonist	Violinist	violinista	violonista	βιολιστής, βιολί στρια
6 - visa, *n. m.*	visa	Visa	visado / visa	visa	βίζα
6 - visite, *n. f.*	visit	Besuch	visita	visita	επίσκεψη
3 - visiter, *v.*	to visit	besuchen	visitar	visitare	επισκέπτομαι
7 - visiteur, *n. m.*	visitor	Besucher	visitante	visitatore	επισκέπτης
1 - vite, *adv.*	quickly / fast	schnell	deprisa	veloce / presto	γρήγορα
3 - vitesse, *n. f.*	speed	Geschwindigkeit	velocidad	velocità	ταχύτητα
2 - viticole, *adj.*	wine-growing	Weinbau-	vitícola	viticolo	αμπελοοινικός
7 - vitrine, *n. f.*	shop-window	Schaufenster	escaparate	vetrina	βιτρίνα
6 - vivant, *adj.*	lively	lebendig	vivo	vivo	ζωντανός
6 - vive (eau), *adj. f.*	running (water)	Quellwasser	viva	viva (acqua)	γάργαρο νερό
1 - vivre, *v.*	to live / to be living	leben	vivir	vivere	ζω
6 - voile, *n. f.*	sailing	Segel	vela	vela	ιστίο
1 - voir, *v.*	to see	sehen	ver	vedere	βλέπω
1 - voisin, *n. m.*	neighbour	Nachbar	vecino	vicino di casa	γείτονας
2 - voiture, *n. f.*	car	Wagen	coche	macchina	αυτοκίνητο
4 - vol, *n. m.*	flight	Flug	vuelo	volo	πτήση
9 - volaille, *n. f.*	poultry / fowl	Geflügel	ave	pollame	πουλερικό
6 - volcanique, *adj.*	volcanic	vulkanisch	volcánico	vulcanico	ηφαιστειογενής
4 - voler, *v.*	to steal	stehlen	robar	rubare	κλέβω
2 - voleur, *n. m.*	thief	Dieb	ladrón	ladro	κλέφτης
7 - volonté, *n. f.*	will / wish	Wille	voluntad	volontà	θέληση
8 - volontiers, *adv.*	willingly	gern	con mucho gusto	volentieri	ευχαρίστως
2 - vouloir, *v.*	to want	wollen	querer	volere	θέλω
1 - voyage, *n. m.*	journey	Reise	viaje	viaggio	ταξίδι
2 - voyager, *v.*	to travel	reisen	viajar	viaggiare	ταξιδεύω
1 - voyelle, *n. f.*	vowel	Vokal	vocal	vocale	φωνήεν
7 - vraiment, *adv.*	really	wirklich	verdaderamente / realmente	veramente	πραγματικά
6 - yoga, *n. m.*	yoga	Yoga	yoga	yoga	γιόγκα
11 - zèbre, *n. m.*	zebra	Zebra	cebra	zebra	ζέβρα
6 - zoo, *n. m.*	zoo	Zoo	zoo	zoo	ζωολογικός κήπος

Imprimé en France par I.M.E. - 25110 Baume-les-Dames
Dépôt légal : Février 2003
N° Éditeur : 4424/10 - N° Imprimeur : 16568

5. Elle .... intervenir. (souhaiter)

6. Nous .... un conseil. (désirer)

7. Ils .... te parler. (vouloir)

8. Tu n' .... pas .... d'un petit café ? (avoir envie)

9. Je .... un renseignement. (souhaiter)

10. Il .... d'un collaborateur efficace. (avoir besoin)

167. PHONÉTIQUE : [l]/[r]

Dites quelle phrase vous avez entendue :

1. Je l'appelle une fois par jour. ☐
   Je la perds une fois par jour. ☐

2. C'est rond ! ☐
   C'est long ! ☐

3. Il y a un canard qui passe devant la maison. ☐
   Il y a un canal qui passe devant la maison. ☐

4. Vous pourriez me montrer vos corrections ? ☐
   Vous pourriez me montrer vos collections ? ☐

5. Je trouve que les moineaux ont des ailes bizarres. ☐
   Je trouve que les Moineau ont des airs bizarres. ☐

6. Personne ne l'a jamais égalé. ☐
   Personne ne l'a jamais égaré. ☐

168. ORTHOGRAPHE : « -tion », « -ssion », « -sion »

Complétez en utilisant « -tion », « -sion » ou « -ssion », puis dites si c'est le son [z], [s] ou [t] qui est prononcé :

	[s]	[z]	[t]
1. Une bière pre........., s'il vous plaît !			
2. C'est une bonne déci......... .			
3. Atten......... !			
4. Quelle émo......... !			
5. Il a fait une déclara......... .			
6. C'est une belle exposi......... .			
7. Quelle est votre profe......... ?			
8. Il travaille à la télévi......... .			
9. Vous allez dans quelle direc......... ?			
10. C'est une bonne émi......... .			
11. Vous avez une ques......... ?			
12. Quelles sont vos sugges......... ?			
13. C'est l'heure de la diges......... .			
14. La lecture ? C'est ma pa......... .			

169. ORTHOGRAPHE : LES MOTS EN « -sion », « -ssion »,« -tion », « -xion »

Écoutez et complétez les phrases :

1. Fais ...., ça glisse !
2. Nous avons eu une grande ....
3. J'ai une bonne .... du français.
4. Il m'a confié une ....
5. J'aime la science-.. .
6. Quelle est votre .... ?
7. Il habite une petite .... près du port.
8. Ce n'est pas la bonne ....
9. Ça demande un peu de ....
10. J'ai suivi vos ....
11. L'important, c'est la ....

170. ORTHOGRAPHE : LES MOTS COMMENÇANT PAR « add- » OU« ad- »

Observez les phrases suivantes et faites la liste des mots en « add- » et en « ad- » que vous avez rencontrés :

« add- »	• « ad- »

1. Il ne s'adapte pas au froid.
2. L'addition, s'il vous plaît !
3. C'est adorable !
4. C'est 100 francs pour les adultes et 50 pour les enfants.
5. C'est un journal pour les adolescents.
6. Je vous dis adieu.

Lesquels sont les plus fréquents ?

171. ORTHOGRAPHE : LES MOTS COMMENÇANT PAR « aff- » OU « af- »

Observez les phrases suivantes et faites la liste des mots en « aff- » et en « af- » que vous avez rencontrés :

« aff- »	« af- »

1. C'est une bonne affaire.
2. C'est un chien très affectueux.
3. Je fais des affiches pour mon spectacle.
4. C'est affreux !
5. C'est beau, l'Afrique.
6. Pas d'affolement !
7. C'est un plat africain.
8. C'est un spectacle affligeant.

Lesquels sont les plus fréquents ?

172. ORTHOGRAPHE : « -eaux » OU « -aux » AU PLURIEL ?

Inscrivez le singulier des mots en « -aux » ou « -eaux » dans la colonne correspondante :
Qu'est-ce que les mots de la colonne « aux » ont en commun ?

« -aux »	« -eaux »

1. Je lis deux journaux : *Le Monde* et *Libération*.

2. Mes nouveaux voisins sont très sympas.

3. C'est une petite voiture de cinq chevaux.

4. Ces meubles sont très originaux.

5. Vous voulez un ou deux morceaux de sucre dans votre café ?

6. J'aime bien regarder les bateaux qui quittent le port.

7. Il a eu beaucoup de cadeaux pour son anniversaire.

8. J'adore les animaux.

9. La France a signé plusieurs accords commerciaux.

10. Il a travaillé dans deux hôpitaux parisiens.

173. ORTHOGRAPHE : LE PLURIEL DES MOTS EN « -al » ET EN « -eau »

Complétez en utilisant les mots proposés :

1. Il s'occupe des relations .... (international)

2. J'aime les .... (cheval)

3. Tes amis sont .... (génial)

4. J'ai fait deux .... (gâteau)

5. Il ne respecte pas les règles .... (grammatical)

6. J'étudie l'économie des pays .... (occidental)

7. J'écoute le chant des .... (oiseau)

8. J'ai visité les .... de la Loire. (château)

9. En France, il y a des milliers de kilomètres de .... (canal)

10. Elles sont très .... (beau)

Unité 8

Portraits

174. LES RELATIFS « QUI » OU « QUE »

Complétez en utilisant « qui » ou « que » :

1. À Paris, j'ai rencontré quelqu'un .... tu connais bien.

2. J'ai une amie .... te connaît.

3. Il s'appelle comment, le jeune homme .... parle avec Henri ?

4. C'est un garçon .... a beaucoup de qualités.

5. Il y a quelque chose .... je dois vous expliquer.

6. C'est Pierre .... m'a tout expliqué.

7. Il y a une phrase .... je ne comprends pas.

8. C'est qui le monsieur .... vous avez vu ce matin ?

9. C'est une région .... j'aime beaucoup.

10. C'est une ville .... a beaucoup de charme.

11. C'est quelqu'un .... a de bonnes idées.

12. C'est un film .... tu dois voir absolument.

175. QUI / QUE

Écoutez et dites si c'est « qui » ou « que » qui a été utilisé (et précisez s'il s'agit d'un pronom relatif ou d'un pronom interrogatif) :

Enr.	qui	que
1.		
2.		
3.		
4.		
5.		
6.		

Enr.	qui	que
7.		
8.		
9.		
10.		
11.		
12.		

176. LES PRONOMS RELATIFS

Faites un ensemble en choisissant des éléments de phrases dans les 3 blocs :

1	2	3
– C'est l'amie de Marcel…	– qui habite à Paris	– elle est danseuse.
– Annie est vendeuse	– elle est étudiante	– qui est à la sortie de la ville.
– Je connais une fille	– elle s'appelle Anne	– et qui est professeur.
– Pierre Richard, c'est le patron de l'usine	– de 23 ans	– elle habite à Lyon.
– Noémie a 20 ans	– où travaille Julie	– elle a 25 ans.
– Jacqueline a un fils	– qui part au Togo	– à la préfecture.

– Elle est grande et très brune	– dans le supermarché	– qui est ingénieur.
– C'est une fille sympa	– qui travaille	– il est sympathique.

....

....

....

....

....

....

....

177. LES PRONOMS : « LE, LA, LES / LEUR, LUI / EN, Y »

Choisissez la bonne réponse :

1. Vous .... êtes allés quand ? (en / y / les)

2. Je .... ai dit de passer en fin de semaine. (les / la / lui)

3. Je connais bien André et Simon : je .... vois tous les jours au bureau. (les / leur / le)

4. J'ai acheté des pêches au supermarché. Prends-................ : elles sont dans la voiture.
(en / leur / les)

5. Renée a vu de belles truites au marché. Elle .... a pris quatre. (les / en / lui)

6. Le voisin veut te parler. Je .... ai dit de venir à huit heures. (le / lui / leur)

7. Agnès est sympathique ! Nous ne .... voyons pas assez souvent ! (la / lui / les)

8. C'est un secret : n'................ parle pas ! (lui / la / en)

9. Je suis très bien ici. J'................ reste. (y / en / le)

10. Je .... en ai parlé hier soir. (la / les / leur)

178. LES PRONOMS : « LE, LA, LES » / « EN, Y »

Choisissez la réponse qui convient :

1. Tu veux **du fromage** ?
   – Non, je ne le mange jamais. ☐
   – Non, je n'en prends jamais. ☐
   – Non, je ne le veux pas. ☐

2. Tu as déjà vu **ce film** ?
   – Je n'y ai rien vu. ☐
   – Non, je ne les ai pas vus. ☐
   – Oui, je l'ai vu à la télé. ☐

3. Est-ce que vous pouvez me prêter **des ciseaux**, s'il vous plaît ?
   – Désolé, je ne les ai pas. ☐
   – Désolé, je n'en ai pas. ☐
   – Désolé, je ne l'ai pas. ☐

4. Oh ! vous avez **un joli chemisier**.
   – J'en ai acheté un à la braderie. ☐
   – Je les ai achetés à la braderie. ☐
   – Je l'ai acheté à la braderie. ☐

5. Tu connais bien **Istanbul** ?
   – Oui, j'y vais tous les ans. ☐
   – Je la connais très bien. ☐
   – Non, je le connais peu. ☐

6. C'est toi qui as **les billets** ?
   – Non, je ne l'ai pas. ☐
   – Oui, moi, j'en ai un et demi. ☐
   – Ah non, c'est André qui les a. ☐

7. Vous pouvez me déposer **à la gare** ?
   – Non, j'en viens. ☐
   – Oui, justement, j'y vais. ☐
   – Je ne les ai pas vus. ☐

8. Les enfants, vous avez fait **vos devoirs** ?
   – Non, on n'en a pas fait. ☐
   – On n'en a pas aujourd'hui, Maman ! ☐
   – Aujourd'hui, on ne les a pas, Maman ! ☐

179. LES PRONOMS RELATIFS « QUI, QUE »

Complétez les phrases avec la forme du pronom relatif qui convient :

1. San Francisco est la plus belle ville .... j'aie vue.

2. Non, Monsieur, je regrette, ce n'est pas le modèle .... j'ai commandé.

3. Pour aller au stade, il faut prendre le petit chemin .... monte derrière l'église, là, sur la droite.

4. Oh ! regarde dans la vitrine ! C'est exactement la robe .... je veux !

5. Je viens vous rendre le livre .... j'ai emprunté vendredi.

6. J'ai mon radiateur .... fuit. C'est grave ?

7. Henri est un garçon plein d'avenir et .... sait exactement ce qu'il veut.

8. Est-ce que vous pouvez expliquer le mot .... vous avez employé ?

9. Tu vois la Peugeot rouge .... est garée là-bas, devant la statue de Jean-Jacques Rousseau ? C'est ma nouvelle voiture !

10. Nous avons retrouvé cette année le professeur .... nous avions l'année dernière.

180. FAIRE LE PORTRAIT DE QUELQU'UN

Écoutez le portrait-devinette et faites correspondre le numéro du dialogue avec un personnage du tableau :

Dialogue	Personnage	Dialogue	Personnage
	une coiffeuse		un facteur
	un gardien de musée		un éboueur
	une concierge		un patron de bistro
	un retraité		un chauffeur de taxi
	un instituteur		une contractuelle

181. DÉCRIRE QUELQU'UN : « À / EN »

Complétez en utilisant « à / au / à la » ou « en » :

1. C'est qui la fille .... robe bleue ?

2. Tu connais la dame .... rouge ?

3. Le directeur ? C'est celui qui est .... smoking.

4. Muriel ? C'est la jeune fille .... lunettes de soleil.

5. Mon frère ? C'est le grand blond .... moustaches qui parle avec le type .... short.

6. Je suis arrivé chez lui vers midi. Il était encore .... pyjama.

7. L'homme .... chapeau, c'est bien le mari de la dame .... noir ?

8. Tu vois la fille .... maillot de bains ? Eh bien, c'est ma fiancée.

9. C'était très décontracté. Tout le monde était .... jean. Sauf moi. J'avais l'air bête .... costume-cravate !

10. Tu as vu le type .... cravate jaune et .... chemise violette ? Quel mauvais goût !

182. ORTHOGRAPHE : « err », « air », « èr », « er »

Complétez en choisissant :

1. Jacques Chirac a été .... de Paris.

   Tu préfères la .... ou la montagne ?

   Il est en vacances chez sa grand-.. .
   (maire / mère / mer)

2. Cette voiture est trop ....

   Il a obtenu une .... de philosophie à la Sorbonne.

   Il fait froid ! J'ai la .... de poule !
   (chair / chaire / chère)

3. Tu veux le .... ou le bleu ?

   Pour moi, un .... d'eau !
   (verre / vert)

4. Je voudrais une .... de chaussettes bleues.

   Mon .... est professeur.

   Il .... son temps.
   (père / paire / perd)

5. Tu as lu .... *et Paix* ?

   Je n'ai plus .... le temps de lire.
   (guère / guerre)

6. Je vais .... un gâteau.

   C'est en bois ou en .... ?
   (fer / faire)

7. Les dinosaures ont disparu à la fin de l'.. secondaire.

8. Je vais dans les Alpes. J'ai besoin d'.. pur.
   (ère / air)

9. Tu vas te .... !

10. Je voudrais deux kilos de pommes de ....
   (taire / terre)

183. ORTHOGRAPHE : LES MOTS COMMENÇANT PAR « amm- » OU « am- »

Observez les phrases suivantes et faites la liste des mots en « amm- » et en « am- » que vous avez rencontrés :

« amm- »	« am- »

1. C'est beau l'amitié.

2. C'est un comédien amateur.

3. Le temps va s'améliorer.

4. J'ai amené des amis.

5. Je n'aime pas l'odeur de l'ammoniaque.

6. C'est beau l'amour !

7. C'est très amusant !

8. Il est américain.

Lesquels sont les plus fréquents ?

184. ORTHOGRAPHE : LES MOTS COMMENÇANT PAR « ann- » OU « an- »

Observez les phrases suivantes et faites la liste des mots en « ann- » et en « an- » que vous avez rencontrés :

« ann- »	« an- »

1. Il a fait une bonne analyse de la situation.

2. Il travaille pour la protection des animaux.

3. C'est une ville très animée.

4. Bon anniversaire, Paulette !

5. Je vais vous annoncer une bonne nouvelle.

6. Bonne année ! Bonne santé !

7. Le spectacle est annulé.

8. C'est anormal.

Lesquels sont les plus fréquents ?

185. ORTHOGRAPHE

Observez les phrases suivantes et complétez les pointillés.

1. C'est un problème di.........icile.

2. Mon frère est très di.........érent de moi.

3. La di.........usion de cette revue est très importante.

4. Nous nous sommes fâchés à la suite d'un léger di....,....érend.

5. Ces accusations sont fausses ! C'est de la di........amation !

6. Au cours de cette expédition, j'ai rencontré quelques di........icultés.

7. Roger souffre d'une légère di........ormité de la jambe.

8. Ce nouvel appareil électrique di........use une douce chaleur dans toute la pièce.

9. Ce pauvre infirme est di........orme.

10. À cause de la grève des pilotes, vous devez absolument di........érer votre départ.

186. ORTHOGRAPHE : LES MOTS COMMENÇANT PAR « supp- » OU « sup- »

Observez les phrases suivantes et faites la liste des mots en « supp- » et en « sup- » :

	« sup- »	« supp- »
1. Pauline ? Je ne peux pas la supporter !		
2. Chouette ! Des escargots ! C'est super !		
3. J'ai trouvé cette superbe armoire normande dans une brocante.		
4. Pour l'accompagnement de légumes verts, nous demandons un supplément de 5 francs.		
5. Cette année, dans le Tournoi des Cinq Nations de rugby, les Anglais avaient incontestablement la suprématie.		
6. À la rentrée, nous devons supprimer une classe parce qu'il n'y a pas assez d'élèves.		
7. Votre recette de suprême de volaille est délicieuse.		
8. Le suppléant du directeur est arrivé.		
9. Ronald est un garçon superficiel.		
10. Vous devez calculer la superficie de ce rectangle.		
11. Je t'en supplie ! Donne-moi une réponse ! Je ne peux plus attendre !		
12. Je suis allé chez le dentiste. Je m'attendais à un véritable supplice, mais tout s'est bien passé. Ouf !		
13. Au tennis, Éric est incontestablement supérieur à Jean-François.		
14. Supposons que tu ne sois pas là. Qu'est-ce que je fais ?		
15. L'Union Européenne est une institution supranationale.		
16. Il faut nettoyer cette méchante blessure : elle suppure.		
17. Cette mesure gouvernementale veut réduire les suppressions d'emplois.		
18. Je refuse de faire des heures supplémentaires.		
19. L'ingénieur Palissot poursuit ses recherches sur les métaux supraconducteurs.		
20. Il me semble que tu as fait quelques dépenses superflues, ce mois-ci.		

187. ORTHOGRAPHE : LES MOTS COMMENÇANT PAR « soll- » OU « sol- »

Observez les phrases suivantes et faites la liste des mots en « soll- » et en « sol- ».
Essayez ensuite d'énoncer la règle d'orthographe.

	« soll- »	« sol- »
1. Dans ce village, les maisons sont équipées de chauffe-eau solaires.		
2. Le Vendée-Globe est une course à la voile en solitaire.		
3. Je sollicite le renouvellement de ma carte de séjour.		
4. Jean a fait son service militaire comme simple soldat.		
5. Je vous remercie de votre sollicitude à mon égard.		
6. Le 21 juin, c'est le solstice d'été : c'est aussi la fête de la musique.		
7. Elle est violoniste soliste dans un orchestre.		
8. Je ne crois pas que c'est une bonne solution.		
9. Le bureau d'aide sociale est soumis à de très nombreuses sollicitations.		
10. Vous verrez : c'est un tissu solide.		

188. ORTHOGRAPHE : LES MOTS COMMENÇANT PAR « imm- » OU « im- »

Écoutez et complétez les pointillés par « imm- » ou « im- » :
Recopiez les mots dans les colonnes de droite.
Essayez ensuite d'énoncer la règle d'orthographe.

	« imm- »	« im- »
1. Il y a de superbes …ages dans ce film.		
2. Mais c'est …angeable !		
3. Le numéro d' …atriculation du véhicule se termine par le numéro du département.		
4. Les Français aiment beaucoup les …tateurs qui se moquent des hommes politiques.		
5. Il a gagné une …ense fortune.		
6. Cette copie de tableau est une …itation parfaite.		
7. Gérald a beaucoup d' …agination.		
8. Je ne peux pas …aginer qu'il soit coupable.		
9. Nous avons emménagé dans un autre …euble.		
10. Le singe …ite l'homme !		
11. Le train part …édiatement.		
12. Attention ! Restez …obiles un instant : c'est pour la photo.		
13. Les États-Unis ont reçu beaucoup d' …igrants au XIXe siècle.		
14. Fais attention à ta santé : tu n'es pas …ortel !		
15. C'est un garçon très …aginatif.		

Écoutez et choisissez la phrase entendue :

1. Je suis en panne sur l'autoroute. ☐
   Je suis en pagne sur l'autoroute. ☐

2. Il habite à Cannes. ☐
   Il habite à Cagnes. ☐

3. J'ai beaucoup de peine. ☐
   J'ai beaucoup de peignes. ☐

4. C'est l'avion de Line le plus rapide. ☐
   C'est l'avion de ligne le plus rapide. ☐

5. Restez digne, Emmanuel ! ☐
   Restez diner, Manuel ! ☐

6. Je les connais. ☐
   Je l'ai cognée. ☐

Objets

190. DE / À

Complétez en utilisant « de » ou « à » :

1. Vous prendrez une cuillère .... café de sirop trois fois par jour.

2. Tu as chaud. Tu veux un verre .... eau ?

3. Je voudrais une brosse .... dents et un tube .... dentifrice.

4. Je n'ai pas de tasse .... café. Je te sers ton café dans une tasse .... thé ?

5. Les papiers de la voiture sont dans la boite .... gants.

6. Prends une bouteille .... eau. Il fait très chaud aujourd'hui.

7. Je l'ai jeté dans la boite .... ordures.

8. Je le cuis dans la poêle .... frire ?

9. Tu veux une assiette .... frites ?

10. Fais attention avec le couteau .... huitres. C'est dangereux !

191. VOCABULAIRE : SYNONYMES DE « FAIRE »

Remplacez le verbe faire par un verbe plus précis emprunté à la liste suivante :
« pratiquer - s'habituer - intenter - provoquer - établir - allumer - consommer - chausser »

1. J'ai **fait** du feu dans la cheminée : nous aurons chaud ; et puis un feu de bois, c'est sympa.

....

2. Ma voiture me coûte cher : elle **fait** 9 litres aux cent !

....

3. Un Français sur dix **fait** du sport de manière régulière.

....

4. Je n'arrive pas à me **faire** à ta nouvelle coiffure.

....

5. L'orage de la nuit dernière a **fait** de gros dégâts dans le jardin.

....

6. Maurice a de grands pieds : il **fait** du 45.

....

7. Écoute, ce n'est pas moi qui ai **fait** le règlement : si tu n'es pas content, adresse-toi au directeur.

....

8. Tu te rends compte ! Son voisin lui a **fait** un procès pour une histoire de barrière !

....

192. DÉCRIRE UN OBJET

Dites de quel objet on parle :
« un vélo d'enfant - un appareil photo - un aspirateur - un autocuiseur - un radioréveil - un sac fourre-tout - une robe de chambre - une bibliothèque - un portefeuille - une machine à écrire ».

1. Elle est en pin naturel. Elle comporte une porte fermant à clé. Elle a cinq étagères. Elle est disponible en plusieurs dimensions, à la demande. ....

2. Je la vends pour cause de double emploi. Elle est de marque allemande. Elle admet deux largeurs de papier et est équipée d'une mémoire interne et d'une mémoire sur disquette. Elle est livrée avec cinq polices de caractères. ....

3. Il est très compact puisqu'il mesure 12,7 X 7,4 X 4,6 cm. Il est cependant très performant, avec son zoom autofocus motorisé. L'optique est de grande qualité. Il est doté de l'avance et du rembobinage automatiques. La pile au lithium est fournie. ....

4. Il est en acier inoxydable. Les poignées sont en bakélite noire. Son fond épais est adapté à tous les modes de cuisson. Il est livré avec un panier rigide et un livre de recettes. ....

5. Il est adapté à une utilisation fréquente aussi bien à la campagne qu'en milieu urbain. Sa selle est très confortable. Son cadre en acier est très solide. Il est muni de pneus crantés et d'un porte-bagages, très utile pour transporter le cartable. ....

6. Elle est en matière synthétique, douce, chaude et confortable. Elle a une bordure imprimée très décorative et une ceinture à nouer avec des passants. Elle comporte deux poches et existe en cinq tailles. Elle est lavable en machine. ....

7. Très puissant en même temps qu'économique, il est équipé d'un variateur électronique. Il est très silencieux. Son sac a une capacité de 3 litres. Il est muni d'un enrouleur automatique de cordon et il est livré avec 5 accessoires. Il est garanti trois ans. ....

8. Son alimentation est sur le secteur, mais une pile de 9 volts est nécessaire (en cas de coupure de courant). Il est équipé d'une antenne intérieure et de trois gammes d'ondes. Il est doté d'une répétition d'alarme toutes les 9 minutes. Il existe en trois coloris : noir, blanc, crème. ....

9. Il comporte une poche à billets au dos, une poche avec fermeture à glissière et une poche intérieure pour les cartes de crédit. Il est entièrement en cuir avec une doublure satinée et un motif décoratif sur le revers. ....

10. Il est revêtu de tissu imperméable et comporte un compartiment avec fermeture par cordon de serrage. Le rabat se ferme au moyen d'un clip. Les sangles d'épaule sont réglables. ....

📼 193. LA COMPARAISON

Écoutez et choisissez la (ou les) affirmation (s) qui correspond (ent) à ce que vous avez entendu :

1. Pierre mesure 1,85 m. Jean mesure 1,88 m. □
   Jean est le plus grand des deux. □
   C'est Pierre le plus grand. □

2. Jean est plus sympa que Pierre. □
   Pierre et Jean sont très sympas ? □
   Pierre est le plus sympa des deux. □

3. Je préfère Jean à Pierre. □
   Je préfère Pierre à Jean. □
   Jean est plus gentil que son frère. □

4. Le programme de la chaîne 1 est meilleur que celui de la deux. □
   Le programme de la deux est aussi mauvais que celui de la une. □
   Le film de la 2e chaîne est meilleur que le programme de la « une ». □

194. LA COMPARAISON : MEILLEUR / MIEUX

Complétez en utilisant le comparatif qui convient (meilleur / mieux) :

1. Pierre a de .... notes que Claude.

2. Pierre travaille .... que Claude.

3. Son français est .... que le mien.

4. Il parle .... français qu'espagnol.

5. Aujourd'hui, le temps est .... qu'hier.

6. J'ai choisi la .... place.

7. Il joue .... que moi.

8. Je te souhaite une .... santé.

📼 195. LES CHIFFRES : DEMANDER OU DIRE LE PRIX

Écoutez l'enregistrement. Identifiez l'objet ou le produit dont on parle dans chaque dialogue. Dites combien il coûte :

dial.	objet / produit	prix
	café	
	journal	
	voiture	
	billet de train	

dial.	objet / produit	prix
	pain	
	essence	
	sandwich	
	vin	

196. LA MATIÈRE

Complétez en choisissant :

1. Elle est très belle ta veste en .... (cuir / bois / papier)

2. Ce vélo est construit dans un .... très léger.
   (bois / plastique / métal)

3. Pour la fête, tu peux acheter des gobelets en ....
   (plastique / pierre / bois)

4. Je connais un potier qui fabrique de très belles assiettes en ....
   (verre / terre / bois)

5. Ta chemise, elle est en .... ou en soie ? (cuir / métal / coton)

6. Pour construire cet immeuble, il a fallu 2000 tonnes de ....
   (terre / béton / papier)

7. Tu peux mettre un peu de .... dans le feu ? J'ai froid.
   (plastique / verre / bois)

8. Attention ! C'est du .... ! C'est fragile ! (verre / métal / fer)

197. LE CONTENU / LA DESTINATION

Complétez en utilisant « de » ou « à » :

1. Je voudrais un verre .... lait.

2. J'ai oublié ma brosse .... dents !

3. – Je dois prendre 2 cuillères .... sirop trois fois par jour.

   – Deux cuillères .... soupe ou deux cuillères .... café ?

4. Je voudrais une assiette .... frites et un verre .... eau.

5. Je vais ouvrir une bouteille .... champagne.

6. Excusez-moi de vous servir le café dans une tasse .... thé, mais je n'ai plus de tasses
   .... café !

7. Tu as une boîte .... allumettes ? Je vais allumer les bougies.

8. – Tu peux ouvrir les huîtres ?
   – Si tu me donnes un couteau .... huîtres !

198. UNITÉS DE QUANTIFICATION

Complétez en choisissant :

1. Je voudrais une .... de tomates. (kilo / livre / litre)

2. – Et pour vous Madame ?

   – 6 .... de jambon. (rondelles / boîtes / tranches)

3. Je vais faire un gros gâteau. Tu peux m'acheter deux .... d'œufs ?
   (kilos / dizaines / douzaines)

4. Ma voiture ? Elle consomme 6 .... aux cent.
   (kilos / litres / hectolitres)

5. Hier, il a bu deux .... de bière. (hectolitres / mètres cube / litres)

6. Tu veux un ou deux .... de sucre dans ton café ?
   (morceaux / kilos / grammes)

7. Je voudrais dix .... de saucisson. (mètres / morceaux / rondelles)

8. Un .... de pommes de terre, ça suffit ?
   (gramme / kilo / miligramme)

199. QUANTITÉS PRÉCISES

Choisissez l'indication de quantité la plus précise :

1. J'ai invité .... personnes. (une dizaine de / quelques / vingt-deux)

2. Il y avait .... spectateurs. (un millier de / beaucoup de / des)

3. Il y a .... 50 places dans la salle. (environ / plus ou moins / exactement)

4. Cela fait .... un kilo. (à peine / un peu plus de / juste)

5. J'ai mangé .... escargots. (des / quelques / une douzaine d')

6. Ça coûte .... francs. (cent / cent et quelques / une centaine de)

200. QUANTITÉS PRÉCISES OU IMPRÉCISES

Écoutez les dialogues et dites si les quantités évoquées sont précises ou imprécises :

Dial.	Précis	Imprécis
1.		
2.		
3.		
4.		
5.		

Dial.	Précis	Imprécis
6.		
7.		
8.		
9.		
10.		

201. UNITÉS DE QUANTIFICATION

Complétez en choisissant :

1. Moi, je prends .... d'escargots.
   (250 grammes / une douzaine / un kilo)

2. Si tu as mal à la tête, prends .... d'aspirine.
   (une boîte / une demi-douzaine / un comprimé)

3. Dans cette recette, il faut mettre .... de piment en poudre.
   (une boîte / une pointe / une gousse)

4. Rajoute .... d'huile dans ta mayonnaise.
   (un filet / un litre / un kilo)

5. Si tu descends à l'épicerie, prends-moi deux .... d'ails.
   (caisses / têtes / boîtes)

6. Les oranges sont en promotion : elles sont à 12,25 francs .... de 2 kilos et demi. (le filet / la caisse / la boîte)

7. À l'automne, je rentre .... de 50 kilos de pommes de terre et ça me fait tout l'hiver. (un sachet / un sac / un paquet)

8. Moi, je préfère .... de bière : ça s'ouvre plus facilement que les bouteilles. (les caisses / les bouteilles / les boîtes)

9. J'ai acheté douze litres de lait au supermarché : .... est dans le coffre de la voiture. (le carton / la boîte / le tonneau)

10. Nous sommes aujoud'hui lundi. Je te donne rendez-vous lundi .... (en six / en sept / en huit)

202. LES EXPRESSIONS COMPORTANT DES NOMBRES

Complétez en choisissant :

1. Le petit ami d'Irène est très amoureux : il fait ses .... volontés. (quatre / six / onze)

2. En t'attendant, j'ai fait les .... pas devant la porte de ton immeuble. (soixante / cent / cinquante cinq)

3. Nous prenons Jean-Louis avec nous, mais c'est un incapable : c'est la .... roue du carrosse. (troisième / quatrième / cinquième)

4. Tu compliques les choses inutilement ! Pourquoi chercher midi à .... heures ? (quatorze / treize / quinze)

5. Victor n'était pas rentré à minuit et demi. Sa mère était aux .... coups. (cinquante / quatre-vingts / cent)

6. Le chef du personnel nous a parlé très franchement : il n'y est pas allé par .... chemins. (quatre / quatorze / quarante)

7. C'est une nouvelle importante. Elle a fait la .... des journaux, ce matin. (deux / trois / une)

8. Benjamine est haute comme .... pommes, mais elle sait très bien ce qu'elle veut. (deux / trois / six)

9. D'accord, j'ai compris : je te reçois .... (dix sur dix / trois sur trois / cinq sur cinq)

10. J'étais à .... lieues de penser que tu m'avais menti. (dix / cent / mille)

203. LES PRONOMS POSSESSIFS

Remplacez les mots soulignés par le pronom possessif (le mien, le tien, le sien, etc.) qui convient :

1. Je n'ai pas de stylo. Tu peux me passer ton stylo ? (..)

2. La voiture de René est en panne : nous allons prendre notre voiture. (..)

3. J'ai donné mon adresse à Pauline, mais j'ai oublié de lui demander son adresse. (..).

4. Nous avons donné leurs cadeaux aux enfants mais nous n'avons pas encore donné leurs cadeaux aux parents. (..)

5. Si tu as oublié tes lunettes de soleil, je peux te prêter mes lunettes de soleil. (..)

6. Prenez ce gros pull over. Votre pull over est trop léger ! (..)

7. J'ai emprunté ses gants à Sébastien parce que j'ai perdu mes gants. (..).

8. Est-ce que tu peux prêter ton livre à Antoine ? Il a oublié son livre. (..).

204. LES PRONOMS POSSESSIFS

Complétez les dialogues en employant le pronom possessif qui convient :

1. – Mon rapport n'est pas encore terminé.

– Moi, ça y est, j'ai fini ....

2. – Tu as reçu ta facture de téléphone ?

— Moi, oui, mais Claude n'a pas encore reçu ....

3. — Mes parents sont arrivés hier soir.

— Moi, je n'ai pas de nouvelles .... depuis plus de quinze jours.

4. – Je te présente mes voeux pour la nouvelle année.

– Eh bien, je te présente .... aussi.

5. – À ta santé, Paul !

– À ...., Etienne !

6. – Est-ce qu'on prend toutes les voitures ?

– Oui, il vaut mieux que chacun prenne .... : c'est plus facile pour le retour.

7. – Pourquoi est-ce que vous avez pris le magnétoscope de l'école ?

– Parce que .... est chez le réparateur.

8. – Les Dumoulin nous ont demandé si nous pouvions leur prêter notre caravane pendant les vacances.

– Pourquoi ? Ils ont vendu .... ?

205. LA PLACE DES ADJECTIFS

Écoutez et dites si les adjectifs entendus sont placés avant ou après le nom :

	avant	après
intéressant		
jeune		
sérieux		
agréable		
méchant		

	avant	après
pénible		
vieux		
brillant		
bavard		
curieux		

206. LES HOMOPHONES LEXICAUX

Complétez les phrases avec le mot qui convient :

1. Jean-Jacques me .... beaucoup d'argent.

Il lui manque un .... à la main droite. (doit / doigt)

2. Nous avons passé un mauvais .... d'heure.

Elle n'est pas venue .... elle est très malade. (car / quart)

3. C'est un travail que tu peux .... facilement.

Mon grand-père a une santé de .... (fer / faire)

4. Tu ne connais pas un chemin plus .... ?

.... ! Tu vas rater ton autobus !

Les enfants jouent dans la ....

Le .... commence dans cinq minutes.

Le bruit .... que tu vas nous quitter.

La municipalité a inauguré un nouveau .... de tennis.

Il me semble que Jean-Pierre fait la .... à Pierrette.
(court / cours / cour)

5. Il faut réparer le .... de notre maison.

.... et moi, nous sommes très bien ensemble. (toi / toit)

6. Le .... de la vie augmente.

J'ai reçu un mauvais .... sur la tête.

Indique-moi ton tour de .... : c'est pour une chemise.
(coup / cou / coût)

7. Il n'ont plus un .... à la fin du mois.

Ton sac est .... la table.

Il ne doit pas conduire : il est .... (sous / saoul / sou)

8. Je suis .... à t'aider.

Il a demandé un .... à sa banque.

Passe quand tu veux : j'habite tout ....

« Le bonheur est dans le .... » est un film très drôle.
(pré / prêt / près)

9. Donne-moi un .... de jus d'orange, s'il te plaît.

Nous partons .... cinq heures.

Je me rappelle un .... de Verlaine :

« Je fais souvent ce rêve étrange et pénétrant ».

Le ...., c'est la couleur de l'espoir. (verre / vert / vers)

10. Olympie est un .... archéologique passionnant.

.... un auteur français dans ton devoir. (site / cite)

Orthographe : Mots commençant par « eff- ».
Écoutez et complétez les phrases suivantes :

1. Tu peux .... le tableau, s'il te plaît ?

2. Nous voulons .... des travaux dans notre maison de campagne.

3. Tu dois faire des ....

4. Maurice est un employé très ....

5. C'est un film .... !

6. ...., j'étais là hier soir.

7. Il y a eu un accident .... sur l'autoroute.

8. C'est un produit qui fait beaucoup d' ....

📼 208. ORTHOGRAPHE : LES MOTS COMMENÇANT PAR « el- »

Orthographe : Mots commençant par « el ».
Écoutez et complétez les phrases suivantes :

1. Les .... ont eu lieu dimanche dernier.

2. Il y a encore eu une panne d'... .

3. Irène est une femme très ....

4. Françoise ? .... vient de sortir.

5. Quentin est un .... brillant.

6. Elle a reçu des .... pour son travail.

7. En dessin, nous faisons des cercles et des ....

8. Ce produit .... les insectes.

9. Le président de la République française habite à l'... .

10. L'Australie est un pays très .... de l'Europe.

Unité 10

Événements

209. LE PASSÉ COMPOSÉ AVEC « ÊTRE » OU « AVOIR »

Passé composé de 14 verbes (aller, venir, revenir, devenir, (re)partir, sortir, (r)entrer, rester, passer, monter, descendre, tomber, mourir, naître)
Complétez en choisissant l'auxiliaire « être » ou « avoir » :

1. Ils .... repartis à quelle heure ?

2. Il .... mort en quelle année, Victor Hugo ?

3. Je .... venu le plus vite possible.

4. Nous .... rencontré beaucoup de difficultés pour le retrouver.

5. Tu .... passé combien de temps en Angleterre ?

6. Je .... passé te voir à ton bureau, mais on m'a dit que
tu .... déjà parti.

7. Je lui .... passé toutes mes notes pour préparer sa conférence.

8. Cela fait dix ans que je ne .... pas retourné en France.

9. Il .... descendu plus vite qu'il .... monté !

10. Et Pierre, qu'est-ce qu'il .... devenu ?

11. Où ....-vous né ?

12. Il est à l'hôpital. Il .... tombé d'une échelle.

210. LE PASSÉ COMPOSÉ AVEC « ÊTRE » OU « AVOIR »

Certains des verbes qui se conjuguent habituellement avec « être » au passé composé peuvent également se conjuguer avec « avoir » (avec un sens totalement différent). Observez les phrases suivantes et remplissez le tableau :

1. Tu es rentré à pied !

2. Il est parti furieux, mais il est revenu 5 minutes plus tard.

3. Est-ce que tu as rentré la voiture dans le garage ?

4. Où est-ce qu'il est encore allé ?

5. Je n'ai pas monté tous les paquets. Il en reste deux dans le coffre de la voiture.

6. Vous avez déjà sorti les résultats de l'enquête ?

7. Tu es né quel jour ?

8. J'ai retourné toute la maison. Impossible de retrouver mes clefs !

9. Il m'a passé sa voiture pour le week-end.

10. J'ai descendu tous les bagages. On peut y aller.

11. Voilà, j'ai entré toutes les données dans l'ordinateur.

12. Elle est restée plus d'un mois sans me parler.

13. Cela fait dix ans que je ne suis pas retourné à La Baule.

14. Il est mort dans un accident de voiture.

15. Je suis passé chez lui mais il n'était pas là.

16. Il est descendu au sous-sol.

17. Il est monté au troisième étage, puis il est entré chez M. Dumont.

18. Il est sorti d'ici en criant.

19. Il est devenu totalement fou.

20. Vous êtes arrivés à quelle heure ?

21. Il est tombé dans l'escalier.

	passé composé avec être	passé composé avec avoir
1. aller		
2. (re)venir		
3. retourner		
4. devenir		
5. (re)partir		
6. sortir		
7. (r)entrer		
8. arriver		
9. rester		
10. passer		
11. monter		
12. descendre		
13. tomber		
14. mourir		
15. naître		

211. LE PASSÉ COMPOSÉ AVEC « ÊTRE » OU « AVOIR »

Complétez avec « être » ou « avoir » en fonction du sens :

1. J' .... monté les escaliers quatre à quatre.

2. Est-ce que vous .... descendu mes bagages ?

3. Est-ce que tu .... sorti la glace du frigo ?

4. Je .... resté chez moi tout le week-end.

5. Pierre .... passé à la maison.

6. Il .... monté au sommet de la tour Eiffel sans prendre l'ascenseur !

7. Elle .... sortie sans dire un mot.

8. J'espère que vous .... passé une bonne soirée.

9. Cela fait longtemps que nous ne .... pas retournés en Corse.

10. La concierge ne m'..................................... pas encore monté le courrier.

11. Il .... devenu très important.

12. Elle .... restée très simple.

212. L'ACCORD DU PARTICIPE PASSÉ

Mettez les verbes entre parenthèses au passé composé. Respectez l'accord du participe passé :

1. Elle .... en vacances. (partir)

2. Julien et Marie .... tout le week-end devant la télévision. (rester)

3. Mes cousines .... à Paris. (arriver)

4. Elle .... à 103 ans. (mourir)

5. Qu'est-ce qu'ils ...., tes amis brésiliens ? (devenir)

6. Salut Martine ! Salut Solange ! Vous .... de voyage ? (revenir)

7. Ma mère .... en 1965. (naître)

8. Elles .... deux mois de vacances au Portugal. (passer)

9. Mademoiselle Lambert, est-ce que vous .... chez le directeur ? (passer)

10. Mesdemoiselles, est-ce que vous pourriez me dire pourquoi vous .... me voir ? (venir)

213. LE PASSÉ COMPOSÉ DES VERBES PRONOMINAUX

Mettez les verbes entre parenthèses au passé composé :

1. Il .... de numéro. (se tromper)

2. Ils .... au lycée. (se connaître)

3. Il ne .... pas .... de moi. (se souvenir)

4. Elle .... en bleu. (s'habiller)

5. Elles .... à midi. (se réveiller)

6. Ils ne .... pas .... depuis 3 jours. (se laver)

7. Les enfants .... à 8 heures. (s'endormir)

8. Nous .... par hasard. (se rencontrer)

9. Ce matin, elle .... très tard. (se lever)

10. Hier ? Je .... J'étais très fatiguée. (se reposer)

214. LE PASSÉ COMPOSÉ : PARTICIPE PASSÉ EN « -u »

Écoutez, identifiez le verbe utilisé au passé composé et écrivez son participe passé :

Verbe (infinitif)	Enr.	Participe passé
avoir		
boire		
croire		
décevoir		
élire		
lire		
plaire		
pleuvoir		

Verbe (infinitif)	Enr.	Participe passé
pouvoir		
prévoir		
recevoir		
savoir		
taire (se)		
voir		
vouloir		

215. LE PASSÉ COMPOSÉ : PARTICIPE PASSÉ EN « -u »

Complétez en mettant le verbe proposé au passé composé :

1. Qu'est-ce que tu .... pour ce soir ? (prévoir)

2. Je .... son histoire. (croire)

3. Est-ce que ce film t'.. ? (plaire)

4. Vous m'.. . (décevoir)

5. Est-ce qu'ils .... mon rapport ? (lire)

6. Ils .... quand j'ai parlé. (se taire)

7. Ils l'.. sans problème. (élire)

8. Hier, il .... toute la journée. (pleuvoir)

9. Vous .... mon fax ? (recevoir)

10. Nous .... le voir pendant quelques instants. (pouvoir)

11. Il .... manger. (ne pas vouloir)

12. J'.. ton frère. (apercevoir)

216. LE PASSÉ COMPOSÉ : PARTICIPE PASSÉ EN « -i », « -is », « -it »

Écoutez, identifiez le verbe utilisé au passé composé et écrivez son participe passé :

infinitif	enr.	participe passé
apprendre		
asseoir (s')		
cuire		
dire		
écrire		
frire		

infinitif	enr.	participe passé
fuir		
mettre		
prendre		
promettre		
remettre		
rire		

217. LE PASSÉ COMPOSÉ : PARTICIPE PASSÉ EN « -i », « -is », « -it »

Complétez en mettant le verbe proposé au passé composé :

1. Il m'.. de venir. (promettre)

2. Est-ce que vous .... le rôti ? (cuire)

3. Il .... sans rien dire. (s'asseoir)

4. Ils .... dès qu'ils m'ont aperçu. (fuir)

5. Où est-ce qu'elle .... ce dossier ? (mettre)

6. C'était un excellent spectacle. On .... beaucoup .... (rire)

7. J'.. un rendez-vous avec le directeur. (prendre)

8. Il .... tout le monde en démissionnant. (surprendre)

9. Elle m'... un message pour toi. (remettre)

10. Ils nous .... d'entrer. (interdire)

11. Vous .... mal .... ce texte. (traduire)

12. Je .... à un cours de yoga. (s'inscrire)

218. LES INDICATEURS CHRONOLOGIQUES

Complétez en choisissant :

1. J'ai pris une salade en entrée et .... une choucroute.
   (avant / après / d'abord)

2. ...., il a salué tout le monde, puis il a commencé son discours.
   (D'abord / À la fin / Pour terminer)

3. .... du repas, le serveur nous a apporté l'addition.
   (Au début / À la fin / Au cours)

4. Je signerai des autographes .... spectacle.
   (à la fin du / pendant le / au cours du)

5. Je l'ai rencontré .... de la semaine, lundi ou mardi.
   (à la fin / au début / au milieu)

6. .... ses études secondaires, il est entré à l'Université.
   (Avant / Pendant / À l'issue de)

7. .... du repas elle a servi le dessert : un superbe gâteau à la crème.
   (Au début / À la fin / Au milieu)

8. Il est arrivé .... de l'année, à la mi-juillet.
   (Au début / à la fin / au milieu)

219. DONNER UNE INDICATION DE TEMPS DE FAÇON PRÉCISE OU IMPRÉCISE

Écoutez et dites si l'événement évoqué est situé de façon précise ou imprécise dans le temps :

Enr.	précis	imprécis	Enr.	précis	imprécis
1.			6.		
2.			7.		
3.			8.		
4.			9.		
5.			10.		

220. L'EXPRESSION DE LA FRÉQUENCE

Dites si l'action évoquée se produit souvent, rarement ou jamais :

Enr.	Souvent	Rarement	Jamais
1.			
2.			
3.			
4.			
5.			

Enr.	Souvent	Rarement	Jamais
6.			
7.			
8.			
9.			
10.			

221. LA TRANSFORMATION DE PHRASES NOMINALES

Transformez les informations suivantes sur le modèle proposé, en employant le verbe au passé composé.
août 1769 : Naissance à Ajaccio de Napoléon Bonaparte
→ *Napoléon Bonaparte est né à Ajaccio le 15 août 1769.*

1. 22 janvier 1981 : Réception de la première femme à l'Académie française (Marguerite Yourcenar).

....

2. 1928 : Découverte de la pénicilline par Alexandre Fleming.

....

3. 1901 : Attribution des premiers prix Nobel.

....

4. 1857 : Publication des *Fleurs du mal* par le poète Charles Baudelaire.

....

5. 28 janvier 1986 : Explosion au décollage de la navette spatiale *Challenger*.

....

6. 1885 : Découverte du vaccin contre la rage par Pasteur.

....

7. 1994 : Inauguration du tunnel sous la Manche.

....

8. 1990 : Réunification des deux Allemagnes.

....

9. 1830 : Proclamation de l'indépendance de la Belgique.

....

10. 1986 : Entrée de l'Espagne dans la Communauté Économique Européenne.

222. L'INFORMATION PRÉCISE / IMPRÉCISE

Complétez en utilisant l'expression la plus précise :

1. Il est arrivé il y a ....
   (une petite heure / une heure pile / environ une heure)

2. Je reviens dans .... jours. (trois / quelques / deux ou trois)

3. On se revoit dans ....
   (une quinzaine de jours / quinze jours / deux ou trois semaines)

4. Est-ce qu'on pourrait se revoir .... ?
   (un de ces jours / dans la semaine / dimanche)

5. Bon. Au revoir et .... (à bientôt / à demain / à un de ces jours)

6. Je suis à vous ....
   (dans un instant / tout de suite / dès que possible)

7. On se retrouve .... D'accord ?
   (à 10 heures précises / vers dix heures / dans la matinée)

8. On s'est connus .... (en décembre 95 / il y a 3 ans / à Noël, en 95)

9. Le fils de Gilbert, il a ....
   (une dizaine d'années / plus de dix ans / dix ans et demi)

10. Il a terminé la course en ....
    (deux heures / deux heures six minutes / un peu plus de deux heures)

223. L'INFORMATION PRÉCISE / IMPRÉCISE

Écoutez l'enregistrement et dites si l'information donnée est précise ou imprécise :

Enr.	précise	imprécise
1.		
2.		
3.		
4.		
5.		

Enr.	précise	imprécise
6.		
7.		
8.		
9.		
10.		

224. LA FRÉQUENCE

Écoutez l'enregistrement et dites si l'événement dont on parle se produit souvent, rarement ou jamais :

Enr.	souvent	rarement	jamais
1.			
2.			
3.			
4.			
5.			

Enr.	souvent	rarement	jamais
6.			
7.			
8.			
9.			
10.			

225. L'INFORMATION PRÉCISE / IMPRÉCISE

Écoutez l'enregistrement et dites si l'information donnée est précise ou imprécise :

Enr.	précis	imprécis
1.		
2.		
3.		
4.		
5.		

Enr.	précis	imprécis
6.		
7.		
8.		
9.		
10.		

226. LA MORPHOLOGIE DU PASSÉ COMPOSÉ

Pour chaque phrase, dites quel est le verbe utilisé au passé composé :

1. J'ai voulu m'expliquer avec lui pour arranger les choses.
2. Pourquoi est-ce que tu ne m'as pas attendu ?
3. Le juge n'a pas cru ce que lui racontait l'accusé.
4. À 40 ans, elle a entrepris un voyage autour du monde en voilier.
5. Les habitants de la petite cité l'ont élu maire.
6. Est-ce que tu as cuit les pommes de terre ?
7. Nous avons vécu cinq ans au Guatémala.
8. J'ai repeint la cuisine et la chambre.
9. Les résultats scolaires de Maurice m'ont déçue.
10. Il n'a pas craint d'affronter le mauvais temps.
11. Tiens ! Tu n'as pas entendu frapper ?
12. Le Paris Saint-Germain a vaincu Monaco par 2 buts à 1.
13. Je n'ai pas rendu mes livres à la bibliothéque municipale.
14. Est-ce que tu as suivi les 24 heures du Mans à la télé ?
15. Il a plu toute la journée.
16. J'ai dû intervenir : ils allaient se battre.

Verbes	phrase n°
attendre	
craindre	
croire	
cuire	
décevoir	
devoir	
élire	
entendre	

Verbes	phrase n°
entreprendre	
pleuvoir	
rendre	
repeindre	
suivre	
vaincre	
vivre	
vouloir	

227. ORTHOGRAPHE : L'ACCORD DE « TOUT »

Complétez en utilisant « tout », « tous » ou « toutes » :

1. Vous devez prendre une cuillerée à soupe de sirop .... les deux heures.

2. .... va bien.

3. On s'écrit .... les ans, à l'occasion des vœux de bonne année.

4. Eh bien, Caroline, tu es .... pâle, ... émue !

5. Il a repeint .... les murs en blanc.

6. .... les hommes naissent et demeurent égaux en droit.

7. On peut manger à .... heure du jour dans ce restaurant routier.

8. Est-ce que .... le monde est là ?

9. J'ai vérifié .... les adresses.

10. Elle est restée .... seule à Paris.

228. ORTHOGRAPHE : L'ACCORD DE « TOUT »

Complétez en utilisant « tout », « tous » ou « toutes » :

1. .... les enfants sont là ?

2. Le gouvernement a pris .... les mesures nécessaires.

3. J'ai posé ma bicyclette .... contre la porte.

4. L'entrée de ce bâtiment est interdite à .... personne étrangère au service.

5. Absolument .... les billets ont été vendus.

6. Joséphine est .... contente de me voir.

7. C'est .... les jours la même chose.

8. La nouvelle directrice est .... à fait d'accord avec moi.

9. De .... côtés parviennent des messages de sympathie.

10. Le grand sac, la petite valise, le porte-document en plastique : allez, je vous vends le .... pour 350 francs.

Unité 11

Histoires

📼 229. L'IMPARFAIT

Dites si c'est l'imparfait ou autre chose que vous avez entendu :

Enr.	Imparfait	Autre chose
1.		
2.		
3.		
4.		
5.		
6.		

Enr.	Imparfait	Autre chose
7.		
8.		
9.		
10.		
11.		
12.		

230. LA FORMATION DE L'IMPARFAIT

1. Classez les verbes dans le tableau :

1. Il m'écrivait souvent.
2. J'écris à ma mère.
3. Il sortait toujours de chez lui à la même heure.
4. Je peux vous aider ?
5. Je sors de chez lui.
6. Non, merci, je ne bois rien.
7. Nous nous disons tout.
8. Il buvait beaucoup.
9. Nous devons partir.
10. Je ne dis plus rien.
11. Nous ne buvons pas d'alcool.
12. Nous nous écrivons au moins une fois par mois.
13. Il devait souvent voyager.
14. Nous sortons ensemble.
15. Nous pouvons y aller.
16. Qu'est-ce que je dois faire ?
17. Il ne pouvait pas dormir.
18. Qu'est-ce qu'il disait ?

	Présent avec « je »	Présent avec « nous »	Imparfait
écrire			
dire			
sortir			
pouvoir			
boire			
devoir			

2. Laquelle de ces affirmations est la bonne ?

a) Pour former l'imparfait d'un verbe, il faut utiliser la forme utilisée au présent avec « je » ☐

b) Pour former l'imparfait d'un verbe, il faut utiliser la forme utilisée au présent avec «nous» ☐

231. LA FORMATION DE L'IMPARFAIT

Mettez les phrases suivantes à l'imparfait :

1. Nous ne voulons pas partir.

   ....

2. Nous ne savons pas nager.

   ....

3. Nous ne faisons rien.

   ....

4. Nous finissons vers 8 heures.

   ....

5. Nous ne dormons pas beaucoup.

   ....

6. Nous nous entendons très bien tous les deux.

   ....

7. Nous partons à la mer tous les week-end.

   ....

8. Nous allons souvent au cinéma.

   ....

9. Nous nous asseyons toujours à la même place.

   ....

10. Nous ne connaissons pas la France.

   ....

232. LES DIFFÉRENTS SENS DE L'IMPARFAIT

Dites quel est le sens de l'imparfait :

1. Je ne pouvais pas savoir que ça vous dérangerait !
   Excuse ☐
   Suggestion ☐
   Reproche ☐

2. Si on faisait la paix ?
   Proposition ☐
   Reproche ☐
   Jugement ☐

3. C'était super, ce film. Tu ne trouves pas ?
   Suggestion ☐
   Jugement ☐
   Excuse ☐

4. Je n'ai pas pu venir. J'étais malade.
   Jugement ☐
   Excuse ☐
   Reproche ☐

5. Si seulement je pouvais partir en vacances !
   Reproche ☐
   Proposition ☐
   Souhait ☐

6. Désolé, mais j'étais en voyage.
   Explication ☐
   Reproche ☐
   Regret ☐

233. DEPUIS / IL Y A

Complétez en utilisant « depuis » ou « il y a » :

1. Je ne l'ai pas vu .... une semaine.

2. Il est parti .... à peine 5 minutes.

3. Je l'ai rencontré .... un peu plus d'un an.

4. Il travaille dans cette entreprise .... une dizaine d'années.

5. Annie ? .... longtemps que je ne l'ai pas vue.

6. Ils se sont mariés .... trois ans et ils ont déjà deux enfants.

7. Ils ne se quittent plus .... qu'ils se sont rencontrés.

8. Je t'attends .... plus d'une heure !

9. On s'est rencontré .... six mois dans le métro
   et, ..., je ne l'ai plus revue.

10. Il est malade .... lundi.

234. L'IMPARFAIT / LE PASSÉ COMPOSÉ

Complétez les phrases en utilisant les verbes proposés :

1. Quand il .... à Paris, il ne .... personne. (arriver / connaître)

2. Hier, je .... chez toi, mais tu n'.. pas là. (passer / être)

3. Je n'.. pas .... le téléphone. Je .... (entendre / dormir)

4. Je .... sur l'autoroute quand un pneu .... (rouler / éclater)

5. Au moment où je .... de chez moi, j'.. une énorme explosion. (sortir / entendre)

6. Avec qui est-ce que tu .... quand je t'.. ? (parler / téléphoner)

7. Elle .... 16 ans quand elle .... son bac. (avoir / passer)

8. Hier, Pierre m'.. , il .... bizarre. (appeler / avoir l'air)

9. Ce week-end, je .... chez mes parents.
   Ils .... contents de me voir. (aller / être)

10. La dernière fois que je vous ...., vous .... dans un garage. (voir / travailler)

235. L'IMPARFAIT

Mettez les verbes entre parenthèses à l'imparfait :

1. Il a seulement vingt ans ? Je le .... plus vieux. (croire)

2. Je ne .... qu'il allait réussir. (penser)

3. Nous ne .... pas vous déranger. (vouloir)

4. Qu'est-ce que vous .... la nuit dernière ? (faire)

5. Excusez-moi. Je ne .... pas savoir. (pouvoir)

6. Est-ce que vous .... qu'il était malade ? (savoir)

7. Quand il ...., nous .... beaucoup !
   (venir / s'amuser)

8. Ils .... toujours ensemble. (sortir)

9. En 82, nous .... un petit appartement rue du Marché. (habiter)

10. Et avant, qu'est-ce que vous .... comme travail ? (faire)

236. ORTHOGRAPHE : LE FÉMININ DES ADJECTIFS TERMINÉS PAR UNE CONSONNE (RÉCAPITULATIF)

Complétez les phrases.
Puis, écrivez l'adjectif au féminin singulier dans la colonne de droite :

	Adjectif au masculin	Adjectif au féminin
	- terminé par : « l »	
Nous avons des relations	amical	
Paula est la .... Allemande de la classe.	seul	
C'est une personne très	gentil	
Ces deux jumelles sont tout à fait	pareil	
Lucie a des qualités .... évidentes.	maternel	
	- terminé par : « c »	
Maria est	grec	
Roger travaille dans une entreprise	public	
Claudine a mis sa robe	blanc	
Elle ne ment jamais : elle est .... comme l'or.	franc	
	- terminé par : « g »	
C'est une île .... et étroite.	long	
	- terminé par : « s »	
C'est une recette	exquis	
Pour cette recette, il faut de la crème	frais	
Mais non, tu n'es pas .... ! À peine enveloppée.	gros	
Dans ce fromage il y a 50 % de matière	gras	
	- terminé par : « x »	
Véronique est	nerveux	
Votre réponse est	faux	
Mireille est une superbe	roux	
J'aime beaucoup sa voix	doux	

	Adjectif au masculin	Adjectif au féminin
	- terminé par : « f »	
Il a acheté une voiture	neuf	
Elle est .... depuis cinq ans.	veuf	
Ma grand-mère est encore très	actif	
	- terminé par : « eur »	
Je ne l'aime pas parce qu'elle est	menteur	
C'est une grande	séducteur	
	- terminé par : « er »	
Je trouve cette robe un peu	cher	
Nous nous sommes connus l'année	dernier	
	- terminé par : « et »	
C'est à toi, la chemise .... ?	violet	
Elle est restée	muet	
Eléonore est une femme très	discret	
Il fait partie d'une société	secret	
Bravo ! C'est une réussite	complet	
Mireille m'a dit qu'elle était	inquiet	
	- terminé par : « on »	
J'ai une vieille tante qui est	breton	
	- terminé par : « ien »	
Il s'agit d'une statue très	ancien	

237. REPÉRAGE DES VERBES PRONOMINAUX : L'ACCORD DU PARTICIPE PASSÉ

Précisez si le verbe de la phrase est un verbe pronominal en mettant une croix dans la colonne qui convient. Écrivez ensuite ce verbe à l'infinitif dans la colonne de droite :

	Verbe actif ou passif	Verbe pronominal	Infinitif
1. Marie-Hélène et Josette se sont disputées sérieusement.			
2. Ce prix m'a été attribué par un jury de journalistes.			
3. Ces événements nous ont surpris.			
4. Les voleurs se sont enfuis à l'arrivée des gendarmes.			
5. Les enfants ! allez vous laver les mains.			

6. Nous nous sommes vues rapidement avant-hier.			
7. Le service de la comptabilité nous a remis un rapport intéressant.			
8. Nous ne nous sommes pas assez intéressés à tes résultats.			
9. Je me suis occupé des billets de train.			
10. Les nouvelles que nous avons reçues sont bonnes.			

238. ORTHOGRAPHE : LE REPÉRAGE DE L'ACCORD DU PARTICIPE PASSÉ DES VERBES PRONOMINAUX

Observez les phrases et précisez si celui qui parle est un homme seul, une femme seule, un homme accompagné d'une femme, un homme accompagné d'un autre homme, une femme accompagnée d'une autre femme ou si on ne sait pas :

	homme seul	femme seule	homme + femme ou homme + homme	femme + femme	On ne sait pas.
1. Nous nous sommes vraiment bien amusés.					
2. Elle s'est enfuie dès qu'elle nous a vues.					
3. Nous nous sommes rendu service à plusieurs reprises.					
4. Nous ne nous sommes pas attardés à la fin de la conférence ?					
5. Je me suis marié en 1991.					
6. Je me suis teint les cheveux.					
7. Je me suis précipitée vers la porte.					
8. Nous nous sommes souri malicieusement.					
9. Nous nous sommes réunis dans le bureau de la direction.					
10. Je me suis placée au premier rang.					

239. ENRICHISSEMENT DU VOCABULAIRE : SYNONYMES DE « IL Y A »

Refaites les phrases en remplaçant l'expression « il y a » par un verbe plus précis emprunté à la liste suivante :

« se produire - se dresser - suffire (de)- manquer - serpenter - se passer - s'étendre -compter »

1. Devant l'hôtel, **il y a** une belle terrasse ensoleillée.

....

2. **Il y a** quarante neuf mille habitants dans cette ville.

....

3. **Il y a** une petite rivière au fond de cette vallée.

....

4. **Il y a** trois assiettes en moins.

....

5. **Il y a** eu un accident à l'entrée de l'autoroute.

....

6. Qu'est-ce qu'**il y a** ?

....

7. Pour faire marcher l'appareil, **il** n'**y a** qu'à lire la notice.

....

8. Sur la place, **il y a** une statue de Napoléon.

....

240. VOCABULAIRE : MOTS COMMENÇANT PAR « un- »

Écoutez et complétez les phrases suivantes :

1. L'....................................... fait la force.
2. Aude est fille ....
3. Le président est élu à l'... .
4. Nous devons .... nos forces.
5. Les soldats portent un ....
6. Ce message s'adresse .... aux étudiants étrangers.
7. L'... est infini.
8. Il faut écrire au président de l'... .
9. L'espéranto est une langue ....
10. Restons .... dans ce moment difficile.

241. ORTHOGRAPHE : LES ADVERBES EN « -ment »

Complétez les phrases suivantes à l'aide d'un adverbe en « -ment » formé à partir de l'adjectif indiqué dans la première colonne. Cochez ensuite la colonne correspondant à l'orthographe correcte :
Pouvez-vous énoncer la règle orthographique ?

		- ment	- emment	- amment
1. Tu devrais conduire plus	prudent			
2. Nous avons passé la journée	agréable			
3. Tout le monde ici t'attend	impatient			
4. Léopold se déplace .... en province.	constant			
5. L'écrivain Gustave Lerouge est devenu .... célèbre.	rapide			
6. Constance est habillée très	élégant			
7. J'ai été malade	récent			
8. Les élèves sont entrés	bruyant			
9. Il faut travailler plus	efficace			
10. Nous allons partir	incessant			
11. ...., nos voisins ne sont pas là.	apparent			
12. Tu peux .... résoudre ce problème.	facile			
13. Elle m'a répondu	méchant			
14. ...., je vais reprendre du gâteau.	final			
15. Fâché, il a .... claqué la porte.	violent			

D'hier à demain

242. LONGTEMPS ? PAS LONGTEMPS ?

Dites si la durée évoquée est courte ou longue (Attention ! Le temps, c'est relatif !) :

Enr.	long	court
1.		
2.		
3.		
4.		
5.		

Enr.	long	court
6.		
7.		
8.		
9.		
10.		

243. LE FUTUR

Écoutez et dites si c'est le futur ou autre chose que vous avez entendu :

Enr.	Futur	Autre chose
1.		
2.		
3.		
4.		
5.		

Enr.	Futur	Autre chose
6.		
7.		
8.		
9.		
10.		

244. LE FUTUR

Mettez les verbes entre parenthèses au futur :

1. Je ne .... pas longtemps. (rester)

2. Vous ne .... pas trop tard. (venir)

3. Ils .... à pied. Ce n'est pas loin. (aller)

4. Je vous .... quand ce .... prêt.
   (dire / être)

5. Est-ce qu'il .... beaucoup de monde ? (y avoir)

6. Je ne .... pas venir. (pouvoir)

7. Vous .... bien quelque chose ? (prendre)

8. Je .... ça plus tard. (finir)

9. Vous .... attention. C'est dangereux ! (faire)

10. C'est comme vous .... (vouloir)

▣ 245. LE FUTUR / LE CONDITIONNEL

Écoutez et dites si c'est le futur ou le conditionnel que vous avez entendu :

Enr.	futur	conditionnel
1.		
2.		
3.		
4.		
5.		

Enr.	futur	conditionnel
6.		
7.		
8.		
9.		
10.		

246. LE FUTUR

Récrivez les résolutions suivantes (prises pour la nouvelle année) :

1. Arrêter de fumer.
   L'année prochaine, c'est promis, je ....

2. Être souriant avec tout le monde.
   L'année prochaine, c'est promis, je ....

3. Me coucher tôt.
   L'année prochaine, c'est promis, je ....

4. Faire un régime pour maigrir.
   L'année prochaine, c'est promis, je ....

5. Offrir plus souvent des fleurs à ma femme.
   L'année prochaine, c'est promis, je ....

6. Apprendre l'anglais.
   L'année prochaine, c'est promis, je ....

7. Écrire à mes amis.
   L'année prochaine, c'est promis, je ....

8. Rouler prudemment.
   L'année prochaine, c'est promis, je ....

9. Tondre la pelouse toutes les semaines.
   L'année prochaine, c'est promis, je ....

10. Ne jamais m'énerver.
    L'année prochaine, c'est promis, je ....

247. LE REPÉRAGE DU PASSÉ COMPOSÉ

Dites si c'est ou non le passé composé :

	oui	non
1. Le service est compris.		
2. Je l'ai reconnue.		
3. Elle est perdue.		
4. C'est entendu.		
5. Je t'ai surpris ?		
6. Tu es attendue.		
7. Elle s'est perdue.		

	oui	non
8. Ils se sont tout de suite compris.		
9. Il est très connu.		
10. Tu as attendu ?		
11. Ils se sont très bien entendus.		
12. J'ai une surprise.		
13. Ils ont très bien entendu.		
14. C'est pris.		
15. Tu l'as vraiment pris ?		

248. LE FUTUR PROCHE

Choisissez l'expression qui donne l'indication la plus proche dans le temps :

1. Je pars .... (demain / tout de suite / dans un moment)

2. Il arrive .... (à l'instant / dans 10 minutes / bientôt)

3. Il faut appeler Jacques ....
(aujourd'hui / le plus vite possible / un de ces jours)

4. Je vais vous recevoir ....
(immédiatement / dans un instant / après)

5. Vous allez guérir ....
(rapidement / dans quelque temps / d'ici trois semaines)

6. Il va terminer .... (bientôt / dans un instant / dans peu de temps)

7. Je voudrais vous parler ....
(dans un moment / maintenant / plus tard)

8. On verra ça .... (après / plus tard / d'ici une minute)

9. Je terminerai .... (tout à l'heure / demain / un de ces jours)

10. Je vous verrai ....
(dans un petit moment / en fin de semaine / plus tard)

11. Salut ! .... (À demain / À bientôt / À tout de suite)

12. Bon, je vous laisse .... (À tout à l'heure / À ce soir / À bientôt)

249. LE PASSÉ PROCHE

Choisissez l'expression qui donne l'indication la plus proche dans le temps :

1. a) Il vient de partir. ☐
   b) Il est parti depuis un petit moment. ☐
   c) Cela fait un moment qu'il est parti. ☐

2. a) Je ne l'ai pas vu depuis une éternité. ☐
   b) Il y a longtemps que je ne l'ai pas vu. ☐
   c) Cela fait quelque temps que je ne l'ai pas vue. ☐

3. a) Il est passé me voir il y a une quinzaine de jours. ☐
   b) Il m'a rendu visite il y a un peu plus d'une semaine. ☐
   c) Il est passé chez moi dimanche dernier. ☐

4. a) Il était là il y a un instant. ☐
   b) Il était là en début de matinée. ☐
   c) Il était là tout à l'heure. ☐

5. a) Il est en train de téléphoner. ☐
   b) Il vient de téléphoner. ☐
   c) Il a fini de téléphoner. ☐

250. ENRICHISSEMENT DU VOCABULAIRE : SYNONYMES DE « VOIR »

Remplacez le verbe « voir » par un verbe plus précis de la liste suivante :
« étudier - visiter - trouver - fréquenter - prédire - parcourir - deviner - se produire - remarquer - consulter - apprécier - rencontrer - comprendre - imaginer - distinguer »

1. J'aimerais bien **voir** cette exposition.
....

2. Joël affirme qu'il peut **voir** l'avenir.
....

3. En une journée, nous **avons vu** toute la petite île des Cèdres.
....

4. Tu ne peux pas rester comme ça ! Il faut que tu **voies** un dentiste !
....

5. Il me semble que j'**ai** déjà **vu** ce garçon chez les Deniau.
....

6. Je ne **vois** vraiment pas pourquoi Rodolphe est fâché contre moi.
....

7. Je ne le **vois** pas du tout professeur.
....

8. Nous ne **voyons** pas de solution à ce problème technique.
....

9. À mon avis, c'est une affaire qu'il faut **voir** de plus près.
....

10. À cause du brouillard, je ne **voyais** pas les bas-côtés de la route.
....

11. Je **vois** à ton air que tu n'es pas convaincu.
....

12. C'est un phénomène astronomique qui ne se **voit** qu'une fois tous les 76 ans.
....

13. Malheureusement, il n'est pas capable de **voir** la qualité de ce travail délicat.
....

14. Depuis que Rémi est à la retraite, il ne **voit** pas beaucoup de gens.

....

15. Je n'**ai** rien **vu** de particulier dans sa façon de parler.

....

251. ENRICHISSEMENT DU VOCABULAIRE : SYNONYMES DE « AVOIR »

Refaites les phrases en remplaçant l'expression « avoir » par un verbe plus précis emprunté à la liste suivante :
« connaître - jouir de - être âgé (de) - compter - tromper - comporter - posséder - obtenir »

1. C'est un élève qui **a** l'estime de ses professeurs.

....

2. Mon père **a** une grande maison à la campagne.

....

3. Un extrait d'acte de naissance ? C'est un document qu'on **a** très facilement auprès de la mairie.

....

4. C'est un grand lycée : il **a** mille sept cents élèves.

....

5. Je souhaite que votre article **ait** une grande diffusion car vous posez les vraies questions.

....

6. Ah le malhonnête ! Il m'**a** bien **eu** !

....

7. Il **a** soixante-dix huit ans mais il est en pleine forme.

....

8. Ma conférence **a** trois parties.

....

252. ENRICHISSEMENT DU VOCABULAIRE : PROBLÈMES ET SOLUTIONS

Complétez en choisissant l'expression la plus forte :

1. Le patron va être enragé : j'ai perdu le dossier export dans un taxi. Pour moi, c'est .... (un contretemps / une catastrophe / un incident)

2. Encore une grève des transports publics ? Décidément, c'est .... (insupportable / gênant / pénible)

3. Tu te rends compte ? J'ai eu 17 sur 20 à mon devoir de physique. Je suis .... (content / fou de joie / satisfait)

4. On m'a volé ma voiture cette nuit. J'ai porté plainte. Je suis .... (furieux / mécontent / attristé)

5. Tu sais la nouvelle ? La femme d'Arthur l'a quitté. Le pauvre, il est .... (déprimé / désespéré / découragé)

6. Comment est-ce que tu fais pour réussir aussi bien les œufs en neige ? Vraiment, je suis .... (consternée / confuse / époustouflée)

7. Figure-toi que je me suis fait arrêter par la police sur l'autoroute. Crois-moi, je ne faisais pas le malin. J'étais .... (vert de peur / peureux / apeuré)

8. Gaubert, c'est quelqu'un qui trompe son monde. Il fait semblant de travailler mais, en fait, c'est .... (un amateur / un dilettante / un fumiste)

9. Lundi, je passe un examen à la fac. Je suis un peu .... (tendu / anxieux / angoissé)

10. À l'idée de repasser mon examen du permis de conduire, je suis .... (inquiet / épouvanté / effrayé)

▦ 253. ORTHOGRAPHE : LES GRAPHIES DU SON [i] - LES LETTRES « i » ET « y »

Écoutez et complétez les pointillés avec la lettre qui convient (« i » ou « y ») :

1. On m'a envoyé une lettre anon...me.

2. C'est un garçon pour qui j'ai beaucoup de s...mpath...e.

3. Bertrand est bar...ton à l'opéra.

4. Est-ce que tu connais l'ét...molog...e du mot : « île » ?

5. Tu devrais envoyer ton affiche dans un c...l...ndre en carton pour la protéger.

6. Gérald est un ambitieux c...n...que qui ne recule devant aucun moyen pour faire carrière.

7. C'est un vieux monsieur encore très d...nam...que malgré son âge.

8. Elle fait tous les jours son entraînement de g...mnast...que.

9. Gisèle est sélectionnée pour les Jeux Ol...mp...ques.

10. Son oncle est à moitié paral...t...que.

11. Le jeune Paul devrait consulter la ps...chologue scolaire.

12. En Eg...pte, vous avez, bien sûr, visité les P...ram...des ?

13. Elle joue dans un orchestre s...mphon...que.

14. Ce vieux quartier chinois est un véritable lab...r...nthe.

15. Tu n'as pas oublié ton p...jama sous l'oreiller ?

16. C'est une belle salle avec un pér...st...le.

CORRECTIONS .

UNITÉ 1

1. Oral / écrit : masculin / féminin
Voir transcription

2. Oral / écrit : masculin / féminin
Voir transcription

3. Schémas intonatifs (question / affirmation)
Interrogatif : 1-3-4-6-7-10
affirmatif : 2-5-8-9

4. Poser une question
Exemple de questions possibles :
Vous vous appelez comment ?
Vous êtes espagnol ?
Quelle est votre profession ?
Vous avez quel âge ?
Vous avez des enfants ?
Vous habitez où ?

5. Conjugaisons : identification de l'infinitif
1. aller
2. faire
3. connaître
4. être
5. travailler
6. avoir
7. être
8. aller
9. avoir
10. s'appeler

6. Conjugaisons
1. vais
2. travaille
3. parlez
4. sommes
5. connais
6. as
7. appelez
8. allez
9. vas
10. manges
11. habitons
12. habites

7. Présenter quelqu'un
Exemple de texte possible :
Elle s'appelle Marie Rossini. Elle habite 10 rue du Faubourg à Vichy. Elle est née en 1948 et elle est pianiste. Elle est mariée et elle a 3 enfants.

8. Présenter quelqu'un
Exemple de texte possible :
Il s'appelle Paul Martin. Il habite 30 avenue de la Paix à Lyon. Il est né en 1905 et est inspecteur de police. Il est divorcé et a un enfant.

9. Présenter quelqu'un
Nom : Lombardi
Prénom : Agnès
Nationalité : française
Date de naissance : 23 / 01 / 72

Situation familiale : mariée
Nombre d'enfants : 1
Profession : photographe
Profession du conjoint : professeur
Adresse en France :
25, rue de la République (Paris)

10. Se présenter
J'habite à Tours. J'ai un frère mais pas de sœur. Je ne suis pas très grande. Je suis rousse. Je fais du patinage. Je fais un peu de tennis. J'aime les chansons de Céline Dion.

11. Masculin / féminin
1. ?
2. F
3. ?
4. F
5. F
6. F
7. F
8. F

12. Masculin / féminin
1. H
2. F
3. F
4. F
5. H
6. ?
7. ?
8. ?
9. H
10. ?

13. Masculin / féminin
1. ?
2. F
3. H
4. F
5. ?
6. F
7. F
8. F
9. F
10. ?

14. La ponctuation
Voir transcription

15. Les liaisons
oui : 1-2-4-7-8-11-12
non : 3-5-6-9-10

16. Les liaisons
oui : 1-2-4-6-8-9
non : 3-5-7-10

17. Les liaisons
oui : 1-2-4-5-7
non : 3-6-8-9-10

18. Les nombres
Voir transcription

19. Phonétique : [y] / [u]
Voir transcription

20. Phonétique : [i] / [y]
Voir transcription

21. Phonétique : [s] / [z]
Voir transcription

22. Phonétique : [p] / [b]
Voir transcription

23. Orthographe[s] ou [z] ?

	[s]	[z]
1.	X	
2.	X	
3.		X
4.		X
5.	X	
6.		X
7.	X	
8.	X	
9.		X
10.		X

24. Orthographe : [s] ou [z] ?
Voir transcription

25. Orthographe : « ou » final suivi d'une consonne
1. non
2. non
3. oui
4. non
5. non
6. oui
7. oui
8. oui
9. oui
10. oui

26. Orthographe : les sons [Ø] et [œ]
[Ø] : 2-3-4-7-10-11-12-15-16
[œ] : 1-5-6-8-9-13-14-17

27. Orthographe : à / a
1. à
2. à
3. a
4. à
5. à
6. a
7. à
8. a
9. à
10. a

UNITÉ 2

28. Un / une
Voir transcription

29. Un / une
1. un, une
2. une
3. une, un
4. une
5. un
6. une
7. une
8. un
9. une
10. un

30. Un / une
1. voiture
2. appartement
3. pays
4. infirmière
5. histoire
6. prénom
7. hôtel
8. quartier
9. institutrice
10. maison

31. Compréhension (présenter quelqu'un)
Ivan
Morin
dans l'ouest
Rohan
facteur
le cinéma

32. Compréhension (présenter quelqu'un)
Longcourt, Claude, garçon de café, 35 ans
Danton, Hervé, retraité SNCF, Paris, 62 ans
Vergnes, Jean-Paul, journaliste, Brest, 32 ans
Rondot, Stéphanie, institutrice, Nantes, 23 ans
Locle, Françoise, cuisinière, Toulouse, 32 ans
Morand, Paul, ouvrier spécialisé, Lyon, 38 ans
Lemercier, Joëlle, actrice, Paris, 41 ans
Legrand, Claude, médecin, ?, 35 ans en 97, 36 en 98, etc.

33. La négation
1. Je n'aime pas le sport.
2. Il n'est pas sympathique.
3. Il ne mange pas beaucoup.
4. Je ne suis pas parisien.
5. Je ne parle pas anglais.
6. Je ne connais pas Berlin.
7. Ils ne sont pas mariés.
8. Je ne voyage pas beaucoup.
9. Il ne veut pas travailler.
10. Il ne comprend pas tout.

34. La négation
positif : 2-4-5-8-10
négatif : 1-3-6-7-9

35. Le « ne » de la négation
prononcé : 3-5-6-8-9
non prononcé : 1-2-4-7-10

36. Il / elle
1. il
2. il
3. il
4. ils
5. il
6. elle
7. elle
8. elle
9. ils
10. elles

37. moi / toi / lui, elle / nous / vous / eux, elles
1. Moi
2. Moi ou Elle
3. Lui
4. Lui, elle
5. eux
6. Nous
7. elles
8. Toi
9. vous
10. elle

38. Singulier / pluriel
1. le
2. les
3. la
4. les
5. les
6. la
7. le
8. les
9. les
10. le

39. Singulier / pluriel
1. faux
2. vrai
3. faux
4. faux
5. vrai
6. vrai
7. vrai
8. faux
9. faux
10. vrai

40. Singulier / pluriel
une personne : 4-8
plusieurs personnes : 3-5-7-9
on ne peut pas savoir : 1-2-6-10

41. Singulier / pluriel
1. italiens
2. dansent amies
3. gentils
4. enfants
5. n'aiment pas
6. petites
7. contentes
8. mariées
9. divorcés
10. parties

42. Il, elle, ils ou elles
1. mes chaussures
2. mon père
3. mon frère
4. mon cousin
5. mon chien
6. mon café
7. ma voiture
8. mes filles

43. Les possessifs
1. ses
2. son
3. ta
4. mon
5. mes
6. ton
7. vos
8. sa

44. Les possessifs
1. ami
2. fils
3. voiture
4. femme
5. enfants
6. famille
7. village
8. garagiste
9. enfants
10. faute

45. Phonétique : [f] / [v]
Voir transcription

46. Phonétique : [â] / [ɛ̃]
Voir transcription

47. Phonétique : [t] / [d]
Voir transcription

48. Orthographe : lettres accentuées
1. Il est allé au cinéma.
2. Ma mère est secrétaire.
3. Elle a quel âge Hélène ?
4. Mon frère est médecin. Il est marié avec une infirmière.
5. J'étudie le français à la faculté des lettres.
6. Mon prénom, c'est Renée. Je suis mariée.
7. Vous êtes célibataire ?
8. Je n'aime pas le théâtre. Je préfère le cinéma.
9. Un café ? Un thé ? Ou alors une bière ?
10. L'université ? C'est très près d'ici.

49. Orthographe : où / ou
1. ou
2. où
3. ou, ou
4. Où
5. ou
6. ou, ou
7. où
8. où

50. Orthographe : ai / ei / è
1. maire
2. mère
3. mer
4. paire
5. père
6. pair
7. plaine

8. pleine
9. selle
10. sel

51. Orthographe : « ou » final suivi d'une consonne

1. saoul
2. joue
3. tout
4. roux
5. vous ?
6. sous
7. beaucoup
8. nous
9. caoutchouc
10. doux

52. Orthographe : consonne finale prononcée ou non

prononcé : 1-4-6-7-9-11-15-18-20
non prononcé : 2-3-5-8-10-12-13-14-16-17-19

53. Orthographe : les mots en [i]

ll : fusil
is : compris, depuis
it : huit, petit, nuit, bruit
id : nid
ie : boulangerie, pâtisserie
i : ici, fini
ix : dix
iz : riz
ib : toubib

UNITÉ 3

54. Oui, non, si

1. Si
2. Si
3. Oui
4. Non
5. Si
6. Non
7. Si
8. Si
9. Oui
10. si

55. Est-ce que / qu'est-ce que

Qu'est-ce que : 1-4-7-8-10
Est-ce que : 2-3-5-6-9

56. Le pluriel des verbes

1. veulent
2. font
3. comprennent
4. doivent
5. dorment
6. prennent
7. voient
8. peuvent
9. connaissent
10. disent

57. Toi / vous

toi : 1-3-5-6-10
vous : 2-4-7-8-9

58. Tu / vous

se disent « tu » : 2-3-4-7-9-10
se disent « vous » : 1-5-6-8

59. Tu / vous

tutoie : 1-4-8-10
vouvoie : 2-3-5-6-7-9

60. Oui ou non ?

1. Oui ou non ?
2. Noir ou blanc ?
3. Ça va ou ça ne va pas ?
4. Aujourd'hui ou demain ?
5. Vous arrivez ou vous partez ?
6. Vous entrez ou vous sortez ?
7. Avant ou après ?
8. Pour ou contre ?
9. C'est vrai ou c'est faux ?

61. Vocabulaire : les professions

1. caissière
2. proviseur
3. chirurgien
4. facteur
5. scientifique
6. boulanger
7. dentiste
8. serveur
9. patron
10. journaliste

62. Singulier / pluriel

Exemple de textes possibles :
Jean-Paul et Sylvie ont 26 ans. Ils aiment la natation. Ils connaissent Lyon et Toulon.
Jean-Paul et Gaston habitent à Lyon. Ils ont passé leur enfance à Toulon. Ils sont sportifs.
Sylvie et Marie-Claude ont 26 ans. Elles sont nées à Lyon mais vivent à Toulon.

63. Indiquer ses coordonnées sur divers types de documents

1. Entête de lettre :
Claude Bernard
26, rue du Marché
69 000 Lyon.
Tel : 04 78 03 22 22
Cher ami….
2. Carte de visite :
Jean-Marie Laporte
Technicien en électronique
33, avenue Carnot, 69000 Lyon
Tel : 04 78 33 33 25.
Fax : 04 78 33 33 26.
3. Enveloppe :
Raymond Baron
43, rue du Nord
59000 Lille

64. Remplir un questionnaire.

Sexe : femme
Age : 32 ans
Situation familiale : Divorcée
Nombre d'enfants : 2
Mangez vous des yogourts ? oui
un par jour
Utilisez vous du beurre pour
la cuisine : oui
le petit-déjeuner : oui
Utilisez-vous de la crème fraîche ? non
Consommez-vous du fromage ? non
Connaissez-vous la marque « Lacto »
non

65. Créer un questionnaire.

Allez-vous au cinéma :
Souvent
Rarement
Jamais
Vous y allez :
une fois par semaine
une fois par mois
moins de 4 fois par an
plus de 4 fois par an
Quel type de film avez-vous vu au cours de l'année écoulée ?
film comique
film américain
comédie musicale
thriller
Vos 3 acteurs ou actrices préférés :

66. Présenter quelqu'un
Dialogue ? (voir modifications)

67. Masculin / féminin

Femme : 1-3-5
Homme : 2-4
On ne sait pas : 6

68. Orthographe « an », « em » ou « en » : [ã]

Hans est un étudiant allemand. Il habite dans la banlieue de Nantes, en France. Il a vingt-quatre ans. Quand il est arrivé, en septembre, il ne connaissait personne : ses amis, ses parents, son grand-père et sa grand-mère étaient restés en Allemagne. Mais Hans a fait des rencontres : il sortait souvent et il a bien vite rencontré d'autres étudiants comme lui : des anglais, des Hollandais et, bien sûr, beaucoup de Français.
Comment a-t-il rencontré Henri Durand, Fernand, Bertrand et leurs enfants ? Tout simplement pendant les vacances. Et puis, Hans a fait un stage pour apprendre des langues régionales, le catalan et l'occitan. C'était à Aix-en-Provence, au printemps. Le département des langues étrangères et régionales a organisé un concours de danse. Hans danse rarement, mais, ce soir-là, il a rencontré la belle Florence, une femme grande et élégante. Il s'est présenté, a invité Florence à danser et ils ont été les gagnants du concours !

69. Orthographe les différentes graphies du son [o]

o	:	métro, moto, vélo, photo, allô, numéro
ot	:	maillot, boulot, idiot, mot, abricot, pot, bistrot, escargot, bientôt
op	:	sirop, trop
os	:	héros, dos, gros, repos
au	:	tuyau, au, noyau
eau	:	gâteau, bureau, beau, cadeau, manteau, chapeau, nouveau
aut	:	il, faut, haut, défaut
aux	:	normaux, journaux, faux
eaux	:	ciseaux, Bordeaux
aud	:	costaud, chaud

70. Orthographe : les mots en « eu »

1. Il veut un peu de beurre.
2. J'ai deux jeunes sœurs.
3. C'est jeudi. Il pleut.

4. J'habite dans la banlieue.
5. C'est un monsieur heureux.
6. Il a les yeux bleus.
7. Tu peux demander ce que tu veux.
8. J'ai le cœur joyeux.

71. Orthographe : féminin des adjectifs en « x »
1. douce
2. pluvieuse
3. fausse
4. rousse
5. vieille
6. jalouse
7. curieuse
8. sérieuse

72. Orthographe : les mots en « h »
Liaison faite : 1-2-6-8-9
Pas de liaison : 3-4-5-7-10

73. Orthographe : les mots en [a]
a   : a, sa, gala, sympa
as : repas, bras
at : chocolat, avocat, plat, chat, secrétariat
ars : gars
ac : tabac

74. Orthographe : les mots en [a]
Voir transcription

75. Orthographe : masculin / féminin des adjectifs
1. court
2. bas
3. profond
4. lointain
5. excellent
6. charmant
7. coquet
8. idiot
9. contemporain
10. mignon

76. Orthographe : homophones « on », « ont »
1. on
2. ont
3. on   on
4. ont
5. ont
6. On
7. on
8. on
9. ont
10. on

77. Orthographe : homophones « et », « est »
1. et
2. est
3. et
4. et
5. est
6. est
7. et
8. est
9. est, et
10. et
11. est
12. et
13. est
14. et
15. est

UNITÉ 4

78. le / la / les – un / une / des
1. le
2. un
3. la
4. la
5. les
6. des
7. la
8. le
9. un
10. la
11. les
12. l'

79. le / la / les – du / de la / des
1. du
2. le
3. des
4. le
5. des
6. les
7. le
8. du
9. le
10. le
11. le
12. du

80. Les démonstratifs
1. Cet
2. Ce
3. cet
4. ces
5. ce
6. cette
7. Cet
8. ce
9. Cette
10. ce
11. Cette
12. Cette

81. Singulier / pluriel
1. grandes
2. intéressantes
3. bel
4. nouveaux
5. nouvelles
6. bonnes
7. grosses,   blanches
8. rousses
9. folles
10. veuve
11. mariés
12. vieilles

82. En, y
1. ici
2. de la pizza
3. de ce problème
4. à mes vacances
5. chez ma sœur
6. du café
7. de la poste
8. du café

83. Il / on
1. on
2. on
3. il
4. il
5. on
6. on
7. il
8. on
9. on
10. il

84. Les démonstratifs
1. ce
2. cette
3. cet
4. Cette
5. ces
6. ce
7. Cet
8. ce
9. cette
10. cette

85. De / à / en
1. au
2. du
3. à l'
4. à
5. en, à la
6. du
7. de, en
8. en
9. d', de
10. au, en

86. De / à / en
1. vient
2. visiter
3. reviens
4. suis sorti
5. suis
6. vivent
7. est sorti
8. quitte

87. Prépositions + noms de pays
1. en Italie
2. en Pologne
3. En Suisse
4. en Australie
5. en Espagne
6. en Argentine
7. au Pérou
8. en Allemagne
9. en France
10. aux Etats-Unis

88. Hier ou demain ?
demain : 1-4-7-8-10
hier : 2-3-5-6-9

89. Les indicateurs de temps
1. Hier
2. Dimanche
3. cette nuit
4. Cette nuit
5. L'an dernier
6. Cette semaine

90. Le passé composé
as fait
avez vu
ont déménagé
suis né
avez trouvé
sont restés

avez mangé
est sortie
sommes partis

91. Le passé composé (repérage)
passé composé : 3-4-6-7
autre chose : 1-2-5-8-9-10

92. Articles définis / indéfinis
1. la
2. la, la, une, une
3. le
4. une
5. la
6. la
7. le, la, les
8. une
9. le
10. une

93. Du / de la / de l' / des
1. de la musique
2. du poisson
3. des vacances
4. des cadeaux
5. du printemps
6. des vendanges
7. du jardinage
8. du travail

94. Verbes avec ou sans préposition.
1. parle
2. appeler
3. avez écrit
4. connait
5. s'intéresse
6. demander

95. en / y
y : 1-2-5-6-7
en : 3-4-8
Attention 8 je dois m'…. aller

96. le / la / les / en
1. en
2. en
3. le
4. en
5. le
6. en
7. en
8. les
9. les
10. en

97. Participe passé / infinitif
1. veut
2. sommes
3. sont
4. doit
5. Parler
6. avons

98. Morphologie des verbes : terminaisons du présent
e, es, e
parler offrir chercher
s, s, t
finir conduire mettre
courir venir rire voir faire plaire
x, x, t
vouloir pouvoir valoir

99. Morphologie des verbes : verbes en « ir » qui se conjuguent comme les verbes en « er »
1. recueille
2. offre
3. ouvrez
4. souffre
5. accueille
6. couvre
7. découvrons
8. cueille

100. Morphologie des verbes : verbes en « cer » et en « ger »
1. commençons
2. mangeons
3. changeons
4. déplaçons
5. remplaçons
6. bougeons
7. déménageons
8. lançons
9. partageons
10. voyageons

101. Orthographe : le son [ɛ] (en finale)
et	:	juillet, billet, paquet
êt	:	forêt
est	:	est
ès	:	près, très, après
ais	:	vais, frais, jamais
ait	:	lait
ai	:	mai, gai, ai, vrai
aie	:	craie, monnaie, paie
aix	:	paix

102. Orthographe : le son [ɛ] à l'intérieur d'un mot
è	:	mètre, père
ê	:	fête, fenêtre, tête
ei	:	neige, reine, peine
ai	:	maison, raison, maire
e + consonne	:	restaurant rester

103. Orthographe : le son [ɛ] à l'intérieur d'un mot
Voir transcription

104. Orthographe : le son [ɛ] suivi d'une consonne double
elle	:	Mademoiselle
ett	:	assiette casquette
ess	:	profession intérèsse essayer
enn	:	tennis pharmacienne
err	:	terre erreur terrible

105. Orthographe : homophones « et », « est », « es »
1. es
2. est
3. es
4. et
5. est
6. est
7. es
8. est
9. et
10. et
11. es
12. est
13. et
14. et
15. est

UNITÉ 5

106. Être ou avoir
1. a
2. as
3. as
4. es
5. est
6. avez
7. êtes
8. avez, a
9. ont
10. avons
11. êtes
12. est

107. Tout / tous / toutes
1. tous
2. tout
3. tout
4. tous ou toutes
5. tous ou toutes
6. toutes
7. tout
8. tout
9. toutes
10. tous

108. Ne pas / ne plus
1. G
2. B
3. A
4. I
5. J
6. E
7. H
8. C
9. F
10. D

109. Indicateurs de lieu
1. autour
2. à l'angle
3. au dessus
4. très loin
5. près
6. au centre

110. Prépositions
1. sur
2. dans
3. à
4. près
5. loin

111. Vocabulaire : les lieux de la ville
1. à la mairie
2. à la poissonnerie
3. à l'épicerie
4. à la parfumerie
5. au garage
6. à l'église
7. à la banque
8. boucherie

112. Vocabulaire : les lieux de la ville
1. Café
2. Parfumerie
3. Magasin de chaussures

4. Poste
5. Pharmacie

113. Place des adjectifs

	avant	après
beau	X	
bleu		X
bon	X	
chinois		X
espagnol		X
grand	X	
jaune		X
joli	X	
mauvais	X	
petit	X	

114. Pas de ou pas le / pas la / pas les
1. pas la
2. pas de
3. pas de
4. pas de
5. pas le
6. pas l'
7. pas de
8. pas la
9. pas les
10. pas de
11. pas le

115. à / en + moyen de transport
1. pied
2. avion
3. bicyclette
4. bus
5. moto
6. métro
7. cheval
8. bateau

116. Parler d'un lieu de façon précise ou imprécise
précis : 1-4-6-9-12
imprécis : 2-3-5-7-8-10-11

117. Demander une information
1 b
2 c
3 c

118. Différentes façons de demander
1. Est-ce que vous pourriez me dire où est la poste ?
2. Est-ce que vous auriez du feu, s'il vous plaît, Monsieur ?
3. Est-ce que je pourrais avoir un café ?
4. Auriez-vous l'amabilité de demander à M. Lefol quand il pourrait me recevoir ?
5. Est-ce que vous auriez la gentillesse de remettre ce message à Mme Dubois ?

119. Phonétique [k] / [g]
Voir transcription

120. Orthographe : les mots en « app » et en « ap ».
Mots en « app » :
apporter
appartement
appareil
apprendre
rapport
s'appeler
applaudir
approuver
Mots en « ap » :
apercevoir
apéritif

121. Orthographe : les mots en « app » ou « ap »
Voir transcription

122. Orthographe : les mots en « arr » ou « ar ».
Mots en « arr » :
arrêter
arrondissement
arrière
arriver
arroser
arracher
arranger
arrivée
Mots en « ar » :
aride

123. Orthographe : les mots en « arr » ou « ar »
Voir transcription

124. Orthographe : pluriel des mots en « ou » et en « eu »
ous : fou, trou, mou, sou
oux : bijou, chou
eus : bleu
eux : jeu, feu, oeil / yeux, neveu

125. Orthographe : pluriel des mots en « ou » et en « eu »
1. bleus
2. pneus
3. bijoux
4. fous
5. feux
6. jeux
7. cheveux
8. lieux
9. cailloux, genoux
10. vœux

126. Orthographe : homophones « ses », « ces », « cet », « s'est », « c'est »
1. ces
2. ses
3. cet
4. c'est
5. s'est
6. s'est, c'est
7. ses
8. ces
9. cet
10. s'est

127. Orthographe : Homophones « ses », « ces », « cet », « s'est », « c'est »
1. ses
2. ces
3. c'est
4. s'est, ses
5. ces
6. c'est, cet, ses
7. ces
8. C'est, s'est, ses

128. Orthographe : homophones grammaticaux : « ce », « se », « s' », « c' »
1. se
2. ce
3. se
4. s'
5. c'
6. se
7. s'
8. c'
9. ce
10. ce

129. Morphologie des verbes : verbes en « eler » et en « eter »
1. appelle
2. rappelle
3. jette
4. achète
5. épelle
6. gèle
7. rejette
8. rachète

130. Morphologie des verbes : verbes en « yer »
1. essaie
2. paies
3. envoie
4. essuyez
5. essayons
6. appuie
7. raye
8. ennuyons
9. appuie
10. essaient
11. paient
12. ennuie

UNITÉ 6

131. Passé composé négatif (avec «le / la / l' / les»)
1. Je ne l'ai pas vu hier, au Lycée.
2. Je ne les ai pas appelés.
3. Je ne l'ai pas trouvé sympathique.
4. Je ne les ai pas achetées à crédit.
5. Je ne les ai pas toutes mangées.
6. Vous ne l'avez pas rencontrée ?
7. Tu ne l'as pas compris, ce texte ?
8. Vous ne l'avez pas fini ce livre ?
9. Je ne les ai pas entendus entrer.
10. Je ne l'ai pas vue partir.
Vérifier !

132. C'était / Il y avait / Il faisait / Il ou elle était
1. c'était, faisait
2. il était
3. il'était
4. Il y avait
5. il faisait
6. c'était
7. il faisait
8. c'était, il y avait

9. il était
10. il y avait

133. pouvoir + infinitif
1. On peut camper.
2. On peut se baigner.
3. On peut se promener en forêt.
4. On peut louer des bungalows.
5. On peut faire du ski.
6. On peut vivre en plein-air.

134. Élargissement du vocabulaire : professions scientifiques ou techniques
1. mécanicien (ou mécanicienne)
2. électricien (ou électricienne)
3. médecine
4. informaticien
5. robotique
6. électronicien
7. diététicienne
8. psychologie
9. scientifique
10. physique
11. chimiste
12. mathématicien

135. Élargissement du vocabulaire : les magasins
1. boucherie
2. pâtisserie
3. quincailler
4. épicier
5. poissonnerie
6. libraire
7. boulanger
8. charcuterie
9. menuisier

136. Élargissement du vocabulaire : le tourisme, les loisirs
1. randonneurs
2. skieurs
3. campeurs
4. pêcheurs
5. gastronomes
6. sportifs

137. Élargissement du vocabulaire : exprimer une appréciation sur un lieu
1. C'est une ville immense.
2. C'est un pays désert.
3. Les habitants sont agressifs.
4. C'est une région sans intérêt.
5. Le centre ville est mort.
6. C'est l'enfer.
7. C'est gris.
8. C'est sale.
9. Le climat est glacial.
10. L'air est pollué.
11. La vie est bon marché.
12. La vieille ville est moche.

138. Élargissement du vocabulaire : exprimer une appréciation positive sur un lieu
1. splendide
2. au beau fixe
3. exquise
4. merveilleux
5. colorée
6. calme

7. spacieuse
8. bon marché
9. limpide
10. peu fréquentée

139. Élargissement du vocabulaire : exprimer une appréciation négative sur un lieu
1. sordide
2. minable
3. catastrophique
4. torrentielles
5. torride
6. dangereuses
7. épouvantables
8. exécrable
9. défoncées
10. hostiles
11. rude
12. écœurante

140. Vocabulaire : le contraire de quelques mots
1. C'est laid.
2. C'est petit.
3. Il fait un temps affreux.
4. J'ai une chambre immense.
5. Il fait froid.
6. Les gens sont antipathiques.
7. La plage est très sale.
8. Les rues sont bruyantes.
9. C'est très bruyant.
10. L'air est pur.

141. Vocabulaire : Le temps qu'il fait
1. maussade
2. glaciales
3. torride
4. violents
5. modéré
6. fraîches
7. sec
8. chaleur
9. tempéré
10. douceur

142. Orthographe : le « h » muet
1. théâtre
2. thème
3. souhait
4. malheureux
5. dehors
6. véhicule
7. thym
8. menthe
9. athlètes
10. théorie

143. Phonétique [ʃ] / [ʒ]
1. J'écoute les gens.
2. Papa ! À dimanche !
3. Je l'ai bouché.
4. Je la jette ?
5. Quel choix
6. Angkor, c'est en Chine ?
7. Ça s'écrit comment « cheveux » ?
8. Attention ! C'est Jo !

144. Phonétique [ʃ] / [ʒ] / [s] / [z]
1. Garçon ! Une bière fraîche !
2. Il est chaud !
3. Il est au zoo.

4. Cette rose est magnifique !
5. Un petit bisou ?
6. Elles est rousse.
7. Tu veux que je la couse ?
8. Je l'ai cachée.
9. Tu veux du vin Roger ?
10. Tu veux des choux ?

145. Orthographe : les mots en « att » ou « at ».
Mots en « att »
attendre
attention
attacher
atterrir
attentat
attrapé
atteindre
attarder
attentif
Mots en « at »
atelier
atomique

146. Orthographe : les mots en « att » ou « at »
Voir transcription

147. Orthographe : mots commençant par « abb » ou « ab »
« abb »
abattre
abbaye
« ab »
abandonné
abaisser
abominable
abonné
abus
d'abord

148. Orthographe : mots commençant par « acc » ou « ac »
« acc »
accompagner
d'accord
accueillir
accusé
« ac »
Académie

149. Orthographe : mots commençant par « all » ou « al »
« all »
allé
Allemagne
allongé
allumettes
« al »
alarme
alerte
alimentation
aluminium
alouette

150. Orthographe : familles de mots
1. champ
2. chant
3. plomb
4. bord
5. aliment
6. repos

7. pas
8. fort
9. tas
10. retard
11. récit
12. pot
13. long
14. franc
15. gratuit
16. discret

151. Vocabulaire : bon / mauvais, beau / laid ou grand / petit

bon : excellent, exquises
mauvais : écœurante, succulente, abominable, ignobles
beau : mignon, époustouflants
laid : hideux, moche
grand : immense, énorme, spatieux
petit : minuscule

152. Orthographe : L'accent circonflexe

1. Sa grand-mère est âgée.
2. Pourquoi est-ce que tu t'entêtes ?
3. Pascale habite juste à côté de chez nous.
4. Elle n'est pas sûre de venir.
5. Tu veux encore du gâteau ?
6. Nous avons fait une belle promenade en forêt.
7. Il a commencé la flûte à l'âge de huit ans.
8. Jean est moins bête qu'il ne paraît !
9. Je n'aime pas les fruits trop mûrs.
10. Chacun a payé son dû.
11. Grâce à toi, j'ai fait un bon dîner.
12. Je peux ouvrir la boîte ?
13. J'ai un peu mal à la tête.
14. Elle s'est brûlé la main en préparant le repas.
15. Avec cette neige, tu devrais mettre les chaînes de la voiture.
16. Il faut te dépêcher.
17. Henri est encore à l'hôpital.
18. Je suis sûr que c'est un bon hôtel.
19. Tu peux me prêter deux cents francs jusqu'à lundi, ou même jusqu'à vendredi ?
20. Sur une île, il y a toujours une petite brise fraîche.

153. Morphologie des verbes : verbes en « oir » et en « oire »

1. revoient
2. prévoient
3. croyez
4. croient
5. voyez
6. prévoyez
7. assoyez
8. voient

154. Morphologie des verbes : verbes en « e + consonne + er » ou « é + consonne + er »

1. me lève
2. répètent
3. emmènes
4. vous levez
5. se promènent
6. achève
7. protège

8. me repère
9. cède
10. nous promenons
11. achevons
12. cédons

155. Morphologie des verbes : verbes qui ajoutent un son au pluriel (ex : finis / finissons)

écrivons
conduisez
connaissons
disparaissent
produisons
vous plaisez
traduisez
inscrivez
vous taisez
Vérifier !

UNITÉ 7

156. Demande directe / demande polie

1. Ferme la porte !
2. C'est quoi, ton adresse ?
3. Passe-moi ton stylo.
4. Fabien, donne ta place à la dame !
5. Le train pour Dunkerque, il part à quelle heure ?
6. C'est combien, le gigot d'agneau ?
7. Tu sais où il est, Paul ?
8. Téléphone-moi avant six heures : après, je ne suis plus chez moi.
9. Un timbre fiscal à 100 francs. C'est pour une demande de passeport.
10. Un demi !

157. Le conditionnel

1. Vous pourriez m'aider ?
2. Nous aimerions marcher.
3. Ils voudraient sortir.
4. Je souhaiterais parler
5. Elle désirerait poser une question.
6. Tu aurais du feu ?
7. Est-ce qu'ils pourraient m'appeler ?
8. Vous n'auriez pas envie de prendre l'air ?
9. Je voudrais un kilo de cerises.
10. On pourrait terminer avant midi ?

158. Est-ce que / qu'est-ce que / qui est-ce que / où est-ce que / d'où est-ce que

1. Près de la gare.
2. Des spaghettis.
3. La fille en bleu. Je crois que je la connais.
4. Non, je suis fatiguée.
5. Tous mes copains.
6. De Madrid.
7. Rien.
8. Oui, je parle parfaitement l'anglais.

159. L'heure

1. 16 h 43, 19 h 16
2. 11 h 45
3. 2 h 45
4. 13 h
5. une heure moins vingt
6. 18 h 10

160. L'heure courante / l'heure officielle

Heure officielle : 2-5-6-8
Heure courante : 1-3-4-7-9-10

161. L'heure

1 g
2 a
3 c
4 b
5 d
6 f
7 e

162. L'heure précise / l'heure imprécise

précis : 2-3-7
imprécis : 1-4-5-6-8-9-10

163. Matin, après-midi, soirée ou nuit ?

matin : 4-7-10
après-midi : 2-9
soirée : 3-5
nuit : 1-6-8

164. Transmettre un message

Destinataire : Monsieur Dubois
De la part de : Pierre Clavier
Société : Infopro
Téléphone : 01 44 45 66 66
Objet : Rendez-vous
Date : Mercredi 20 mars
Heure du rendez-vous : 10 h

165. Les mots interrogatifs

1. combien
2. pourquoi
3. comment
4. lequel
5. à quelle heure
6. à quel endroit
7. dans combien de temps
8. à qui
9. dans quelle direction
10. quoi

166. Le conditionnel

1. auriez
2. pourraient
3. voudrions
4. aimerais
5. souhaiterait
6. désirerions
7. voudraient
8. aurais envie
9. souhaiterais
10. aurait besoin

167. Phonétique [l] / [R]

Voir transcription

168. Orthographe : « tion », « ssion », « sion »

1. pression [s]
2. décision [z]
3. Attention [s]
4. émotion [s]
5. déclaration [s]
6. exposition [s]
7. profession [s]
8. télévision [z]
9. direction [s]

10. émission [s]
11. question [t]
12. suggestion [t]
13. digestion [t]
14. passion [s]

169. Orthographe : mots en « sion », « ssion », « tion », « xion »
Voir transcription

170. Orthographe : mots commençant par « add » ou « ad »
« add »
L'addition
« ad »
adapte
adorable
adultes
adolescents
adieu

171. Orthographe : mots commençant par « aff » ou « af »
« aff »
affaire
affectueux
affiches
affreux
affolement
affligeant
« af »
l'Afrique
africain

172. Orthographe : « eaux » ou « aux » au pluriel ?
« aux »
1. journal
3. cheval
4. original
8. animal
9. commercial
10. hôpital
« eaux »
2. nouveau
5. morceau
6. bateau
7. cadeau

173. Orthographe : pluriel des mots en « al » et en « eau »
1. internationales
2. chevaux
3. géniaux
4. gâteaux
5. grammaticales
6. occidentaux
7. olseaux
8. châteaux
9. canaux
10. belles

UNITÉ 8

174. Les relatifs «qui» ou «que»
1. que
2. qui
3. qui
4. qui
5. que
6. qui
7. que

8. que
9. que
10. qui
11. qui
12. que

175. Qui / que
Voir transcription

176. Les pronoms relatifs
Les possibilités sont multiples.

177. Pronoms : le, la, les / leur, lui / en, y
1. y
2. lui
3. les
4. les
5. en
6. lui
7. la
8. en
9. y
10. leur

178. Pronoms : le, la, les / en, y

179. Les pronoms relatifs «qui, que»
1. que
2. que
3. qui
4. que
5. que
6. qui
7. qui
8. que
9. qui
10. que

180. Faire le portrait de quelqu'un
1. un facteur
2. un chauffeur de taxi
3. une concierge
4. une contractuelle
5. un retraité
6. un instituteur
7. une coiffeuse
8. un patron de bistro

181. Décrire quelqu'un : à / en
à la
en
en
aux
à, en
en
au, en
en
en, en
à la, à la

182. Orthographe : « err », « air », « èr », « or »
1. maire, mer, mère
2. chère, chaire, chair
3. vert, verre
4. paire, père, perd
5. guerre, guère
6. faire, fer
7. ère, air
8. taire, terre

183. Orthographe : mots commençant par « amm » ou « am »
« amm »
ammoniaque
« am »
amitié
amateur
s'améliorer
amené
amour
amusant
américain

184. Orthographe : mots commençant par « ann » ou « an »
« ann »
anniversaire
annoncer
année
annulé
« an »
analyse
animaux
animée
anormal

185. Orthographe :
1. difficile
2. différent
3. diffusion
4. différend
5. diffamation
6. difficultés
7. difformité
8. diffuse
9. difforme
10. différer

186. Orthographe : mots commençant par « sup » ou « supp »
sup
super
superbe
suprématie
suprême
superficiel
superficie
supérieur
supranationale
supraconducteurs
superflues
supp
supporter
supplément
supprimer
suppléant
supplie
supplice
Supposons
suppure
suppressions
supplémentaires

187. Orthographe : mots commençant par « sol » ou « soll »
soll
sollicite
sollicitude
sollicitations
sol
solaires
solitaire

soldat
solstice
soliste
solution
solide

188. Orthographe : mots commençant par « imm » ou « im »
Voir transcription

189. Phonétique [n] / [ɲ]
Voir transcription

190. De / à
1. à
2. d'
3. à, de
4. à, à
5. à
6. d'
7. à
8. à
9. de
10. à

191. Vocabulaire : synonymes de «faire»
1. allumer
2. consommer
3. pratiquer
4. aider
5. s'habituer
6. provoquer
7. chausser
8. étudier
9. établir
10. intenter

192. Décrire un objet
1. une bibliothèque
2. une machine à écrire
3. un appareil photo
4. un autocuiseur
5. un vélo d'enfant
6. une robe de chambre
7. un aspirateur
8. un radioréveil
9. un portefeuille
10. un sac fourre-tout

UNITÉ 9

193. La comparaison
1. Pierre mesure 1,85 m. Jean mesure 1,88 m.
Jean est le plus grand des deux.
2. Jean est plus sympa que Pierre.
3. Je préfère Jean à Pierre.
Jean est plus gentil que son frère.
4. Le programme de la deux est aussi mauvais que celui de la une.

194. La comparaison : meilleur / mieux
1. meilleures
2. mieux
3. meilleur
4. mieux
5. meilleur
6. meilleure

7. mieux
8. meilleure

195. Les chiffres : demander ou dire le prix

dial.	objet / produit	prix
7	café	6 F
1	journal	8 F
3	voiture	35 000 F
8	billet de train	450 F
2	pain	3,5 F
5	essence	235 F
6	sandwich	22 F
4	vin	18 F

196. La matière
1. cuir
2. métal
3. plastique
4. terre
5. coton
6. béton
7. bois
8. verre

197. Contenu / destination
1. de
2. à
3. de, à, à
4. de, d',
5. de
6. à, à
7. d'
8. à

198. Unités de quantification
1. livre
2. tranches
3. douzaines
4. litres
5. litres
6. morceaux
7. rondelles
8. kilo

199. Quantités précises
1. vingt-deux
2. un milliers de
3. exactement
4. juste
5. une douzaine d'
6. cent

200. Quantités précises ou imprécises
précis : 2-3-7-9-10
imprécis : 1-4-5-6-8

201. Unités de quantification
1. une douzaine
2. un comprimé
3. une pointe
4. un filet
5. gousses
6. le filet
7. un sac

8. les boîtes
9. le carton
10. tonneau

202. Expressions comportant des nombres
1. quatre
2. cent
3. cinquième
4. quatorze
5. cent
6. quatre
7. une
8. trois
9. cinq sur cinq
10. en huit

203. Les pronoms possessifs
1. le tien
2. la notre
3. la sienne
4. les leurs
5. les miennes
6. le votre
7. les miens
8. le sien

204. Les pronoms possessifs
le mien
la sienne
des miens
les miens
la tienne
la sienne
le mien
la leur

205. Place des adjectifs

	avant	après
intéressant		X
jeune	X	
sérieux		X
agréable	X	
méchant	X	
pénible	X	
vieux	X	
brillant	X	
bavard		X
curieux	X	

206. Les homophones lexicaux
1. doit, doigt
2. quart, car
3. faire, fer
4. court, cours, cours, court court, cour
5. toit, toi
6. coût, coup, cou
7. sou, sous, saoul
8. prêt, prêt, près, pré
9. verre, vers, vers, vert
10. site, cite

207. Orthographe : les mots commençant par « eff »
Voir transcription

208. Orthographe les mots commençant par « el »
Voir transcription

UNITÉ 10

209. Passé composé avec «être» ou «avoir»
1. sont
2. est
3. suis
4. avons
5. as
6. suis
7. ai
8. suis
9. est, est
10. est
11. êtes
12. est

210. Passé composé avec «être» ou «avoir»

	être	avoir
aller	X	
(re) venir	X	
retourner	X	X
devenir	X	
(re) partir	X	
sortir	X	X
(r) entrer	X	X
arriver	X	
rester	X	
passer	X	X
monter	X	X
descendre	X	X
tomber	X	
mourir	X	
naître	X	

211. Passé composé avec «être» ou «avoir»
1. ai
2. avez
3. as
4. suis
5. est
6. est
7. est
8. avez
9. sommes
10. a
11. est
12. est

212. L'accord du participe passé
1. est partie
2. sont restés
3. sont arrivées
4. est morte
5. sont devenus
6. êtes revenues
7. est née
8. ont passé
9. êtes passée
10. êtes venues

213. Le passé composé des verbes pronominaux
1. s'est trompé
2. se sont connus
3. s'est… souvenu
4. s'est habillée
5. se sont réveillées
6. se sont… lavés
7. se sont endormis
8. nous sommes rencontré (e) s
9. s'est levée
10. me suis reposée

214. Passé composé : participe passé en « u »

Verbe (infinitif)	enr.	participe passé
avoir	6	eu
boire	3	bu
croire	9	cru
décevoir	14	déçu
élire	10	élu
lire	4	lu
plaire	11	plu
pleuvoir	12	plu
pouvoir	5	pu
prévoir	13	prévu
recevoir	7	reçu
savoir	1	su
taire (se)	8	tu
voir	2	vu
vouloir	15	voulu

215. Passé composé : participe passé en « u »
1. as prévu
2. ai cru
3. a plu
4. avez décu (e)
5. ont lu
6. se sont tus
7. ont élu (e)
8. a plu
9. avez reçu
10. avons pu
11. n'ont pas voulu
12. ai aperçu

216. Passé composé : participe passé en « i », « is », « it »

infinitif	enr	participe passé
apprendre	1	appris
asseoir (s')	2	assis
cuire	10	cuit
dire	3	dit
écrire	8	écrit
frire	7	frit
fuir	11	fui
mettre	4	mis
prendre	5	pris
promettre	9	promis
remettre	12	remis
rire	6	ri

217. Passé composé : participe passé en « i », « is », « it »
1. a promis
2. avez cuit
3. s'est assis
4. ont fui
5. a mis
6. a… ri
7. ai pris
8. a surpris
9. a remis
10. ont interdit
11. avez… traduit
12. me suis inscrit (e)

218. Les indicateurs chronologiques
1. après
2. D'abord
3. À la fin
4. à la fin
5. au début
6. À l'issue de
7. À la fin
8. au milieu

219. Donner une indication de temps de façon précise ou imprécise.
précis : 2-4-5-8-10
imprécis : 1-3-6-7-9

220. Expression de la fréquence
souvent : 1-5-7-9-10
rarement : 2-3-6-8
jamais : 4

221. Transformation de phrases nominales
1. Le 22 janvier 1981, Marguerite Yourcenar à été la première femme reçue à l'Académie française.
2. Alexandre Flemming a découvert la pénicilline en 1928.
3. Les premiers prix Nobel ont été attribués en 1901.
4. En 1857, le poète Charles Baudelaire a publié Les fleurs du mal.
5. La navette spatiale Challenger a explosé au décollage le 28 janvier 1986.
6. Pasteur a découvert le vaccin contre la rage en 1885.
7. Le tunnel sous la Manche a été inauguré en 1994.
8. Les deux Allemagne se sont réunifiées en 1990.
9. La Belgique a proclamé son indépendance en 1830.
10. L'Espagne est entrée dans la Communauté Économique Européenne en 1986.

222. Information précise / imprécise
1. une heure pile
2. trois
3. quinze jours
4. dimanche
5. à demain
6. tout de suite
7. à 10 heures précises
8. à Noël, en 95
9. dix ans et demi
10. deux heures six minutes

223. Information précise / imprécise
précis : 2-3-7-8-9
imprécis : 1-4-5-6-10

224. Fréquence
souvent : 1-2-4-7-9
rarement : 6-8
jamais : 3-5-10

225. Information précise / imprécise
précis : 1-3-5-7-9-10
imprécis : 2-4-6-8

226. Morphologie du passé composé

attendre 2
craindre 10
croire 3
cuire 6
décevoir 9
devoir 16
élire 5
entendre 11
entreprendre 4
pleuvoir 15
rendre 13
repeindre 8
suivre 14
vaincre 12
vivre 7
vouloir 1

227. Orthographe : L'accord de « tout »
1. toutes
2. Tout
3. tous
4. toute, toute
5. tous
6. Tous
7. toute
8. tout
9. toutes
10. toute

228. Orthographe : L'accord de « tout »
1. tous
2. toutes
3. tout
4. toute
5. tous
6. toute
7. tous
8. tout
9. tous
10. tout

UNITÉ 11

229. L'imparfait
Imparfait : 1-2-3-6-7-10-11
Autre chose : 4-5-8-9-12

230. Formation de l'imparfait

	Présent avec « je »
écrire	j'écris
dire	je dis
sortir	je sors
pouvoir	je peux
boire	je bois
devoir	je dois
	Présent avec « nous »
écrire	nous écrivons
dire	nous disons
sortir	nous sortons
pouvoir	nous pouvons
boire	nous buvons
devoir	nous devons
	Imparfait
écrire	j'écrivais
dire	je disais
sortir	je sortais
pouvoir	je pouvais
boire	je buvais
devoir	je devais

231. Formation de l'imparfait
1. Nous ne voulions pas partir.
2. Nous ne savions pas nager.
3. Nous ne faisions rien.
4. Nous finissions vers 8 heures.
5. Nous ne dormions pas beaucoup.
6. Nous nous entendions très bien tous les deux.
7. Nous partions à la mer tous les week-end.
8. Nous allions souvent au cinéma.
9. Nous nous asseyions toujours à la même place.
10. Nous ne connaissions pas la France.

232. Les différents sens de l'imparfait
1. Excuse
2. Proposition
3. Jugement
4. Excuse
5. Souhait
6. Explication

233. Depuis / il y a
1. depuis
2. il y a
3. il y a
4. depuis
5. Il y a
6. il y a
7. depuis
8. depuis
9. il y a, depuis
10. depuis

234. Imparfait / passé composé
1. est arrivé, connaissait
2. suis passé (e), étais
3. ai... entendu, dormais
4. roulais, a éclaté
5. sortais, ai entendu
6. parlais, ai téléphoné
7. avait, a passé
8. a appelé, avait l'air
9. suis allé, étaient
10. ai vu (e), travailliez

235. Imparfait
1. croyais
2. pensais
3. voulions
4. faisiez
5. pouvais
6. saviez
7. venait, nous amusions
8. sortaient
9. habitions
10. faisiez

236. Orthographe : féminin des adjectifs terminés par une consonne (récapitulatif)
- terminé par : « l »
amicales (amical / amicale)
seule (seul / seule)
gentille (gentil / gentille)
pareilles (pareil / pareille)
maternelles (maternel / maternelle)
- terminé par : « c »
grecque (grec / grecque)
publique (public / publique)
blanche (blanc / blanche)
franche (franc / franche)
- terminé par : « g »
longue (long / longue)
- terminé par : « s »
exquise (exquis / exquise)
fraiche (frais / fraîche)
grosse (gros / grosse)
grasse (gras / grasse)
- terminé par : « x »
nerveuse (nerveux / nerveuse)
fausse (faux / fausse)
rousse (roux / rousse)
douce (doux / douce)
- terminé par : « f »
neuve (neuf / neuve)
veuve (veuf / veuve)
active (actif / active)
- terminé par : « eur »
menteuse (menteur / menteuse)
séductrice (séducteur / séductrice)
- terminé par : « er »
chère (cher / chère)
dernière (dernier / dernière)
- terminé par : « et »
violette (violet / violette)
muette (muet / muette)
discrète (discret / discrète)
secrète (secret / secrète)
complète (complet / complète)
inquiète (inquiet / inquiète)
- terminé par : « on »
bretonne (breton / bretonne)
- terminé par : « ien »
ancienne (ancien / ancienne)

237. Repérage des verbes pronominaux - Accord du participe passé

Verbe actif ou passif	Verbe pronominal	Infinitif
	X	se disputer
X		attribuer
X		surprendre
	X	s'enfuir
X		aller
	X	se voir
X		remettre

	X	s'intéresser
	X	s'occuper
X		recevoir

238. Orthographe : Repérage de l'accord du participe passé des verbes pronominaux.

1. homme + femme ou homme + homme
2. femme + femme
3. homme + femme ou homme + homme
4. homme + femme ou homme + homme
5. homme seul
6. On ne sait pas
7. femme seule
8. homme + femme ou homme + homme
9. homme + femme ou homme + homme
10. femme seule

239. Enrichissement du vocabulaire : synonymes de « il y a »

1. Devant l'hôtel, s'étend une belle terrasse ensoleillée.
2. Cette ville compte quarante neuf mille habitants.
3. Une petite rivière serpente au fond de cette vallée.
4. Il manque trois assiettes.
5. Un accident s'est produit à l'entrée de l'autoroute.
6. Qu'est-ce qui se passe ?
7. Pour faire marcher l'appareil, il suffit de lire la notice.
8. Sur la place, se dresse une statue de Napoléon.

240. Vocabulaire : Mots commençant par « un »

Voir transcription

241. Vocabulaire : les adverbes en « - ment »

1. prudemment
2. agréablement
3. impatiemment
4. constamment
5. rapidement
6. élégamment
7. récemment
8. bruyamment
9. efficacement
10. incessamment
11. apparemment
12. facilement
13. méchamment
14. finalement
15. violemment

UNITÉ 12

242. Longtemps ? Pas longtemps ?

long : 2-3-6
court : 1-4-5-7-8-9-10

243. Le futur

futur : 1-4-5-6-7-8-9
autre chose : 2-3-10

244. Le futur

resterai
viendrez
iront
dirai sera
y aura
pourrai
prendrez
finirai
ferez
voudrez

245. Futur / conditionnel

futur : 2-3-6-8
conditionnel : 1-4-5-7-9-10

246. Le futur

L'année prochaine, c'est promis,
1. J'arrêterai de fumer.
2. Je serai souriant avec tout le monde.
3. Je me coucherai tôt.
4. Je ferai un régime pour maigrir.
5. J'offrirai plus souvent des fleurs à ma femme.
6. J'apprendrai l'anglais.
7. J'écrirai à mes amis.
8. Je roulerai prudemment.
9. Je tondrai la pelouse toutes les semaines.
10. Je ne m'énerverai jamais.

247. Repérage du passé composé

oui : 2-5-7-8-10-11-13-15
non : 1-3-4-6-9-12-14

248. Futur proche

1. tout de suite
2. à l'instant
3. le plus vite possible
4. immédiatement
5. rapidement
6. dans un instant
7. maintenant
8. d'ici une minute
9. tout à l'heure
10. dans un petit moment
11. à tout de suite
12. à tout à l'heure

249. Passé proche

1a
2c
3c
4a
5a

250. Enrichissement du vocabulaire : synonymes de « voir »

1. J'aimerais bien visiter cette exposition.
2. Joël affirme qu'il peut prédire l'avenir.
3. En une journée, nous avons parcouru toute la petite île des Cèdres.

4. Tu ne peux pas rester comme ça ! Il faut que tu consultes un dentiste !
5. Il me semble que j'ai déjà rencontré ce garçon chez les Deniau.
6. Je ne comprends vraiment pas pourquoi Rodolphe est fâché contre moi.
7. Je ne l'imagine pas du tout professeur.
8. Nous ne trouvons pas de solution à ce problème technique.
9. À mon avis, c'est une affaire qu'il faut étudier de plus près.
10. À cause du brouillard, je ne distinguais pas les bas-côtés de la route.
11. Je devine à ton air que tu n'es pas convaincu.
12. C'est un phénomène astronomique qui ne se produit qu'une fois tous les 76 ans.
13. Malheureusement, il n'est pas capable d'apprécier la qualité de ce travail délicat.
14. Depuis que Rémi est à la retraite, il ne fréquente pas beaucoup de gens.
15. Je n'ai rien remarqué de particulier dans sa façon de parler.

251. Enrichissement du vocabulaire : synonymes de « avoir »

1. C'est un élève qui jouit de l'estime de ses professeurs.
2. Mon père possède une grande maison à la campagne.
3. Un extrait d'acte de naissance ? C'est un document qu'on obtient très facilement auprès de la mairie.
4. C'est un grand lycée : il compte mille sept cents élèves.
5. Je souhaite que votre article connaisse une grande diffusion car vous posez les vraies questions.
6. Ah le malhonnête ! Il m'a trompé !
7. Il est âgé de soixante-dix huit ans mais il est en pleine forme.
8. Ma conférence comporte trois parties.

252. Enrichissement du vocabulaire : problèmes et solutions

1. une catastrophe
2. insupportable
3. fou de joie
4. furieux
5. désespéré
6. époustouflée
7. vert de peur
8. un fumiste
9. angoissé
10. épouvanté

253. Orthographe : Graphie du son [i] Les lettres « i » et « y »

Voir transcription

TRANSCRIPTIONS

UNITÉ 1

1. Oral / écrit : masculin / féminin
1. Elle s'appelle Jeanne. Elle est française.
2. C'est Françoise. Elle parle français.
3. Jean parle français.
4. Vous êtes française ?
5. Elle parle anglais, mais elle est australienne.
6. C'est une danoise.
7. Elle est espagnole.
8. C'est une italienne. Elle parle français.
9. Il travaille ?
10. Antoine est canadien.

2. Oral / écrit : masculin / féminin
1. Elle s'appelle Lucie. Elle est professeur. Elle travaille à Bornéo.
2. Elle est très gentille. Elle habite rue du Port. Elle a un fils.
3. Christiane ? C'est la secrétaire de Monsieur Morin. Elle parle très bien allemand.
4. Léo ? C'est un étudiant. C'est l'ami de Joëlle, la dentiste.

3. Schémas intonatifs (question / affirmation)
1. Vous parlez bien français ?
2. Il ne comprend pas.
3. Elle est là Maria ?
4. Vous comprenez ?
5. Ça va bien.
6. Il va où ?
7. Vous êtes étudiant ?
8. C'est difficile.
9. Il a une voiture.
10. C'est facile ?

5. Conjugaisons : identification de l'infinitif
1. Tu vas bien ?
2. Qu'est-ce qu'il fait ?
3. Vous connaissez la Belgique ?
4. Je suis mexicain.
5. Nous travaillons à Turin.
6. Elle a vingt ans.
7. Nous sommes suisses.
8. Ils vont au Brésil.
9. Ils ont trois enfants.
10. Vous vous appelez comment ?

9. Présenter quelqu'un
– Bonjour Mademoiselle.
– Non, Madame.
– Excusez-moi. Votre nom s'il vous plaît ?
– Agnès Lombardi.
– Vous êtes italienne ?
– Non, française. Pourquoi ?
– Lombardi, c'est un nom italien.
– Mon mari est italien.
– Votre date de naissance ?
– Le 23 janvier 1972.
– Domicile ?
– 25, rue de la République, à Paris.

– Vous avez des enfants ?
– Oui, une petite fille de 3 ans.
– Vous travaillez ?
– Oui, je suis photographe.
– Et votre mari ?
– Il est professeur.
– Je vous remercie.

10. Se présenter
– Vous êtes en direct sur Radio « J + », la radio des jeunes qui en veulent plus. Allô ? Marianne ? Tu as la parole.
– Bonjour…
– Tu as quel âge Marianne ?
– 16 ans.
– Tu habites où ?
– À Tours.
– À Toul, en Lorraine ou à Tours, en Touraine ?
– En Touraine.
– Tu as des frères et sœurs ?
– Un frère.
– Pas de sœur ?
– Non, pas de sœur.
– Tu es comment ? Grande ? petite ? brune ou blonde ?
– Pas très grande, ni brune ni blonde. Je suis rousse.
– Tu fais du sport ?
– Oui du patin à glace, et un peu de tennis.
– Ton chanteur ou ta chanteuse préférée ?
– C'est Céline Dion.
– Eh bien nous allons l'écouter.

12. Masculin / féminin
1. Mon voisin est marocain.
2. Son prénom, c'est Claudine ou Christine ?
3. C'est une très bonne traductrice.
4. Ma prof d'anglais est australienne.
5. Valéry ? C'est mon meilleur ami.
6. Claude chante très bien.
7. Sa fille est infirmière.
8. C'est une personne très aimable.
9. Mon secrétaire n'est pas là aujourd'hui.
10. Il y a quelqu'un qui vous attend.

13. Masculin / féminin
1. Claude Marchand est ingénieur, parle japonais et aime beaucoup le cinéma italien.
2. Frédérique n'est pas là. Son mari est malade.
3. C'est son nouvel ami.
4. Mon amie est espagnole. Elle ne parle pas du tout français.
5. Dominique adore faire la cuisine.
6. Je vous présente le Docteur Lebaud, chirurgienne esthéthique à la clinique des Oiseaux.
7. Je cherche Andrée, la secrétaire de Monsieur Merlin.
8. Ma prof de maths est très sympa.
9. Elle est journaliste au Monde.
10. Mon ami(e) est un peu timide.

14. La ponctuation
Je m'appelle Christine Morel. J'ai 26 ans. J'habite à Grenoble, 12 rue Dubedout. J'aime la musique latino-américaine et la danse. Je suis infirmière et j'aime mon métier. Et toi, qui es-tu ? Que fais-tu ? Réponds-moi vite ! Je te donne mon téléphone : 04 76 50 50 72.

15. Les liaisons
1. Mes amies Christine et Patricia arrivent demain.
2. Où sont les enfants ?
3. Tu vas où ?
4. J'ai dix ans.
5. Tu es ici depuis longtemps ?
6. Je fais une fête samedi.
7. J'aime beaucoup les animaux.
8. Il vit aux États-Unis.
9. Tu veux un café ?
10. Tu parles à qui ?
11. Ils habitent à Montpellier.
12. Est-ce qu'ils aiment la cuisine française ?

16. Les liaisons
1. Il habite en Allemagne.
2. J'ai un enfant.
3. Je pars demain ou après-demain ?
4. Tu veux mon adresse ?
5. Il s'appelle Gaston Ogier.
6. C'est un bon hôtel.
7. C'est un vin agréable.
8. C'est bien organisé.
9. Je n'ai rien appris.
10. Je ne comprends rien aux mathématiques.

17. Les liaisons
1. Il est ici ?
2. Ils sont italiens.
3. Ils vont au musée.
4. C'est un ami d'enfance.
5. Elle est en voyage.
6. Elle vit en France.
7. C'est une voisine.
8. Elles habitent au centre ville.
9. Il fait un travail intéressant.
10. Où est-ce qu'il est André ?

18. Les nombres
1. Mon grand-père a 88 ans.
2. Cela fait 78 francs.
3. J'habite 32 avenue du Parc.
4. Je vous donne mon téléphone : c'est le 02 39 69 99 29.
5. Il est exactement 23 heures 48 minutes…
6. Mon fils a 16 ans.
7. Dans ma classe, il y a 29 élèves.
8. 6 fois 19, cela fait 114.

19. Phonétique : [y] / [u]
1. Il habite à Turin ?
2. Il a des sous.
3. Il l'a vue ?

4. Il y a de l'abus.
5. Il est en cure.
6. C'est ta rue ?
7. Elle est pour.
8. Il est sûr.
9. Je l'ai lu.
10. Il s'est tu.

20. Phonétique : [i] / [y]
1. Quelle belle vue !
2. Je les lis.
3. C'est pire.
4. C'est ma rue.
5. Tu l'amuses ?
6. C'est aigu.
7. Je te présente Lili.
8. Il a dit : travaillez !
9. Que fais-tu Léon ?
10. C'est Alice.
11. Il est humide.
12. Il vient Durand ?

21. Phonétique : [s] / [z]
1. J'ai des idées.
2. Qu'est-ce que vous avez ?
3. C'est lisse.
4. C'est six heures, qu'est-ce qu'elles font ?
5. J'attends seize heures.
6. Tu connais ces îles ?
7. Elles sont douces.
8. Trois ans, c'est beaucoup !

22. Phonétique : [p] / [b]
1. C'est ta bière ?
2. Quel bon pain !
3. Passe-moi la planche !
4. Je veux la boire.
5. Il n'y a plus de poisson.
6. Il a pris du bois.
7. Je n'ai pas bu.
8. Il (ne) parle pas.
9. Il a fait un bond.
10. Je suis tout près du port.

24. Orthographe : [s] ou [z] ?
1. C'est mon cousin.
2. Elles sont douces.
3. J'aime le poisson.
4. C'est une ruse.
5. Elle vient de Nice ?

26. Orthographe : les sons [Ø] et [œ]
1. Elle **pleure**.
2. Il **pleut**.
3. Un **peu**.
4. Il est **vieux**.
5. Elle est **jeune**.
6. C'est ma **sœur**.
7. Bonjour **Monsieur**.
8. C'est le **facteur**.
9. Ça fait dix **neuf** francs.
10. J'ai vingt-**deux** ans.
11. Il est très **sérieux**.
12. Je pars **jeudi**.
13. J'ai mal au **cœur**.
14. J'ai **peur** !
15. C'est un **jeu**.
16. J'aime les **œufs**.
17. C'est un **œuf** dur.

UNITÉ 2

28. Un / une
1. J'ai un ami hongrois.
2. C'est une américaine.
3. Elle a un enfant.
4. Tu as une voiture ?
5. C'est un acteur de théâtre.
6. C'est une italienne.
7. J'ai une amie à Madrid.
8. Elle travaille dans un hôpital ?
9. Tu connais une école de langues à Paris ?
10. J'ai une adresse d'hôtel pas cher.

31. Compréhension
– Vous vous appelez comment ?
– Ivan Morin.
– Votre profession ?
– Je suis facteur.
– Vous habitez où ?
– Dans l'Ouest, à Rohan.
– Quels sont vos goûts ?
– J'aime le ciné.

32. Compréhension
1. – Je m'appelle Jean-Paul Vergnes. Je suis journaliste à France Inter. J'ai 32 ans. J'habite à Brest.
2. – Je suis ouvrier spécialisé chez Renault Véhicules Industriels. Je suis marié. Ma femme a 38 ans et moi aussi. J'ai deux enfants. Mon adresse : Paul Morand, 43, place Bellecour, Lyon.
3. – Moi, je suis parisien. Hervé Danton, c'est mon nom. J'ai 62 ans. Je suis retraité de la S.N.C.F. J'ai deux petits-enfants, deux garçons.
4. – Claude Legrand. Je suis né en 1962. Je suis médecin. Ma femme est secrétaire et nous n'avons pas d'enfants.
5. – Je m'appelle Stéphanie Rondot. Je suis institutrice. J'ai un petit appartement à Nantes. J'ai 23 ans et je suis célibataire.
6. – Je m'appelle Joëlle Lemercier. Je suis actrice. Je travaille à la Comédie française. J'ai 41 ans. Je suis divorcée. Je suis une excellente cuisinière. Je n'ai pas d'enfants.
7. – Je suis cuisinière dans une petite auberge de campagne, à quelques kilomètres de Toulouse. Je m'appelle Françoise Locle. J'ai 32 ans. Je suis mariée avec un pompier. Nous avons quatre enfants.
8. – J'habite à Saint-Etienne. Je m'appelle Claude Longcourt. Je suis garçon de café à la brasserie Gérard. J'ai 35 ans et je suis marié.

34. La négation
1. Je ne connais personne à Paris.
2. Il travaille Pascal.
3. Il ne mange rien.
4. Il connaît papa.
5. Ariane visite Paris.
6. Ils ne viennent jamais à la maison.
7. Ce n'est pas grave.
8. Marine aime le théâtre.
9. Elle n'aime pas papa.
10. Jeanne déteste Paris.

35. Le « ne » de la négation
1. Je comprends rien.
2. J'aime pas le foot.
3. Demain, Hélène ne va pas travailler.
4. Il est pas là Roger ?
5. Monsieur Leroy ? Il ne travaille pas ici.
6. Je n'ai pas d'enfants.
7. J'ai pas le temps !
8. Je ne connais personne en Espagne.
9. Vous ne comprenez pas ?
10. Irène ? Elle est pas dans son bureau ?

40. Singulier / pluriel
1. Elle(s) mange(nt) souvent ici ?
2. Elle(s) s'appelle(nt) comment ?
3. Ils ne vivent plus en France.
4. Il adore les voyages.
5. Elles lisent le journal.
6. Le dimanche, il(s) regarde(nt) la télévision.
7. Ils étudient la Philosophie.
8. Mon père voyage beaucoup.
9. Mes parents n'aiment pas le rock.
10. Maintenant, elle(s) visite(nt) la Haute-Savoie.

45. Phonétique : [f] / [ɛ̃]
1. Je vais cuire le rôti.
2. Je l'ai vu, Ferdinand.
3. Il faut combien ?
4. Ce n'est pas frais.
5. Change de file !
6. Tu connais ses filles ?
7. Elle est jolie ta table en verre.
8. Vous, vous êtes fou !
9. Il a perdu la foi.
10. J'ai voté.

46. Phonétique : [ã] / [ɛ̃]
1. Il est nigérien.
2. C'est ma main.
3. J'ai fait le plan.
4. Il est marin, ton copain ?
5. Je vais l'attendre.
6. Je n'aime pas le vin.
7. Je vais l'étendre.
8. C'est triste sans Laurent !
9. Alain nous invite.
10. Il l'a vendu sans son programme.

47. Phonétique : [t] / [d]
1. Tu as tort !
2. Mardi, ne viens pas à la maison.
3. Il fait tout.
4. Elle était droite.
5. Je vais te voir travailler.
6. C'est une beauté !
7. Mets donc cela au clair !
8. J'ai tes places pour le concert.

UNITÉ 3

58. Tu / vous
1. – Entrez !
   – Excusez-moi.
2. – Salut les gars ! Bon week-end !
   – Salut Charlie, bon week-end toi aussi !
3. – Dépêche-toi, on va être en retard !

– Ne t'inquiète pas, dans cinq minutes on est à la gare.

4. – Dépêchez-vous les enfants ! C'est l'heure de l'école.
– On arrive Papa !

5. – Merci beaucoup Monsieur !
– À votre service Madame !

6. – *Le Monde* et *Le Nouvel Observateur* s'il vous plaît !
– Voilà *Le Monde*, *Le Nouvel Observateur*. C'est tout ce qu'il vous faut ?

7. – Ça va ?
– Oui, ça va et toi ?

8. – Votre monnaie Mademoiselle !
– Oh merci beaucoup ! J'oublie tout aujourd'hui !

9. – Tu n'as pas l'air en forme, ce matin…
– Tu trouves ?

10. – C'est ta soeur, la fille en bleu ?
– Oui. Gisèle, je te présente René, un vieux copain à moi.

59. Tu / vous

1. Allez ! Viens avec nous !
2. Faites vite ! Je suis pressée !
3. Parlez-moi de votre pays !
4. Entre Édouard !
5. Votre prénom, c'est Pierre ou François ?
6. Il est où votre bureau ?
7. Excusez-moi !
8. Salut Pierre !
9. Enchanté de faire votre connaissance !
10. Qu'est-ce qu'il fait ton père ?

63. Indiquer ses coordonnées sur divers types de documents

1. – Vous pourriez me donner votre adresse, Monsieur Bernard ?
– Oui, Claude Bernard, 26, rue du Marché, 69000 Lyon.
– Et votre téléphone ?
– 04 78 03 22 22.

2. – Je voudrais faire des cartes de visite.
– Il me faut votre nom et votre prénom.
– Jean-Marie Laporte.
– J'indique votre profession ?
– Oui. Je suis technicien en électronique.
– Votre adresse ?
– 33, avenue Carnot, 69000 Lyon.
– Téléphone ?
– 04 78 33 33 25. J'ai aussi un fax : 04 78 33 33 26.
Vous pourriez ajouter ce petit logo ?
– Bien sûr.

3. – Tu as l'adresse de Raymond Baron ?
– Oui, il habite à Lille, 43, rue du Nord.
– Tu connais le code postal de Lille ?
– Je crois que c'est 59000.

64. Remplir un questionnaire.

– Vous acceptez de répondre à quelques petites questions sur la consommation des produits laitiers ?
– Oui.
– Est-ce que vous mangez des yogourts ?
– Oui
– En moyenne, plus ou moins d'un par jour ?

– Oh ! Un par jour.
– Est-ce que vous connaissez la marque « Lacto » ?
– Non.
– Vous aimez le fromage ?
– Non.
– Vous buvez du lait ?
– Oui.
– Combien de litres par semaine ?
– Oh ! 2 litres.
– Vous utilisez du beurre pour faire la cuisine ?
– Oui.
– Et au petit déjeuner ?
– Aussi.
– Et de la crème fraîche ?
– Presque jamais.
– Vous êtes mariée ?
– Divorcée.
– Vous avez des enfants ?
– Oui, 2 enfants.
– C'est indiscret de vous demander votre âge ?
– Non, j'ai 32 ans.

65. Créer un questionnaire

– Est-ce que vous allez souvent au cinéma ?
– Non pas très souvent, mais j'y vais.
– Vous y allez une fois par semaine, une fois par mois, moins de 4 fois par an ou plus de quatre fois par an ?
– En moyenne, une fois par mois.
– Est-ce que vous avez vu une de ces catégories de films au cours de l'année écoulée ? Un film comique ?
– Oui j'ai vu « Les visiteurs ».
– Un film américain ?
– J'ai vu « Independance Day ».
– Une comédie musicale ?
– Non.
– Un « thriller » ?
– Un quoi ?
– Un film d'action.
– Non.
– Vous pouvez me citer 3 de vos acteurs ou actrices préférées ?
– Ben... Depardieu, Patrick Bruel et… Carole Laure.
– Je vous remercie.

66. Présenter quelqu'un

1. – Allô papa ?
– C'est qui ?
– Candy.
– Tu es où ?
– À Paris. C'est magnifique !
– Qu'est-ce que tu as fait ?
– J'ai visité la tour Eiffel, le musée Pompidou, l'Arc-de-Triomphe.
– Et les Champs-Élysées ?
– Aussi.

2. – Allô maman ?
– Cathy ! Ça va ?
– Oui, très bien. C'est très beau Paris !
– Tu es allée à la tour Eiffel ?
– Oui.
– Et aux Champs-Élysées ?
– Aussi.
– Et le musée Georges Pompidou ?
– J'y vais demain.

3. – Allô John ?
– Bonjour Cathy. Ça va ?

– Oui. Demain je vais à Paris.
– Ah ! Paris, les Champs-Élysées, la tour Eiffel, le métro.
– Tu connais le musée GeorgesPompidou ?
– Oui. C'est magnifique !

68. Orthographe : [ã], « an », « em », ou « en »

Hans est un étudiant allemand. Il habite dans la banlieue de Nantes, en France. Il a vingt-quatre ans. Quand il est arrivé, en septembre, il ne connaissait personne : ses amis, ses parents, son grand-père et sa grand-mère étaient restés en Allemagne. Mais Hans a fait des rencontres ; il sortait souvent et il a bien vite rencontré d'autres étudiants comme lui : des Anglais, des Hollandais et, bien sûr, beaucoup de Français.

Comment a-t-il rencontré Henri Durand, Fernand, Bertrand et leurs enfants ? Tout simplement pendant les vacances. Et puis, Hans a fait un stage pour apprendre des langues régionales, le catalan et l'occitan. C'était à Aix- en - Provence, au printemps. Le département des langues étrangères et régionales a organisé un concours de danse. Hans danse rarement, mais, ce soir-là, il a rencontré la belle Florence, une femme grande et élégante. Il s'est présenté, a invité Florence à danser et ils ont été les gagnants du concours !

70. Orthographe : les mots en « eu »

1. Il veut un peu de beurre.
2. J'ai deux jeunes sœurs.
3. C'est jeudi. Il pleut.
4. J'habite dans la banlieue.
5. C'est un monsieur heureux.
6. Il a les yeux bleus.
7. Tu peux demander ce que tu veux.
8. J'ai le cœur joyeux.

72. Orthographe : les mots en « h »

1. Il**s h**abitent ici.
2. C'est u**n h**iver très froid.
3. C'est haut.
4. C'est honteux !
5. Nous ne sommes pas de**s h**éros.
6. Il te raconte de**s h**istoires.
7. Tu veux encore de**s h**aricots ?
8. Il a pris de**s h**abitudes de luxe.
9. J'attends u**n h**eureux événement.
10. C'est u**n h**asard si je suis là aujourd'hui.

74. Orthographe : les mots en [a]

1. Je ne supporte pas l'odeur du tabac.
2. La Hollande c'est un pays plat.
3. J'ai un petit chat.
4. Mon papa est en bas.
5. C'est un repas de gala !
6. Il n'est pas là.
7. Où est le secrétariat ?
8. Il me bat toujours aux échecs.
9. C'est trop gras.
10. Salut les gars !

UNITÉ 4

91. Le passé composé (repérage)
1. Vous allez déménager ?
2. Ils sont fatigués.
3. Ils ont trouvé du travail.
4. Elle ne m'a pas dit bonjour.
5. Je veux sortir.
6. Est-ce que tu as vu mes clés ?
7. Tu as fini ton travail ?
8. Ouf, c'est fini !
9. Qu'est-ce que tu dis ?
10. Qu'est-ce que tu fais ce soir ?

103. Orthographe : le son [ɛ] à l'intérieur d'un mot
1. J'ai mal à la tête.
2. J'habite à cent mètres de la poste.
3. Je travaille à la mairie.
4. La saison de ski va commencer.
5. J'habite dans la plaine.
6. La salle est pleine.
7. Tiens ! Il neige.
8. Bonne fête Lucie !
9. Tu achètes une voiture ?
10. Avec plaisir !

UNITÉ 5

112. Vocabulaire : les lieux de la ville
1. – Garçon ! Garçon !
– Voilà, j'arrive…
– Un jus d'orange et un perrier citron !
2. – Je voudrais un tube de rouge à lèvres et du fard pour les yeux.
– De quelle couleur le rouge à lèvres ?
– Ben, rouge !
3. – Je voudrais une paire de bottes ?
– Quelle pointure ?
– Du 36.
– Cuir ou synthétique ?
– Cuir.
4. – Je voudrais un carnet de timbres.
– Normal ou rapide ?
– Normal. Je voudrais aussi envoyer un mandat international.
5. – Je voudrais un tube d'aspirine et du sirop pour la toux.
– C'est pour vous ou pour un enfant, le sirop ?
– Pour moi.

113. Place des adjectifs
1. C'est une petite ville de 25 000 habitants.
2. J'ai fait un bon voyage.
3. C'est une belle région.
4. Elle a acheté une robe jaune.
5. C'est une jolie fille.
6. J'aime la langue espagnole.
7. C'est le grand ami de Pierre.
8. C'est une mauvaise réponse.
9. Prête-moi ton stylo bleu.
10. Il travaille dans un restaurant chinois.

116. Parler d'un lieu de façon précise ou imprécise
1. Je te retrouve à l'angle de la rue Dufour et de la rue Dumoulin.
2. J'habite du côté de la gare.
3. C'est à une centaine de kilomètres de Rouen.
4. C'est le café qui est juste en face de la poste.
5. J'ai trouvé un appartement dans la banlieue parisienne.
6. J'habite 46 rue Renoir, 3e étage, porte de gauche.
7. – Tu vas où ?
– En ville.
8. Il vit quelque part entre Paris et Lyon.
9. Les clefs ? Elles sont dans la poche droite de ma veste bleue.
10. Je vais en vacances au bord de la mer.
11. Si on me demande, je suis en voyage à l'étranger.
12. Vous pouvez m'écrire à l'hôtel des Flots Bleus, 45 rue du Port à Royan.

119. Phonétique : [k] / [g]
1. Qui a cassé ce vase ?
2. Je l'agace.
3. Elle est garée.
4. C'est un cas intéressant.
5. Peu importe le coût !
6. J'aime beaucoup cette glace.
7. Il écrit.
8. Je vais le faire griller.

121. Orthographe les mots en « app » ou « ap »
1. Elle va apprendre le grec.
2. Il faut appuyer sur ce bouton.
3. De la fenêtre de mon appartement, on aperçoit la tour Eiffel.
4. Je vais prendre l'apéritif chez Roger.
5. Je vous ai apporté des bonbons.
6. Il y a eu plusieurs appels pour vous.
7. Bon appétit !
8. J'apprécie beaucoup ce quartier.
9. Votre rapport est excellent.
10. C'est un appareil révolutionnaire.

123. Orthographe les mots en « arr » ou « ar »
1. Il y a eu deux arrestations.
2. Il habite en Arabie Saoudite.
3. C'est mon arrière-grand-père.
4. Le train va bientôt arriver.
5. Le sud du pays est très aride.
6. Il faut arroser le jardin.
7. Il m'a arraché mon sac !
8. Il est très arrangeant.
9. Il a une forme arrondie.
10. J'attends les nouveaux arrivants.

UNITÉ 6

143. Phonétique : [ʃ] / [ʒ]
1. J'écoute les gens.
2. Papa ! À dimanche !
3. Je l'ai bouché.
4. Je la jette ?
5. Quel choix !
6. Angkor, c'est en Chine ?
7. Ça s'écrit comment « cheveux » ?
8. Attention ! C'est Jo !

144. Phonétique : [ʃ] / [ʒ] / [s] / [z]
1. Garçon ! Une bière fraîche !
2. Il est chaud !
3. Il est au zoo.
4. Cette rose est magnifique !
5. Un petit bisou ?
6. Elle est rousse.
7. Tu veux que je la couse ?
8. Je l'ai cachée.
9. Tu veux du vin Roger ?
10. Tu veux des choux ?

146. Orthographe : les mots en « att » ou « at »
1. Il est à qui cet attaché-case ?
2. À l'attaque !
3. J'étudie la structure atomique de la matière.
4. Il faut faire attention !
5. Attendez-moi !
6. Nous allons atterrir à Madrid dans quelques instants.
7. J'organise un atelier théâtre.
8. Ne vous attardez pas !
9. C'est un enfant attachant.
10. Nous allons atteindre la fin de notre voyage.

UNITÉ 7

158. Est-ce que / qu'est-ce que / qui est-ce que / où est-ce que / d'où est-ce que
1. Où est-ce que vous habitez en ville ?
2. Qu'est-ce que tu manges ?
3. Qui est-ce que tu regardes ?
4. Est-ce que tu danses ?
5. Qui est-ce qui vient ?
6. D'où est-ce qu'il est ?
7. Qu'est-ce que tu veux ?
8. Est-ce que tu comprends ?

159. L'heure
1. Départ 16 h 43. Arrivée 19 h 16.
2. Il est midi moins le quart.
3. Je prends le train de nuit, celui de trois heures moins le quart.
4. Rendez-vous à 13 heures, à la piscine.
5. Le train à destination de Bordeaux partira à zéro heure 40. Quai 2, voie A.
6. – Il est quelle heure ?
– 6 h 10.
– Oh ! La la ! Je dois y aller !

160. L'heure courante / l'heure officielle
1. – Tu as l'heure ?
– Trois heures moins dix.
2. Au troisième top, il sera exactement 12 h 43 minutes et trente secondes.
3. Bon, il est 4 heures moins vingt cinq. Vous avez 45 minutes pour terminer.
4. Il arrive à 11 heures du soir à Roissy.
5. Il y a un autre train pour Paris à 18 h 23.
6. Il est 0 heures. Voici nos informations.
7. Dimanche, je vais faire la grasse matinée. Ne me réveille pas avant onze heures.
8. Je suis actuellement sur la base de Kourou en Guyane, il est 22 h 59. Le lancement d'Ariane va avoir lieu dans une minute.

9. Il est minuit ! Bonne année !
10. On se voit dans une demi-heure, à 10 heures et quart.

162. L'heure précise / l'heure imprécise

1. On se voit vers 5 heures. D'accord ?
2. La réunion aura lieu à 20 heures précises.
3. Il est exactement 13 h 04.
4. Il est environ 11 heures. On fait une pause de 5 minutes ?
5. Je serai là aux alentours de 5 heures.
6. Je reviens vers 10 heures, 10 heures et demi…
7. Il était là à midi pile !
8. Il m'a appelé entre midi et deux.
9. – Il est sorti à quelle heure ?
   – Je ne sais pas moi ! Il était à peu près 15 heures.
10. – Tu arrives à quelle heure ?
    – Un petit peu après midi.

164. Transmettre un message

– Je voudrais parler à Monsieur Dubois.
– Il est en réunion.
– Je peux lui laisser un message ?
– Je vous écoute.
– J'aimerais lui présenter nos nouveaux ordinateurs.
– C'est de la part de qui ?
– Pierre Clavier, de la société Infopro. Je vous donne mon téléphone :
01 44 45 66 66
– Quand est-ce que vous voulez le voir ?
– Je serai à Lyon mardi et mercredi, c'est-à dire le 19 et le 20 mars.
– Mardi, il n'est pas libre. Mercredi 10 heures, ça vous va ?
– Parfait.
– Voilà, c'est noté. Au revoir Monsieur.
– Au revoir Mademoiselle.

167. Phonétique : [l] / [R]

1. Je la perds une fois par jour.
2. C'est rond !
3. Il y a un canal qui passe devant la maison.
4. Vous pourriez me montrer vos corrections ?
5. Je trouve que les Moineau ont des airs bizarres.
6. Personne ne l'a jamais égalé.

169. Orthographe : mots en « sion », « ssion », « tion », « xion »

1. Fais attention, ça glisse !
2. Nous avons eu une grande discussion.
3. J'ai une bonne compréhension du français.
4. Il m'a confié une mission.
5. J'aime la science-fiction.
6. Quelle est votre destination ?
7. Il habite une petite pension près du port.
8. Ce n'est pas la bonne direction.
9. Ça demande un peu de réflexion.
10. J'ai suivi vos instructions.
11. L'important, c'est la communication.

UNITÉ 8

175. Qui / que

1. C'est un garçon que j'aime beaucoup.
2. C'est une fille qui a beaucoup de talent.
3. Le sport qu'il préfère, c'est le tennis.
4. Il y a quelqu'un qui t'attend dans ton bureau.
5. Qui parle français parmi vous ?
6. Le roman qu'il écrit va s'appeler « L'amour fou »
7. Lisbonne ? C'est une ville que je connais bien.
8. J'ai un cousin qui connait bien la Pologne.
9. C'est quelqu'un qui a beaucoup de bonnes idées.
10. Qui veut commencer ?
11. Que voulez-vous faire ce soir ?
12. C'est lui qui est le meilleur.

180. Faire le portrait de quelqu'un

1. Il circule à travers la ville sur sa bicyclette lourdement chargée. Il porte une veste bleue avec une ligne jaune sur la poitrine. Il s'arrête devant tous les immeubles et toutes les maisons. Toute la journée, il monte des escaliers, parcourt des couloirs et sonne à des portes.
2. Il connaît la ville comme sa poche parce qu'il la parcourt pendant toute la journée et parfois la nuit. Il est souvent très bavard et vous donne son opinion sur tous les problèmes du moment : la politique, l'augmentation des prix, le dernier match de football, etc.
3. On la voit tôt le matin : elle sort les poubelles de son immeuble. Plus tard, elle nettoie l'entrée et les escaliers, avec un balai et un seau d'eau. Elle connaît tous les habitants du quartier. Elle parle beaucoup et elle est très curieuse.
4. Elle est au milieu du carrefour et aide les enfants ou les vieillards à traverser la rue. On la reconnaît tout de suite à son uniforme et c'est à elle que les touristes perdus demandent leur chemin. Mais faites attention à elle si vous garez mal votre voiture !
5. Il porte un uniforme bleu et parfois une casquette plate. Il est assis toute la journée sur une chaise, au coin d'une salle, mais il ne lit pas, ne fume pas et parle peu : seulement quand on lui pose une question.
6. Il a des cheveux blancs, une canne, des lunettes et un chapeau. Il marche à petits pas. Il fréquente le café de sa rue à l'heure de l'apéritif. On le voit y jouer aux cartes. Ou bien, il est assis sur un banc et regarde passer les voitures, les gens et le temps.
7. C'est un des habitants de la ville qui se lèvent le plus tôt. Il porte une combinaison et une casquette verte et de gros gants en caoutchouc. Il est accroché à l'arrière d'un camion et vite, vite, il en descend pour charger une énorme poubelle. Et puis, vite, vite, il repart.
8. Il porte une blouse grise ou blanche, des lunettes et un cartable. À la campagne, c'est souvent encore un personnage important. Vous pouvez l'apercevoir, entouré d'enfants dans la cour de l'école ou bien, le soir, à la mairie du village où il s'occupe du secrétariat.
9. Elle est toujours de bonne humeur. Elle porte une blouse rose. Elle est très bien peignée et maquillée. Elle accueille les clients avec un sourire et leur demande de s'asseoir dans un fauteuil confortable.
10. Il a une cigarette aux lèvres. Elle s'éteint souvent et il la rallume. Il porte un grand tablier bleu. Il a un visage tout rouge, un grand nez et de grosses moustaches. Il parle fort et éclate souvent de rire. Tout le monde l'appelle « René » ou « Monsieur René ».

188. Orthographe : mots commençant par « imm » ou « im »

1. Il y a de superbes images dans ce film.
2. Mais c'est immangeable !
3. Le numéro d'immatriculation du véhicule se termine par le numéro du département.
4. Les Français aiment beaucoup les imitateurs qui se moquent des hommes politiques.
5. Il a gagné une immense fortune.
6. Cette copie de tableau est une imitation parfaite.
7. Gérald a beaucoup d'imagination.
8. Je ne peux pas imaginer qu'il soit coupable.
9. Nous avons emménagé dans un autre immeuble.
10. Le singe imite l'homme !
11. Le train part immédiatement.
12. Attention ! Restez immobiles un instant : c'est pour la photo.
13. Les États-Unis ont reçu beaucoup d'immigrants au XIXe siècle.
14. Fais attention à ta santé : tu n'es pas immortel !
15. C'est un garçon très imaginatif.

189. Phonétique [n] / [ñ]

1. Je suis en panne sur l'autoroute.
2. Il habite à Cagnes.
3. J'ai beaucoup de peine.
4. C'est l'avion de Line le plus rapide.
5. Restez digne, Emmanuel !
6. Je l'ai cognée.

UNITÉ 9

193. La comparaison

1. Pierre est moins grand que Jean.
2. Jean ? Il est super ! Pierre ? Bof…
3. Pierre, je le déteste ! Mais son frère Jean, je l'adore !
4. – Qu'est-ce qu'il y a à la télé ce soir ?
– Il y a *Tout est possible* sur la Une.
– C'est nul !
– Et *Rocky 6* sur la 2.
– C'est pas mieux.

195. Les chiffres : demander ou dire le prix

1. – Je voudrais *Le Monde*.
– Voilà. Cela fait 8 F.
2. – Une baguette, s'il vous plaît !
– 3,50 F. Vous désirez autre chose ?
3. – Elle vaut combien la 205 d'occasion ?
– 35 000 F. Elle est en très bon état.
4. – J'ai un petit Bordeaux à 18 F la bouteille. Il est excellent !
5. – Le plein de super sans plomb s'il vous plaît.
– Cela vous fait 235 F.
6. – C'est pour qui le jambon-beurre ?
– Pour moi. Merci. Cela fait combien ?
– 22 F.
7. – Je vous dois combien pour le petit noir ?
– 6 F.
8. – Un aller-retour Paris Lyon, s'il vous plaît !
– Première ou deuxième classe ?
– Deuxième.
– 450 F. Vous me payez par chèque ?

200. Quantités précises ou imprécises

1. – Qu'est-ce que tu fais pendant ces vacances ?
– Je vais passer une quinzaine de jours en Bretagne.
2. – C'est combien le nombre pi ?
– 3, 1416, je crois…
3. – Tu as eu combien au dernier devoir de français ?
– Treize et demi.
4. – Vous êtes nombreux à partir en Angleterre ?
– Vingt-huit, je crois.
5. – Elle consomme beaucoup ta voiture ?
– Oh, elle fait dans les 7 litres aux cent.
6. – Il gagne beaucoup, ton frère, dans son nouveau boulot ?
– Un peu moins de neuf mille francs.
7. – Tu as payé beaucoup d'impôts, cette année ?
– Ne m'en parle pas ! 34 627 F très exactement.
8. – Quand est-ce que je peux reprendre ma voiture ?
Oh, j'en ai pour 4 à 5 heures de travail. Repassez vers 18 h 30.
9. – Elle a quel âge, votre petite fille ?
– Elle a eu trois mois et demi le 16 octobre dernier.
10. – Cite-moi un vers de Corneille.
« Nous partîmes cinq cents mais par un prompt renfort
Nous nous vîmes trois mille en arrivant au port. »

205. Place des adjectifs

1. Élodie est une femme qui sait toujours trouver des sujets de conversation intéressants : c'est une hôtesse parfaite.
2. Laure Peralta est une jeune chimiste promise au plus bel avenir.
3. Ce vieux professeur est une personne sérieuse, trop sérieuse et même un tantinet ennuyeuse.
4. Nous vous souhaitons de passer une agréable soirée.
5. Quel méchant garnement, ce Bernard !
6. Je pense que je pourrais vous être utile dans ces pénibles circonstances…
7. Je vous présente Robert Dutrieux, un vieux camarade de régiment.
8. Pas de doute : Jean-Louis est un brillant causeur. Il sait captiver son public.
9. Maître Chapelain est un homme très bavard. Ce n'est pas étonnant : il est avocat !
10. Excusez-moi, mais vous portez un curieux chapeau.

207. Orthographe : les mots commençant par « eff »

1. Tu peux effacer le tableau, s'il te plaît ?
2. Nous voulons effectuer des travaux dans notre maison de campagne.
3. Tu dois faire des efforts.
4. Maurice est un employé très efficace.
5. C'est un film effrayant !
6. Effectivement, j'étais là hier soir.
7. Il y a eu un accident effroyable sur l'autoroute.
8. C'est un produit qui fait beaucoup d'effet.

208. Orthographe : les mots commençant par « él »

1. Les élections ont eu lieu dimanche dernier.
2. Il y a encore eu une panne d'électricité.
3. Irène est une femme très élégante.
4. Françoise ? Elle vient de sortir.
5. Quentin est un élève brillant.
6. Elle a reçu des éloges pour son travail.
7. En dessin, nous faisons des cercles et des ellipses.
8. Ce produit élimine les insectes.
9. Le président de la République française habite à l'Élysée.
10. L'Australie est un pays très éloigné de l'Europe.

UNITÉ 10

214. Passé composé : participe passé en « u »

1. Tu l'as su ?
2. Je l'ai vu !
3. Tu as bu Lulu !
4. Vous l'avez lu ?
5. Mais non, je n'ai pas pu !
6. Ça y est ! Je l'ai eu.
7. Tu l'as reçu ?
8. Pourquoi tu t'es tu ?
9. Je ne l'ai pas cru !
10. On l'a élu !
11. Ça t'a plu ?
12. Il a plu toute la journée.
13. Qu'est-ce que vous avez prévu ?
14. Tu l'as déçu !
15. Elle n'a pas voulu !

216. Passé composé : participe passé en « i », « is », « it »

1. Tu l'as appris ?
2. Où est-ce qu'il s'est assis ?
3. Qu'est-ce qu'il a dit ?
4. Où est-ce que tu l'as mis ?
5. Tu l'as pris ?
6. Est-ce qu'elle a ri ?
7. Tu l'as frit ?
8. Je lui ai écrit.
9. Qu'est-ce que tu lui as promis ?
10. Est-ce qu'elle l'a cuit ?
11. Où est-ce qu'il a fui ?
12. À qui est-ce que vous l'avez remis ?

219. Donner une indication de temps de façon précise ou imprécise.

1. Il habite le village depuis une vingtaine d'années.
2. Il est arrivé ici en juin 86.
3. Je te téléphone un de ces jours.
4. Je me lève tous les jours à 6 heures.
5. Je suis du signe de la vierge. Je suis née le 18 septembre 1976 à 15 h 30.
6. Cela fait quelque temps que je ne l'ai pas vue.
7. Il est parti dans l'après-midi.
8. J'en ai pour deux minutes.
9. Ça a duré des heures.
10. Il a mis trois ans pour écrire son livre.

220. Expression de la fréquence

1. Il est pénible. En ce moment, il n'arrête pas de me téléphoner.
2. On se voit une fois tous les dix ans.
3. Il passe chez moi de temps en temps.
4. Il n'a jamais vu la mer.
5. Il est toujours en retard !
6. Il ne m'a pas écrit une seule fois pendant son voyage au Brésil.
7. Sur cette route, il passe un camion toutes les 30 secondes.
8. Trois mois sans une goutte de pluie, c'est exceptionnel en Bretagne.
9. Il se plaint sans arrêt.
10. Elle va au cinéma tous les jeudis.

223. Information précise / imprécise

1. Judith téléphone à sa mère plusieurs fois par semaine.
2. Pour être immunisé, il faut trois injections à un mois d'intervalle puis un rappel un an plus tard.
3. La fréquence des devoirs est d'un toutes les trois semaines.
4. Les enfants regardent la télévision environ trois heures par jour.
5. Alexandre a adoré ton gâteau au chocolat : il en a repris plusieurs fois.
6. Paulette est fatiguée en ce moment : de temps à autre, elle a des étourdissements.
7. C'est insupportable de vivre ici, je t'assure : il y a en moyenne un atterrissage ou un décollage toutes les six minutes.
8. Ah ! La régularité du coucou suisse ! Il sonne inévitablement tous les quarts d'heure.

9. Chaque dimanche matin, à 9 heures précises, il part faire un tour au petit marché du Pont Colbert.
10. Je lui ai écrit à plusieurs reprises, mais je n'ai jamais reçu de réponse.

224. Fréquence
1. Moi, je suis fou de théâtre. J'y vais chaque fois que je peux.
2. C'est un traitement très lourd : on doit lui faire trois injections par jour.
3. Elisabeth est partie étudier à Cambridge en septembre dernier et depuis, pas de nouvelles !
4. Julien me donne coup de téléphone sur coup de téléphone. Ma parole, il est amoureux de moi !
5. Ce restaurant a mauvaise réputation : il n'est pas question que j'y mette les pieds.
6. J'ai perdu de vue Antoine : on se croise de temps en temps au supermarché mais c'est tout.
7. Mon épicier est vraiment travailleur : il ouvre son magasin tous les jours sauf le dimanche.
8. Hugo est sympa, mais de temps en temps – je ne sais pas pourquoi – il s'énerve contre quelqu'un.
9. Nous mangeons tous les dimanches à midi chez mes beaux-parents.
10. J'irai là-bas quand les poules auront des dents !

225. Information précise / imprécise
1. Le loyer est payable à l'avance tous les premiers du mois.
2. Donne-moi un coup de téléphone quand tu te sentiras seul ?
3. Le film dure 1 heure 42 minutes.
4. Est-ce que je peux vous rappeler demain vers midi ?
5. Le marché a lieu tous les deuxièmes lundis du mois.
6. Je suis allé chez lui une ou deux fois.
7. Mon lieu de travail est très proche. Je sors de chez moi : sept minutes après, montre en main, j'y suis.
8. Ce sera vite fait : j'en ai pour une heure ou deux.
9. Tu dois payer tes impôts avant le 15 novembre à minuit, le cachet de la poste faisant foi.
10. Attends-moi, mon chéri, j'en ai pour une minute.

UNITÉ 11

229. L'imparfait
1. Vous vouliez me parler ?
2. Monica mangeait souvent ici.
3. Qu'est-ce que vous faisiez hier soir à 8 heures ?
4. De quoi est-ce que vous parlez ?
5. Nous sortons souvent ensemble.
6. Angela téléphonait tous les jours à sa mère.
7. Il aimait Hélène à la folie.
8. Il adore Emmanuelle.
9. Pourquoi est-ce que vous pleurez ?
10. Vous aviez tort !
11. Vous ne pourriez pas faire attention !
12. Louise a parlé avec son père ?

240. Vocabulaire : mots commençant par « un »
1. L'union fait la force.
2. Aude est fille unique.
3. Le président est élu à l'unanimité.
4. Nous devons unir nos forces.
5. Les soldats portent un uniforme.
6. Ce message s'adresse uniquement aux étudiants étrangers.
7. L'univers est infini.
8. Il faut écrire au président de l'université.
9. L'espéranto est une langue universelle.
10. Restons unis dans ce moment difficile.

UNITÉ 12

242. Longtemps ? Pas longtemps ?
1. Je vais être bref.
2. Il y en a pour des heures !
3. C'était interminable.
4. En un éclair, il a trouvé la solution.
5. Tu peux patienter deux secondes ? J'ai presque fini.
6. J'ai attendu une éternité avant de trouver un taxi.
7. À peine arrivé, il était déjà reparti !
8. Cette semaine, je ne l'ai pas vue passer !
9. Il tire plus vite que son ombre.
10. Il a fait ça en deux temps trois mouvements.

243. Le futur
1. Est-ce que vous pourrez me réparer ça rapidement ?
2. Moi, à ta place, j'appellerais le docteur.

3. Quand est-ce que vous viendriez ?
4. Je passerai vous voir dès mon retour de vacances.
5. Je lui téléphonerai plus tard.
6. Qu'est-ce qu'il fera après son bac ?
7. Ils seront chez moi quelques jours.
8. Vous ne lui direz rien.
9. Nous mangerons au restaurant.
10. Nous commençons demain.

245. Futur / conditionnel
1. Est-ce que vous pourriez m'aider ?
2. Je pourrai venir aussi ?
3. Je prendrai le train.
4. Je partirais bien quelques jours à la mer.
5. Demain, je viendrai seule.
6. J'irai avec toi.
7. Moi, je choisirais la bleue.
8. Je pense que vous aimerez ça.
9. J'irais volontiers avec toi, mais je suis fatiguée.
10. Nous voudrions changer de place.

253. Orthographe : graphie du son [i] - Les lettres « i » et « y »
1. On m'a envoyé une lettre anonyme.
2. C'est un garçon pour qui j'ai beaucoup de sympathie.
3. Bertrand est baryton à l'opéra.
4. Est-ce que tu connais l'étymologie du mot « île » ?
5. Tu devrais envoyer ton affiche dans un cylindre en carton pour la protéger.
6. Gérald est un ambitieux cynique qui ne recule devant aucun moyen pour faire carrière.
7. C'est un vieux monsieur encore très dynamique malgré son âge.
8. Elle fait tous les jours son entraînement de gymnastique.
9. Gisèle est sélectionnée pour les Jeux Olympiques.
10. Son oncle est à moitié paralytique.
11. Le jeune Paul devrait consulter la psychologue scolaire.
12. En Egypte, vous avez bien sûr visité les Pyramides.
13. Elle joue dans un orchestre symphonique.
14. Ce vieux quartier chinois est un véritable labyrinthe.
15. Tu n'as pas oublié ton pyjama sous l'oreiller ?
16. C'est une belle salle avec un péristyle.

Imprimé en France par I.M.E. - 25110 Baume-les-Dames
Dépôt légal : Février 2003
N° Éditeur : 4424/10 - N° Imprimeur : 16568